Edexcel GCSE (9–1) German
Foundation

Harriette Lanzer, Michael Spencer,
Carolyn Batstone, Lisa Probert

Published by Pearson Education Limited, 80 Strand, London, WC2R 0RL.

www.pearsonschoolsandfecolleges.co.uk

Text © Pearson Education Limited 2016

Edited by Melissa Weir

Typeset by Oxford Designers & Illustrators Ltd

Original illustrations © Pearson Education Limited 2016
Illustrated by Beehive Illustrations (Clive Goodyer), Oxford Designers & Illustrators, John Hallet

Picture research by Jane Smith

Written by Harriette Lanzer, Michael Spencer, Carolyn Batstone and Lisa Probert

First published 2016

19 18 17 16

10 9 8 7 6 5 4 3 2 1

British Library Cataloguing in Publication Data
A catalogue record for this book is available from the British Library

ISBN 9781292132723

Printed in the UK by Bell & Bain

All audio recorded at Alchemy Post for Pearson Education Ltd.

Acknowledgements
We would like to thank Melissa Weir, Melanie Birdsall, Betti Moser and Jeannette Bayliss for their invaluable help in the development of this course. We would also like to thank Rowan Laxton and Neale Laxton at Alchemy Post, and our audio cast: Britta Gartner, Walter Bohnacker, Anna Hieker, Björn A. Schick, Hannah Robertson, Johannes Kräutle, Tessa Mueller and Wilhelm Beller.

The publisher would like to thank the following for their kind permission to reproduce their photographs:
(Key: b-bottom; c-centre; l-left; r-right; t-top)

123RF.com: 55, 86 (a), Aleksandr Frolov 132 (c), auremar 65 (a), badmanproduction 56, Cathy Yeulet 46/1, cristi180884 92 (a), Ekaterina Pokrovsky 8/1, Ilia Shcherbakov 126/7, Jakub Cejpek 34 (e), Jo Rodrigues 96 (d), Josef Muellek 98/1, krzysiek16ino 16 (c), lightboxx 114t, Sergii Figurnyi 91r, Siriwut Theeratawatkul 157c, Yulia Grogoryeva 112 (e); **Action Plus Sports Images:** 149 (b); **akg-images Ltd:** Philipp Mertens / Geisler-Fotopres 155; **Alamy Images:** AF archive 31/1, Alibi Productions 22, Andrew Fox 130 (d), Barry Lewis 7t, Bernd Mellmann 36 (a), Bill Bachmann 104, blickwinkel 122, Bubbles Photolibrary 186b, CHROMORANGE / Bernhard 90 (a), Claudia Wiens 52r, Cultura Creative 58, 190l, Cultura Creative (RF) 43, dpa picture alliance 35, 36 (e), 46/3, 126/5, 131, 147, dpa picture alliance archive 96 (f), Hero Images Inc 134 (b), Hero Images Inc. 160, Image Source 65 (e), 181, Janine Wiedel Photolibrary 39, Krebs Hanns 34 (h), LOOK Die Bildagentur der Fotografen GmbH 114 (f), Marek Stepan 92 (g), Marshall Ikonography 100b, MBI 8/3, Nicholas Pitt 113c, Pamela Au 96 (e), Peter Horree 16 (f), Robert Churchill 130 (c), Sabine Lubenow 120, Shoosh. Form Advertising 156/6, Siegfried Kuttig – RF – 2 54t, Thomas Cockrem 13, TravelCollection 90 (d), UpperCut Images 36 (c), vario images GmbH & Co.KG 114 (d), YAY Media AS 69 (a), ZUMA Press Inc 98/4; **Deutsche Picture Alliance:** dieKLEINERT.de / Martin Zak 46b; **Fotolia.com:** A_Lein 96 (c), Aleksandar Mijatovic 49tl, alexgres 37t, Ammit 113l, Andrey Popov 18 (d), 65 (b), Armin Staudt 69 (b), asife 46/2, Axel Bueckert 134 (c), azurita 72 (g), birdinparadise 156/5, brainsil 157 (c), connel_design 86 (i), corvalola 96 (a), Dan Race 171, Darren Baker 77/1, 117/4, digitalstock 114 (g), dk-fotowelt 17, Dmitry Vereshchagin 30/4, Dollars 66/1, eyetronic 112c, fottoo 37b, Freesurf 91l, Gelpi 77/2, Gina Sanders 72 (b), Günter Menzl 116/3, highwaystarz 30r, 134 (d), HLPhoto 187 (b), Igor Mojzes 117 (a), imaGo – Martin R. 72 (c), jahina_photos 116/2, Jan Kranendonk 149 (a), JCG 117 (a), JFL Photography 92 (c), 92 (d), JLPfeifer 86 (f), Joachim Opelka 36 (b), karepa 187 (a), lazyllama 149 (d), Lotharingia 114 (b), MABO 127 (d), Marco2811 72 (e), MarcoMonticone 112 (d), Martinan 46/4, 51/3, maslovskiy.com 126/1, michaeljung 53b, MIGUEL GARCIA SAAVED 30/7, misbehaver77 31/5, mma23 34 (a), Monika Wisniewska 127 (b), Monkey Business 72 (a), 80, 126/6, 144, 179, nastazia 70, nenetus 110tl, nkarol 48t, one 128, petunyia 14 (c), photo 5000 92 (a), Photographee.eu 66/2, 66/3, 127 (a), 130 (b), pix4U 9, pololia 100t, 156/4, prosotphoto 30/10, Robert Kneschke 65b, Sabphoto 54cl, Schwoab 72 (e), sea and sun 112 (b), Shchipkova Elena 90l, skumer 54cr, snpolus 30/2, Stepan Bormotov 31/2, t_o_m_o 156, tes_dei 72 (f), Traumbild 90 (e), ujipe 117 (b), victoria. p 72 (d), ViennaFrame 92 (f), Vitaliy Hrabar 94b, vvoe 92 (h), WavebreakmediaMicro 24, 47b, 174; **Getty Images:** acilio 69 (c), Andreas Rentz / Staff 36 (d), Andrew Bain 90 (c), Andrew Errington 132 (b), Arnt Haug / LOOK-foto 66/5, Buccina Studios 172, Claudia Kunin 51/1, ColorBlind Images 18 (f), Cultura RM Exclusive / Luc Beziat 70b, Denise Crew 184, Dominique Charriau 52c, Eric Raptosh Photography 50, Florian Monheim 69 (d), Franziska Krug 114 (h), fstop123 65 (c), GABRIEL BOUYS 158, Gennadiy Poznyakov 16 (a), George Rose / Contributor 149 (c), Graham Monro / gm photographics 89, Hinterhaus Productions 66/4, Jupiterimages 18 (a), Lumi Images / Dario Secen 126/2, mb-fotos 114 (a), Mitchell Gunn / Contributor 53t, Peathegee Inc 7b, PRAKASH MATHEMA / Stringer 162, Robert Daly 157b, Sean Gallup / Staff 135, SolStock 18 (e), Stringer 52l, Stuart Pearce 65 (d), Thomas Grass 71, ullstein bild 114 (c), Ulrich Baumgarten / Contributor 190r, Westend61 75, 126/4, 132 (a), Yulia Reznikov 36 (f); **Gmundner Keramik:** Mug by Gmundner Keramik with the traditional dizzy green Design 96 (b); **Image 100:** Corbis 49tr;

John Foxx Collection: Imagestate 112 (a); **Michael Spencer:** 129; **Pearson Education Ltd:** Studio 8 77/5, 153, 156/1, 178, jon Barlow 138, Gareth Boden 77/3, 116/1, 119, lord and Leverett 127 (c), mindStudio 146, 156/3, Chris Parker 30l, 77/4, jules Selmes 134 (a), 167, 188; **PhotoDisc:** Neil Beer 92r, 99; **Prater Park:** 98/2, 98/3; **Shutterstock.com:** Africa Studio 130 (a), Alexander Raths 126/3, Anatoliy Lukich 31/4, Anton Gvozdikov 177, Art Konovalov 86 (d), ArtmannWitte 112 (c), Bildagentur Zoonar GmbH 16 (b), Cherkas 31bl, cobalt88 31br, CristinaMuraca 86 (b), Dario Sabljak 30/6, Dragon Images 18 (bi), ElenaGaak 31/3, enzodebernardo 94t, Eyewire 30/5, Gena96 16 (d), Goodluz 156/2, Happy Together 154, Horiyan 30/9, Iakiv Pekarskyi 16 (e), Ipatov 34 (b), Jacek Chabraszewski 34 (g), Jag_cz 157l, Jaimie Duplass 79, Ken Hurst 30/1, Leonid Andronov 86 (e), Lilyana Vynogradova 40, Lipowski Milan 151, Luti 49tc, manfredxy 92 (b), Maridav 34 (f), mastapiece 166, Matej Kastelic 109, Mika Heittola 78, MJTH 8/2, Monkey Business Images 8/4, 20, 53c, 114 (e), mRGB 90 (b), Neamov 30/3, oliveromg 110tr, Paolo Bona 25, Philip Lange 86 (c), photo. ua 102, Pichugin Dmitry. 112 (f), Pressmaster 60, Rob Marmion 132 (d), RonGreer.Com 86 (h), Room27 88, S.Borisov 168, Timothy Epp 34 (d), Tupungato 86 (g), Venus Angel 30/8, vlad09 18, Wavebreak Premium 18 (bii); **The Kobal Collection:** SENATOR FILM / SEVEN PICTURES 33tl, WDR / X-FILME 33tr; **Thienemann-Esslinger Verlag:** 133; **UNICEF:** Unicef / UNICEF / DT2016-45710 / Marcel Wogram 191; **WWF Deutschland:** 157t; **www.imagesource.com:** Chad Springer 18 (c)

Cover images: Front: **Shutterstock.com:** Sergey Kelin

All other images © Pearson Education

The publisher would like to thank the following for their kind permission to reproduce copyright material:

Figures p74 www.bitkom.org © BITKOM, 2014; **Text** p20 Wilma Pause, *Zu Hause ist Kevin ganz anders. Eltern und andere Tiefpunkte aus dem Alltag einer Lehrerin* © 2013 Wilhelm Heyne Verlag, München, in der Verlagsgruppe Random House GmbH; p31 ex5 survey based on www.tonspion.de; p35 © 2016 BIBI & TINA - MÄDCHEN GEGEN JUNGS/ DCM; p43 ex3 interview based on Peter Stawowy, Sven Pinke: *Gespräch mit Dalia, Tobias, Rick und Carina: Wie Jugendliche Fernsehen und Internet nutzen*, in: tv diskurs. Verantwortung in audiovisuellen Medien 3/2009, S. 54-59 © Freiwillige Selbstkontrolle Fernsehen e.V.; p56 ex2 Raymonde Graber, *Auch Oma war mal klein* © Edition Paashaas Verlag, 2015; p68 *Anne Frank Tagebuch*. Einzig autorisierte und ergänzte Fassung Otto H. Frank und Mirjam Pressler. © 1991 by ANNE FRANK-Fonds, Basel. All rights reserved S.Fischer Verlag GmbH, Frankfurt am Main; p71 ex5 based on *Was macht ein Teenie eigentlich den ganzen Tag?*, www.bild.de © Copyright BILD KG, 2016; p78 ex2 Albrecht Goes, *Das Brandopfer* © S. Fischer Verlag, 1954; p93 ex7 *Das Kinder-Sicherheitsbuch* © 2010 TRIAS Verlag in MVS Medizinverlage; p101 audio based on *Top 10 der Reisemängel: Worüber sich Deutsche im Urlaub am häufigsten ärgern*, www.presseportal.de © ADVOCARD Rechtsschutzversicherung AG; p108 ex2 graphic based on graphic *Die beliebtesten Reiseziele* @ dpa Picture-Alliance; p118 ex2 based on Umfrage: *Was machst Du in den Sommerferien?*, www.fudder.de © Online Verlag GmbH Freiburg; p119 ex3 Dora Heldt: *Kein Wort zu Papa.* © 2010 dtv Verlagsgesellschaft, München; p133 Michael Ende: *Jim Knopf und Lukas der Lokomotivführer* © 1960, 2008 Thienemann in der Thienemann-Esslinger Verlag GmbH, Stuttgart; p134 ‚Kulturzone' statistics (from 2012) taken from www.thisweekingermany.de © Handelsblatt GmbH. All rights reserved; p135 ex6 based on www.vfz.de/de/migranten © VFZ 2013, Projekt Deutsch Lernen; p136 Max Frisch, *Andorra. Stück in zwölf Bildern*, S. 509 © Suhrkamp Verlag Frankfurt am Main 1961. All rights with and controlled through Suhrkamp Verlag Berlin; p155 ex4 statistics; p155 Anja Stürzer, *Somniavero: Ein Zukunftsroman* © mixtvision Verlag, München, 2011; p157 ex4 interview by permission of Roland Gramling and WWF Deutschland; p169 ex7 audio based on *Victoria*, www.moviepilot.de; p172 ex3 Natali Mallek, *Zu Hause – Ein Gedicht*, www.mal-alt-werden.de © Natali Mallek; p173 ex5 based on *Smart Home – Ein Rundgang durch das intelligente Haus*, www.wiwo.de © Handelsblatt GmbH. All rights reserved; p177 ex5 Hans-Jürgen Fründt, *Sylt, Nordseeinsel: Urlaubshandbuch zum Entdecken und Erleben der nördlichsten Inseln Deutschlands* © Peter Rump, Hans-Jürgen Fründt, 2008; p177 ex7 audio based on www.bannewitz.de, by permission; p180 based on *Wir haben doch nur eine Erde!*, http://www.kinder.diplo.de/ © Auswärtiges Amt; p186 ex1 extracts from Peter Handke, *Die Innenwelt der Außenwelt der Innenwelt*. © Suhrkamp Verlag Frankfurt am Main. All rights with and controlled through Suhrkamp Verlag Berlin; p188 Ingo Baumgartner, *Reisendes Känguru* © Ingo Baumgartner; p190 Detlef Cordes, *Das Lied von der Arbeit*, www.spiellieder.de © Detlef Cordes; p191 based on https://www.unicef.de/mitmachen/ehrenamtlich-aktiv/kinder-und-jugendliche, by permission of UNICEF Deutschland.

Inhalt

Inhalt

1 Auf in die Schule!

Startpunkt So ist das Schulleben!

- *Talking about school subjects and clothes*
- *Using verbs in the present tense*

G *Present tense verbs* ❯ Page 192

Use the present tense to talk about actions you are doing now.

- Regular verbs follow the pattern of *machen* (to do), and include *spielen* (to play), *hören* (to listen) and *gehen* (to go).

machen (to do)	
*ich mach**e*** (I do)	*wir mach**en*** (we do)
*du mach**st*** (you do – singular, familiar)	*ihr mach**t*** (you do – plural, familiar)
*er/sie/es mach**t*** (he/she/it does)	*Sie mach**en*** (you do – singular or plural, polite)
	*sie mach**en*** (they do)

- Irregular verbs such as *tragen* (to wear), *sehen* (to see) and *lesen* (to read) change their vowels in the *du* and *er/sie/es* forms.

	tragen (to wear)	**sehen** (to see)	**lesen** (to read)
du	*tr**ä**gst*	*s**ie**hst*	*l**ie**st*
er/sie/es	*tr**ä**gt*	*s**ie**ht*	*l**ie**st*

- The verbs *haben* (to have) and *sein* (to be) are very irregular.

	haben (to have)	**sein** (to be)
ich	**habe**	**bin**
du	**hast**	**bist**
er/sie/es	**hat**	**ist**
wir	**haben**	**sind**
ihr	**habt**	**seid**
Sie/sie	**haben**	**sind**

---

1 *lesen* **Sieh dir Olivers Zeugnis und die Bilder (a–h) an. Was passt zusammen?**

Beispiel: **1** e

Zeugnis
für *Oliver Ott*

1. Erdkunde — 4
2. Deutsch — 5
3. Englisch — 3
4. Naturwissenschaften — 2
5. Geschichte — 5
6. Mathe — 3
7. Informatik — 1
8. Spanisch — 6

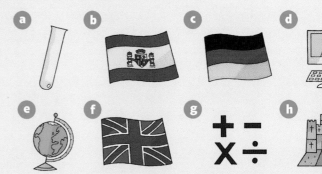

a b c d e f g h

---

2 *hören* **Hör zu. Welche Note haben sie in welchem Fach? Schreib es auf Englisch auf. (1–6)**

Beispiel: **1** maths – 6

---

3 *hören* **Hör zu. Wähl das richtige Bild aus. (1–6)**

Beispiel: **1** b

a b c d e f

Kulturzone

In Deutschland ist das **Zeugnis** extrem wichtig.

1 = sehr gut 😊😊😊   4 = ausreichend 😐
2 = gut 😊😊   5 = mangelhaft 🙁
3 = befriedigend 😊   6 = ungenügend 🙁🙁

A student's *Durchschnittsnote* (average grade) is worked out by adding all the grades together and dividing the total by the number of subjects on the report. What is Oliver's *Durchschnittsnote* (exercise 1)?

4 hören **Hör zu. Was tragen sie zur Schule? (1–8)**

Beispiel: **1** d

Ich trage …

a ein Hemd
b ein T-Shirt
c eine Jeans
d eine Hose
e einen Rock
f Schuhe
g Sportschuhe
h ein Kleid
i eine Krawatte
j eine Jacke

Kulturzone

In deutschsprachigen Ländern trägt man normalerweise eine Jeans, ein Sweatshirt und Sportschuhe zur Schule. Nur ein paar Schulen haben eine Uniform: Die Wiener Sängerknaben in Österreich tragen eine besondere Uniform.

deutschsprachig = German-speaking

5 hören **Hör noch mal zu. Welche Farbe ist das? Schreib es auf Englisch auf. (1–8)**

Beispiel: **1** black

 rot
 blau
 gelb
 braun
 schwarz
 weiß
 grün
 grau

6 schreiben **Was trägst du zur Schule? Was trägst du nie zur Schule?**

Beispiel: Ich trage … Ich trage nie …

7 lesen **Sieh dir das Foto an. Welche Frage passt zu welcher Antwort?**

G *Accusative adjective endings* ❯ *Page 209*

Adjectives (e.g. colours) used before nouns need endings. After verbs such as *tragen* and *haben*, they need accusative endings. Here are the accusative endings after the indefinite article (a).

Ich trage	ein**en**	blau**en**	Rock.
	eine	blaue	Jeans / Jacke / Hose / Krawatte.
	ein	blau**es**	T-Shirt / Hemd / Kleid.
	–	blau**e**	Schuhe / Sportschuhe.

Schulstart in Rheinland-Pfalz

1 **Wo** sind die Jugendlichen auf dem Foto?

2 **Was** tragen sie?

3 **Welche** Farben siehst du?

4 **Was** machen die Jugendlichen auf dem Foto?

5 **Was** lernen sie heute?

6 **Wie** findest du das Foto?

a Ich finde das Foto sehr interessant.
b Sie sind in der Schule.
c Sie lernen Deutsch und Englisch.
d Sie sprechen und lachen.
e Ich sehe blau, rot, grün, …
f Eine Person trägt ein rotes T-Shirt und vier Personen tragen blaue Jeans.

8 sprechen **Partnerarbeit. Dein(e) Partner(in) macht das Buch zu. Stell drei Fragen zum Foto.**

● *Wo sind die Jugendlichen?*
■ *Sie sind in der Schule.*

• Talking about what you are and are not looking forward to at school this year
• Giving opinions with reasons, using denn and weil

1 lesen **Lies die Texte und sieh dir die Bilder an. Worauf freuen sie sich? Worauf freuen sie sich nicht?**

What are they looking forward to? What are they not looking forward to?

	☺	☹
1	h	

1 Ich freue mich **total** auf meine Freundinnen und Freunde, denn sie sind mir wichtig. Ich freue mich **gar nicht** auf das Zeugnis, denn ich bekomme oft schlechte Noten. **Lena**

2 Im neuen Schuljahr freue ich mich nicht auf den Matheunterricht. Dieses Jahr freue ich mich **aber sehr** auf die Klassenfahrt, weil wir in die Berge fahren. **Selim**

3 Ich freue mich **echt sehr** auf die Theatergruppe, weil Theater mein Lieblingsfach ist! Ich freue mich **aber nie** auf die Hausaufgaben, denn ich finde sie oft schwierig. **Hazan**

4 In der neunten Klasse freue ich mich auf neue Fächer, wie zum Beispiel Technisches Zeichnen. Ich freue mich **aber** nicht auf die Klassenarbeiten und die Prüfungen. **David**

a  **b**  **c** 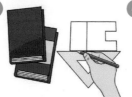 **d**

ich freue mich auf (sich freuen auf) = I am looking forward to (to look forward to)

e  **f**  **g**  **h**

2 hören **Hör zu. Sieh dir die Bilder noch mal an. Worauf freut sich Anna ☺? Und worauf freut sich Anna nicht ☹? (1–8)**

Beispiel: **1** h (friends) ☺

⭐ Make your language more descriptive by including qualifiers.

| Ich freue mich | total (echt) sehr | auf | **den** Matheunterricht. die Klassenfahrt. |
| | (gar) nicht nie ein bisschen | | das Zeugnis. die Prüfungen. neue Fächer. |

Sich freuen auf is used with the accusative case, so the masculine article (*der*) changes to **den**.

3 sprechen **Partnerarbeit. Worauf freust du dich (nicht) im neuen Schuljahr?**

● *Worauf freust du dich im neuen Schuljahr?*
■ *Ich freue mich (sehr) auf …*
● *Worauf freust du dich nicht im neuen Schuljahr?*
■ *Ich freue mich (gar) nicht auf …*

4 lesen **Lies Bettinas Blog. Übersetze die fett gedruckten Wörter ins Englische.**

Beispiel: **1** weil sie stressig ist – because it's stressful

Heute ist der erste Schultag in der neunten Klasse. Ich freue mich gar nicht auf die Deutsch-Klassenarbeit, **(1) weil sie stressig ist**, aber ich freue mich total auf die Musikgruppe, **(2) denn sie ist interessant**. Klasse neun ist schwierig und ich finde den Unterricht nicht gut, **(3) weil wir so viele Hausaufgaben haben**. Ich freue mich auch nicht auf die Noten, **(4) denn ich bekomme oft ein schlechtes Zeugnis**. Ich freue mich ein bisschen auf die Klassenfahrt, **(5) weil wir im Oktober in die Alpen fahren**. Meine Freunde freuen sich aber gar nicht auf die Klassenfahrt, **(6) denn sie sind lieber zu Hause am PC**.

5 lesen **Lies Bettinas Blog noch mal und beantworte die Fragen auf Englisch.**

Beispiel: **1** first day of Class 9

1   What day is it today?
2   What is Bettina not looking forward to?
3   What is Bettina really looking forward to?
4   How does Bettina describe Class 9?
5   What else is Bettina not looking forward to?
6   What is happening in October?
7   Who is not looking forward to the class trip?

G *Giving a reason with denn or weil* ❯ *Page 216*

Denn and *weil* both mean 'because', but they use different word order, which adds variety to your writing and speaking.

• *denn* does not change the word order:

*Ich freue mich auf die Klassenfahrt, **denn** wir **fahren** in die Alpen.*
I am looking forward to the class trip because we are going to the Alps.

• *weil* changes the word order by sending the verb to the end:

*Ich freue mich auf die Klassenfahrt, **weil** wir in die Alpen **fahren**.*
I am looking forward to the class trip because we are going to the Alps.

6 hören **Hör zu. Worauf freuen sie sich 😊? Worauf freuen sie sich nicht 😞? Warum? (1–8)**

Beispiel: **1** homework 😞 – c

| **a** wichtig | **b** macht Spaß | **c** schwierig | **d** Lieblingsfach | **e** prima | **f** schlecht | **g** interessant | **h** stressig |

7 sprechen **Gruppenarbeit. Diskussion: Das neue Schuljahr.**

● *Freust du dich auf das Zeugnis?*
■ *Was? Du spinnst! Ich freue mich gar nicht auf das Zeugnis.*
▲ *Warum nicht?*
■ *Weil (ich oft schlechte Noten bekomme). Freust du dich …?*

8 schreiben **Freust du dich auf das neue Schuljahr? Warum (nicht)? Vervollständige die Sätze und schreib ein Blog darüber.**

• Ich freue mich auf … Ich freue mich nicht auf …
• Die Schule ist stressig, denn …
• Klasse neun ist toll, weil …

- Talking about what you did in the holidays
- Using the past tense

1 lesen Was haben sie in den Ferien gemacht? Lies die Sätze und sieh dir die Bilder an. Was passt zusammen?

1 Ich habe neue Bücher gekauft.

2 Ich habe Gitarre gelernt.

3 Ich habe Fußball gespielt.

4 Ich habe nie Hausaufgaben gemacht.

5 Ich habe immer eine Mütze getragen.

6 Ich habe oft einen Film gesehen.

a  **b**  **c**  **d**  **e**  **f**

2 hören Hör zu und sieh dir die Bilder noch mal an. Was haben sie in den Ferien gemacht? War das positiv oder negativ? (1–6)

	was gemacht?	positiv ☺	negativ ☹
1	c	✓	

G *The perfect tense with* haven ❯ *Page 196*

Use the perfect tense to talk about actions you have done in the past.

Most verbs form the perfect tense with a part of *haben* (to have) and a past participle: *ich **habe ge**sagt* (I have said / I said); *er **hat ge**tragen* (he has worn / he wore).

ich	habe	**ge**kauf**t**	(bought)
du	hast	**ge**lern**t**	(learned)
er/sie/es	hat	**ge**spiel**t**	(played)
wir	haben	**ge**mach**t**	(done, made)
ihr	habt	**ge**trag**en**	(worn)
Sie	haben	**ge**seh**en**	(seen)
sie	haben	**ge**les**en**	(read)

3 lesen Ordne die Sätze. Übersetze die Sätze ins Englische.

1 **habe Ich gespielt Fußball .**

2 **Mathe Wir haben gelernt .**

3 **Er Buch hat gelesen ein .**

4 **einen gesehen Film Ihr habt .**

5 **getragen Krawatte eine Sie Haben ?**

6 **nie Du Hausaufgaben gemacht hast .**

4 sprechen Partnerarbeit. Diskussion: Die Sommerferien. Sieh dir Aufgabe 1 zur Hilfe an.

- ● *Was hast du in den Ferien gemacht?*
- ■ *Ich habe Bücher gekauft.*
- ● *Du hast Bücher gekauft? Das ist aber langweilig!*

⭐ Use the following adjectives to express your opinions:
Das ist …

super langweilig (nicht) gut
prima (echt) gut schick

5 hören **Hör zu. Was haben sie für das neue Schuljahr gekauft? (1–6)**

Ich habe … gekauft.

a einen Kuli **b** ein Etui **c** einen Radiergummi **d** Filzstifte **e** einen Bleistift **f** einen Taschenrechner

6 sprechen **Gruppenarbeit. Wer hat das beste Gedächtnis?**

Who has the best memory?

● *Was hast du für das neue Schuljahr gekauft?*
■ *Ich habe einen roten Radiergummi gekauft. Was hast du für die Klasse neun gekauft?*
▲ *Ich habe einen roten Radiergummi und ein blaues Etui gekauft. Was hast du für die Klasse neun gekauft?*
◆ *Ich habe einen roten Radiergummi, ein blaues Etui und einen grünen Kuli gekauft. Was hast du …?*

Was hast du (für das neue Schuljahr / die Klasse neun) gekauft?			
Ich habe	einen	(blauen) Radiergummi / Kuli / Bleistift / Taschenrechner	gekauft.
	eine	(blaue) Schultasche	
	ein	(blaues) Etui	
	–	(blaue) Filzstifte	

7 lesen **Lies die E-Mail. Wähl die richtige Antwort aus.**

Letztes Jahr gab es ein Problem: mein Zeugnis war sehr schlecht. OK, ich habe nie die Hausaufgaben gemacht, und ich bin auch nie zur Kunst- oder Musikgruppe gegangen, aber das finde ich nicht so wichtig. Ich bin auf Klassenfahrt in die Alpen gefahren, aber das war langweilig. Gestern hatte ich ein Problem im Matheunterricht – der Taschenrechner war kaputt und ich habe die Aufgaben im Schulbuch nicht gemacht. Der Mathelehrer hatte eine sehr negative Meinung über mich! Hilfe!

Leo

1 There is / was / will be a problem for Leo.
2 He never / always / often went to after-school clubs.
3 He will go / is going / went on the class trip.
4 He has / will have / had a problem with maths.
5 The maths teacher has / had / will have a negative opinion of Leo.

ⓖ The perfect tense with sein ❯ Page 198

Some verbs, especially those showing movement from one place to another, form the perfect tense with a part of *sein* (to be) and a past participle: *ich **bin gegangen** (I went).

ich	bin	
du	bist	
er/sie/es	ist	***gegangen** (went/walked)*
wir	sind	***gefahren** (went/drove)*
ihr	seid	
Sie	sind	
sie	sind	

ⓖ The imperfect tense ❯ Page 199

The imperfect tense is often used to **describe** things in the past:
hatte (had)
war (was)
es gab (there was/were)

8 schreiben **Was hast du in den Ferien gemacht? Und deine Freunde? Schreib sechs Sätze.**

Beispiel: Ich habe Filzstifte gekauft. Ben ist in die Alpen gefahren.

1 **Hör zu. Sieh dir den Stundenplan an. Welcher Tag ist das? (1–6)**

Beispiel: **1** Dienstag

Stundenplan der Klasse 9f					
	Montag	**Dienstag**	**Mittwoch**	**Donnerstag**	**Freitag**
1. Stunde 08:00–08:45	Geschichte	Spanisch	Physik	Mathe	Religion
2. Stunde 08:50–09:35	Geschichte	Informatik	Physik	Französisch	Chemie
20 Min. Pause					
3. Stunde 09:55–10:40	Erdkunde	Chemie	Deutsch	Geschichte	Biologie
4. Stunde 10:45–11:30	Biologie	Englisch	Deutsch	Musik	Spanisch
5. Stunde 11:35–12:20	Deutsch	Mathe	Mathe	Deutsch	Englisch
40 Min. Mittagspause					
6. Stunde 13:00–13:45	Englisch	Kunst	Sport	Spanisch	Mathe
7. Stunde 13:50–14:35	Französisch	Kunst	Sport	Erdkunde	Musik

> Be careful when pronouncing cognates. The words may look similar to the English, but they sound different. Listen to the pronunciation in exercise 1.
>
> g → Biolo**g**ie
> ch → **Ch**emie
> sch → Engli**sch**
> sp → **Sp**ort
> th → Ma**th**e

2 **Partnerarbeit. Stell dir vor, du bist in Klasse 9f. Sieh dir den Stundenplan an und stell Fragen.**

● *Was hast du in der ersten Stunde am Montag?*
■ *Geschichte. Was hast du in …*

> in der ersten / zweiten / dritten / vierten / fünften / sechsten / siebten Stunde am (Montag)
> nach der Pause / Mittagspause

3 **Hör zu. Schreib die Tabelle ab und füll sie auf Englisch aus. (1–6)**

	subject	day	time
1	maths	Thursday	08:00

4 **Partnerarbeit. Vergleich deinen Stundenplan mit dem Stundenplan oben.**

● *Die Klasse 9f hat am Montag um 11 Uhr 35 Deutsch. Hast du am Montag Deutsch?*
■ *Ja, ich habe am Montag Deutsch, aber um 14 Uhr 30. Die Klasse 9f hat … Hast du …?*

> To say 'on Monday', 'on Tuesday', etc., it's **am** Montag.
> To say 'at 8 o'clock', 'at 9 o'clock', etc., it's **um** acht Uhr.

Um …		
13:00	dreizehn Uhr	ein Uhr
13:10	dreizehn Uhr zehn	zehn nach eins
14:15	vierzehn Uhr fünfzehn	Viertel nach zwei
15:30	fünfzehn Uhr dreißig	halb **vier** ⚠
16:40	sechzehn Uhr vierzig	zwanzig vor fünf
17:45	siebzehn Uhr fünfundvierzig	Viertel vor sechs

G *Asking questions with inversion* > *Page 214*

Du hast am Montag Deutsch. → **Hast du** am Montag Deutsch?

You have German on Monday. → Do you have German on Monday?

5 lesen   **Lies das Interview mit Tanya. Beantworte die Fragen auf Englisch.**

Tanya, Schülerin an einer deutschsprachigen Schule in Namibia

1 Wann **beginnt die Schule?**
Die Schule beginnt um 08:00 Uhr.

2 Wie viele **Stunden hast du pro Tag?**
Wir haben sechs Stunden pro Tag. Jede Stunde dauert fünfzig Minuten.

3 Um wie viel Uhr **endet die Schule?**
Die Schule endet um fünf nach eins.

4 Hast du **ein Lieblingsfach?**
Ich mag Biologie sehr, aber mein Lieblingsfach ist Mathe.

5 Warum **ist Mathe dein Lieblingsfach?**
Ich finde Mathe einfach und ich bekomme immer gute Noten.

6 Welches **Fach machst du nicht gern?**
Englisch mache ich nicht gern, weil es sehr schwierig ist.

7 Was **machst du in der Pause?**
Ich spreche mit meinen Freundinnen – ich freue mich immer sehr auf die Pause.

8 Wie **findest du den Schultag?**
Echt anstrengend! Ich bin in der 10. Klasse und es ist stressig, denn wir schreiben in Deutsch, Mathe und Englisch Klassenarbeiten.

dauern = to last

1 How many lessons does Tanya have each day?
2 How long does a lesson last?
3 What is Tanya's opinion of biology?
4 What is Tanya's favourite subject and why?
5 How does Tanya find English?
6 Is Tanya positive about breaktime? How do you know this?
7 Why does Tanya find this year stressful?

Kulturzone
Vor 1915 gab es eine deutsche Kolonie mit dem Namen Deutsch-Südwestafrika. Jetzt heißt das Land Namibia und Deutsch ist hier eine wichtige Sprache.

vor = before
die Sprache = language

6 hören   **Hör dir das Interview an. Was ist die Frage? Was ist die Antwort? Mach Notizen auf Englisch. (1–6)**

Beispiel: **1** favourite subject? French – interesting

7 lesen   **Übersetze Tanyas Antwort zu Frage 9.**

Use context to help you – which preposition usually comes after one time and before the next?

Double check you have translated these times correctly.

9 Was **machst du nach der Schule?**
Ich gehe nach Hause und lese ein Buch. Gestern bin ich aber zur Theatergruppe gegangen. Von halb vier bis Viertel vor sechs mache ich Hausaufgaben, weil ich Prüfungen habe. Am Mittwoch haben wir eine Klassenarbeit in Physik – ich freue mich nie auf eine Klassenarbeit.

Don't be confused by *wir haben* being the other way round here.

8 sprechen   **Partnerarbeit. Mach einen Audioclip über deinen Schultag. Stell und beantworte die Fragen aus den Aufgaben 5 und 7.**

● *Wann beginnt die Schule?*
■ *Die Schule beginnt um ... Uhr.*

G *Question words*   ❭ *Page 214*

To ask a question, use a <u>question word</u> + **verb** + subject/object.

① ②
<u>Wann</u> **beginnt** die Schule? → Die Schule beginnt um acht Uhr.

① ②
<u>Was</u> **machst** du in der Pause? → Ich spreche mit meinen Freunden.

1 lesen **Sieh dir den Schulplan an. Welches Zimmer ist das?**

Beispiel: **1** die Sporthalle

die Sporthalle	die Bibliothek
die Aula	der Computerraum
die Kantine	das Lehrerzimmer
das Labor	das Klassenzimmer
die Toiletten	der Schulhof

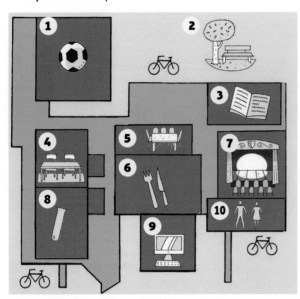

G *Modal verbs:* müssen *and* dürfen ❯ Page 194

Modal verbs work with another verb in its infinitive form at the end of the clause:

Man **muss** *in der Aula ruhig* **sein**.
You must be quiet in the hall.

Man **darf** *in der Kantine* **essen**.
You are allowed to eat in the canteen.

Use *man* with modal verbs to mean 'you' generally.

	müssen (to have to (must))	**dürfen** (to be allowed to)
ich	*muss*	*darf*
du	*musst*	*darfst*
er/sie/es/man	*muss*	*darf*
wir	*müssen*	*dürfen*
ihr	*müsst*	*dürft*
Sie	*müssen*	*dürfen*
sie	*müssen*	*dürfen*

2 hören **Hör zu. Sieh dir den Schulplan noch mal an. Was passt zusammen? (1–8)**

Beispiel: **1** 3 d

a b c
d e f

		im Computerraum in der Aula / Sporthalle / Kantine / Bibliothek im Klassenzimmer / Labor / Lehrerzimmer in den Toiletten auf dem Schulhof	essen. trinken. ruhig sein. Handball spielen. Sportschuhe tragen.
Man	muss darf darf nicht		

3 schreiben **Schreib sechs Regeln für deine Schule auf.**

4 lesen **Lies den Text. Wähl die richtigen Wörter aus.**

Unsere Schule ist ziemlich klein, weil sie mitten in Hamburg ist. Der Schulhof ist sehr eng und man darf hier nie mit einem Ball spielen. Man darf in der Sporthalle Handball oder Federball spielen, aber man muss immer Sportschuhe tragen. Die Klassenzimmer sind modern und man darf immer in der Bibliothek das Schulnetzwerk benutzen. Letzte Woche war meine Klasse oft in der Aula, denn es gab im Klassenzimmer Renovierungen. Ich mag das nicht – man muss in der Aula ruhig sein, weil das Lehrerzimmer nebenan ist.

eng = narrow *benutzen* = to use *nebenan* = next door

1 The school playground / classroom / sports hall is narrow.
2 You are allowed to play handball in the playground / canteen / sports hall.
3 You are allowed to use the school network in the computer room / classroom / library.
4 Last week the class was often in the hall / canteen / staffroom.
5 You have to be quiet / loud / with a teacher in this room.

5 lesen **Lies die Schulordnung. Was sind die Regeln am SHG?**

Beispiel: **1** We are not allowed to hit.

Die Schulordnung am St. Hubertus Gymnasium (SHG)

1 Wir dürfen nicht schlagen.

2 Wir müssen in der Bibliothek ruhig sein.

3 Wir müssen pünktlich sein.

4 In den Klassenzimmern dürfen wir nicht essen.

5 Wir dürfen in den Computerräumen nicht trinken.

6 Wir dürfen nicht rauchen.

7 Wir dürfen keinen Dialekt sprechen.

8 Wir dürfen keine Mützen tragen.

Und Schneeballwerfen ist verboten!

> If you can't work out a word from picture clues, context, cognates or part of the word, you can always check it in a dictionary. Make sure the translation you choose makes sense in the context, as words can have more than one meaning.

Mützen = *caps*
keine Mützen = *no caps (i.e. 'We are not allowed to wear caps.')*

 6 sprechen **Partnerarbeit. Wie findest du die Schulordnung am SHG?**

● *Die erste Regel: Wir dürfen nicht schlagen. Das finde ich sehr gut. Und du?*

■ *Ja, das finde ich gerecht. Die zweite Regel: …*

7 hören **Zur Faschingszeit ist die Schulordnung am SHG ganz anders! Hör zu und füll die Tabelle auf Englisch aus. (1–6)**

The school rules at SHG are quite different at carnival time!

	carnival rule	opinion
1	have to be unpunctual on Monday	very funny

8 sprechen **Gruppenarbeit. Diskussion: Deine Schulordnung.**

● *Im Klassenzimmer dürfen wir nicht trinken. Ich finde das ungerecht, weil ich gern trinke.*

■ *Tja, ich stimme da nicht zu. Ich finde diese Regel gut, weil man das besser in der Kantine macht.*

▲ *Ja, Sophie, du hast recht! Ich bin deiner Meinung, denn man muss in der Pause trinken.*

> In group talk tasks you need to agree or disagree with each other:
>
> |
>
> *Ich stimme da zu.* | *Ich stimme da nicht zu.*
> *Du hast recht.* | *Ich bin nicht deiner Meinung.*
> *Ich bin deiner Meinung.* | *Nein, das finde ich …*
>
> You will also need to give reasons for your opinion:
>
> *weil …* | *denn …*
>   *das (schrecklich) ist* | *man muss (ruhig) sein*
>   *ich das mag* | *das ist (un)wichtig*

9 schreiben **Schreib deine eigene Faschings-Schulordnung auf.**

Beispiel: **1** Die Lehrer müssen im Klassenzimmer Hausaufgaben machen.

5 Wir fahren mit der Klasse weg!
- *Talking about school exchanges and class trips*
- *Using the future tense*

1 *lesen* — **Lies die FAQ-Liste. Welches Foto passt zu welcher Frage?**

> http://schueleraustausch.de/FAQ
>
> Nächstes Jahr werden wir einen Austausch nach Holland organisieren. Werdet ihr mit uns fahren?
>
> # FAQ-Liste zum Austausch
>
> **1** Wann werden wir auf Austausch fahren?
>
> **2** Wer wird auf Austausch fahren?
>
> **3** Wo werden wir hinfahren?
>
> **4** Welche Sprache werden wir sprechen?
>
> **5** Wie viel wird es kosten?
>
> **6** Was müssen wir mitnehmen?

der Austausch = exchange

G *The future tense* ⟩ *Page 200*

Use a form of *werden* (to become) with an infinitive at the end of the clause to talk about what you <u>will</u> do:

Wir **werden** auf Austausch **fahren**.
We **will go** on an exchange.

ich	werde	lernen	I will learn
du	wirst	verbringen	you will spend (time)
er/sie/es	wird	besuchen	he/she/it will visit
wir	werden	bummeln	we will stroll around
ihr	werdet	machen	you will do
Sie	werden	gehen	you will go
sie	werden	sprechen	they will speak

  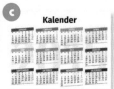   

2 *hören* — **Hör zu. Schreib Antworten zur FAQ-Liste (Aufgabe 1) auf Deutsch auf.**

3 *lesen* — **Lies das Austauschprogramm. Wann werden sie das machen? (1–10)**

Beispiel: **1** Wednesday

der Personalausweis

der Reisepass

Mittwoch: Wir werden um 06:15 Uhr – mit Personalausweis / Reisepass – zur Schule kommen. Wir werden dann nach Steenwijk in den Niederlanden fahren. Wir werden den Abend bei Familien verbringen.

Donnerstag: Die Schülerinnen und Schüler werden an einem Schultag an der Austauschschule lernen. Sie werden mit ihren Partnern ein Zeichenprojekt machen. Am Nachmittag werden wir das Zirkusmuseum besuchen.

Freitag: Die deutsche Klasse wird einen Tagesausflug zum Park Rams Woerthe machen. Am Abend werden wir ins Hallenbad gehen.

Samstag: Am Morgen werden wir eine Radtour machen. Am Nachmittag werden wir in der schönen Stadt bummeln und Andenken kaufen. Am Abend wird es eine Party in der Schule geben.

Sonntag: Wir werden um 11:30 Uhr wieder nach Hause fahren.

der Tagesausflug = day trip
das (die) Andenken = souvenir(s)

1 spend the evening with families
2 stroll around the beautiful town
3 have a day trip
4 work on a project with their partners
5 have a celebration
6 learn at school
7 buy souvenirs
8 go to the indoor pool
9 visit a museum
10 go for a bike ride

Partnerarbeit. Stell Fragen zum Austauschprogramm (Aufgabe 3).

- ● *Was werden wir am Mittwoch machen?*
- ■ *Am Mittwoch werden wir …*
- ● *Wann werden wir in der schönen Stadt bummeln?*
- ■ *Wir werden am …*

> Ich werde … / Wir werden …
> an einem Tag an der Schule lernen.
> den Abend bei einer Familie verbringen.
> die Stadt besuchen.
> in der Stadt bummeln.
> eine Radtour machen.
> ins Hallenbad gehen.

 Lies Lottes Pläne für die Klassenfahrt. Welcher Absatz ist das?

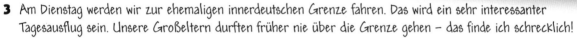

1 Nächste Woche werde ich fünf Tage auf Klassenfahrt fahren. Ich hoffe, ich werde nicht reisekrank im Bus sein ☹, denn die Reise wird drei Stunden dauern.

2 Wir werden eine Woche mitten im Nationalpark Harz verbringen. Es gibt dort ein Freibad, einen Tennisplatz und einen kleinen Basketballplatz, aber es gibt leider keine Freizeithalle. 👎

3 Am Dienstag werden wir zur ehemaligen innerdeutschen Grenze fahren. Das wird ein sehr interessanter Tagesausflug sein. Unsere Großeltern durften früher nie über die Grenze gehen – das finde ich schrecklich!

4 Einige Schüler werden vielleicht traurig sein, weil sie von zu Hause weg sind. Aber die Lehrer werden ihnen Schokolade geben! Leider gibt es keinen Internetanschluss und das wird sicher eine Katastrophe sein!

5 Am letzten Tag werden wir Zeit im Freizeitpark verbringen, weil das sehr lustig sein wird!

> *die ehemalige Grenze* = *the former border (between West and East Germany)*
> *durften* = *were allowed*
> *der Anschluss* = *connection*

a a day trip   **b** possible problems (2)   **c** on-site facilities

d travel and length of trip   **e** last day

 Hör zu. Lottes Vater stellt Fragen zur Klassenfahrt. Sieh dir Lottes Pläne noch mal an. Welcher Absatz ist das? (1–5)

Lotte's dad is asking questions about the class trip. Look at Lotte's plans again. Which paragraph is it?

Beispiel: **1** Absatz 3

> 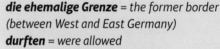 Break down compound nouns to discover their meaning:
> *Tages + Ausflug (Tagesausflug)* = day trip/outing
> *Freizeit + Park (Freizeitpark)* = amusement park

 Bereite eine Präsentation über einen Austausch oder eine Klassenfahrt vor.

- Wann wirst du auf Austausch / Klassenfahrt fahren?
- Wie lange wirst du dort sein?
- Was wirst du machen? *Ich werde (ins Freibad gehen / einen Tagesausflug machen / in der Stadt bummeln).*

 Schreib deine Präsentation aus Aufgabe 7 auf. Kannst du sie auch verbessern?

Beispiel: (Am Samstag) werden wir auf Austausch fahren. Um (12:00 Uhr) werden wir nach … fahren. (Am Sonntag) …

- Talking about success and achievement at school
- Perfect tense of separable verbs

Lies die Schlagzeilen aus den Fächerblogs. Welches Foto passt zu welcher Schlagzeile?

Read the headlines from the subject blogs. Which photo matches which headline?

http://www.schuleblog.de/home

Hast du in der Schule Erfolge gefeiert? Lies weiter …

1 Aus den Klassen: Der Schulleiter hat Gabis Eltern angerufen. Die Starschülerin hat wieder tolle Noten bekommen. Ein ausgezeichneter Erfolg, Gabi!

2 Physik: Die Klasse 9b hat am Nano-Wettbewerb teilgenommen … und hat den dritten Platz erreicht. Wir gratulieren!

3 Theater: Die Theatergruppe hat ein großartiges Theaterstück produziert – wir haben die Mitglieder der Gruppe kennengelernt!

4 Sport: Großer Erfolg für unsere Mannschaft bei „Jugend trainiert für Olympia" – wir sind mit 12 Medaillen zurückgekommen.

5 Fremdsprachen: In Englisch ist niemand durchgefallen! Ja, totaler Erfolg im Englischunterricht! Die Englischlehrerin war erstaunt!

6 Resultate: Letztes Jahr bin ich sitzen geblieben – ein zweites Jahr in der Klasse 9 und ich habe die Prüfungen bestanden! Erfolg!

Lies die Schlagzeilen noch mal und sieh dir die Verben an. Füll die Tabelle aus.

der Erfolg = *success*
erreichen (erreicht) = *to achieve (achieved)*
niemand = *nobody*
erstaunt = *amazed*
bestehen (bestanden) = *to pass (passed)*

| German infinitive | perfect tense | | English infinitive |
	auxiliary verb	past participle	
1 anrufen	hat	angerufen	to telephone

1	anrufen	4	zurückkommen
2	teilnehmen	5	durchfallen
3	kennenlernen	6	sitzen bleiben

Ⓖ **Perfect tense of separable verbs** 〉 Pages 196, 198

Separable verbs split up when they are not in the infinitive form. To form a past participle for the perfect tense, place **ge** between the two parts of the verb.

infinitive	present tense	perfect tense
teilnehmen to take part	ich nehme **teil** I take part	ich habe teil**ge**nommen I took part
zurückkommen to come back	ich komme **zurück** I come back	ich bin zurück**ge**kommen I came back

Partnerarbeit. Diskussion: Deine Erfolge.

- *Welche Erfolge hast du gefeiert?*
- *Letztes Jahr habe ich am Mathe-Wettbewerb teilgenommen.*

Ich habe …
   tolle Noten bekommen.
   am (…-)Wettbewerb teilgenommen.
   in der Theatergruppe ein Theaterstück produziert.
   die Prüfungen bestanden.

Ich bin …
   mit einer Medaille zurückgekommen.
   in (Englisch) nicht durchgefallen.
   (letztes Jahr) nicht sitzen geblieben.

4 hören

Hör zu. Welche Erfolge haben sie gehabt? (1–6)

What successes have they achieved?

Beispiel: **1** put on a great play at school

5 lesen

Lies die Kulturzone. Finde die deutschen Wörter.

1 parents	**6** secondary school
2 to teach	(4 types)
3 federal state	**7** GCSE equivalent
4 holiday dates	**8** sixth form
5 primary school	**9** A-level equivalent

6 lesen

Lies die Texte und beantworte die Fragen (a–c) für Otto, Florian und Silke auf Englisch.

ERFOLGE FEIERN: ABER WIE?

1 In der Grundschule waren meine Eltern sehr stolz auf mich, denn ich habe die Gitarreprüfungen immer bestanden. Mein Zeugnis war ausgezeichnet und als Resultat sind sie oft mit Bonbons oder Spielen für mich nach Hause zurückgekommen! **Otto**

2 Im Gymnasium habe ich an einem Radfest teilgenommen. Ich habe großen Erfolg gehabt und den ersten Platz erreicht. Am nächsten Tag war mein Foto in der Zeitung. Das war aufregend! **Florian**

3 Die Musikgruppe in der Oberstufe hat gestern ein erfolgreiches Konzert gegeben. Nachher haben wir viel gefeiert! Es gab eine Party mit Musik, Luftballons und Pizzas – das war ein tolles Erlebnis und nächstes Jahr werde ich wieder am Konzert teilnehmen. **Silke**

> **stolz auf mich** = *proud of me*

a What success is he/she talking about?
b When was it?
c How was his/her success recognised?

7 schreiben

Schreib über deine Erfolge.

- Welchen Erfolg hast du im letzten Schuljahr gehabt?
- Wie hast du den Erfolg gefeiert?
- Deine Meinung? Wie war das?
- Welchen Erfolg wirst du hoffentlich in Zukunft haben?

Kulturzone

In Deutschland muss man zehn Jahre in der Schule verbringen. Eltern dürfen ihre Kinder nicht zu Hause unterrichten. In jedem Bundesland (es gibt 16 davon) sind die Regeln, Ferientermine, Schularten, usw. anders.

Ich habe ... Meine Schule / Klasse / Mannschaft hat ...	die Prüfungen bestanden. den (ersten) Platz erreicht.
Die (Musik-)Gruppe hat ...	ein (erfolgreiches Konzert) gegeben.
Ich bin ...	nicht sitzen geblieben. (in Mathe) nicht durchgefallen.
Ich habe / Wir haben ...	Bonbons / Spiele als Resultat bekommen. im Restaurant gefeiert.
Der Lehrer/Die Lehrerin hat meine Eltern angerufen. Der Lehrer/Die Lehrerin war erstaunt. Es gab eine Party. Mein Foto war in der Zeitung.	
In Zukunft werde ich ... Nächstes Jahr werden wir ...	an (...) teilnehmen. die Prüfungen bestehen.

1 **Lies diesen Blog von Lenny. Er ist auf Austausch in England.**

Ich wache hier um Viertel vor acht auf – das ist besser als um sechs Uhr wie zu Hause! In der Schule trägt man hier eine Uniform, aber natürlich trage ich nur eine blaue Jeans und ein T-Shirt.

Wir fahren mit dem Schulbus zur Schule, denn mein Austauschpartner fährt nicht gern Rad. Wir haben jeden Tag von neun Uhr bis halb vier Unterricht. Nach der Schule kommen wir nach Hause, um an der Konsole zu spielen.

Die Kantine an der Schule ist fantastisch und ich kaufe jeden Tag ein leckeres Pizzastück. Mittags machen wir Hausaufgaben in der Bibliothek, aber das finde ich ein bisschen langweilig.

Gestern bin ich zum Chor gegangen und das hat Spaß gemacht. Ich freue mich auf morgen, weil wir auf Klassenfahrt nach Oxford fahren. Wir werden die Stadt besuchen und einkaufen gehen.

Wähl die richtige Antwort (A, B, C oder D) aus.

Beispiel: **1** B

1 Lenny beginnt den Tag in England um …
   A 6.00 Uhr
   B 7.45 Uhr
   C 8.15 Uhr
   D 8.00 Uhr

2 Lenny fährt … zur Schule.

   A mit einer Freundin
   B mit dem Rad
   C alleine
   D mit dem Bus

3 Nach der Schule …

   A hat Lenny frei
   B geht Lenny zu einem Club
   C isst Lenny Pizza
   D macht Lenny Sport

4 Lenny findet … besonders gut.
   A die Sporthalle
   B die Bibliothek
   C die Kantine
   D die Hausaufgaben

5 Lenny interessiert sich für …

   A Kunst
   B Theater
   C Sport
   D Musik

6 Er glaubt, die Klassenfahrt wird … sein.
   A anstrengend
   B langweilig
   C interessant
   D lang

2 **Read the extract from the text. A teacher is thinking about one of her students.**

Zu Hause ist Kevin ganz anders by Wilma Pause

Nach der sechsten Stunde sitze ich im Lehrerzimmer und denke nach: Kevins Noten werden immer schlechter. […] Ich als Klassenlehrerin muss mich bei Frau Balz melden, denn irgendetwas muss passieren. Also nehme ich den Hörer des Telefons […] in die Hand und rufe Frau Balz an.
    »Hallo?« […]
    »Hallo, hier spricht Pause, die Klassenlehrerin von Kevin.«
    »Hallo.«
    »Spreche ich mit Kevins Mutter?«
    »Ja. Hier ist Balz.«
    […] »Frau Balz, ich rufe an, weil Kevins Leistungen sich immer noch nicht verbessert haben. […] So wie es aussieht, fällt sein nächstes Zeugnis noch schlechter aus. Gerade heute hat sein Mathelehrer mir gesagt, dass er wahrscheinlich eine Sechs bekommen wird. […]«
    »Ach je, das ist nicht gut.«
    »Nein, gar nicht. Kevin muss unbedingt etwas tun. […] Vielleicht könnten Sie mit ihm zusammen Hausaufgaben machen.« […]

Answer the following questions in English. You do not need to write in full sentences.

a Where does the scene take place?
b How does Frau Pause get in touch with Kevin's mother?
c What is the problem?
d How can Kevin's mother help him?

> ⭐ If you come across unfamiliar vocabulary, don't panic:
> - You may not need to use that word to complete the task.
> - You may be able to work the word out from another word you do know: *hören* means 'to listen' and *Hörer* is the 'listener', i.e. the telephone receiver.
> - Try to remember common synonyms to help you work out meanings: *ich rufe an* means the same as *ich telefoniere*, so how is Frau Pause contacting Frau Balz?

3 lesen **Translate this passage into English.**

Ich besuche ein Gymnasium in Österreich. Ich finde die Lehrer streng und die Hausaufgaben oft schwierig. Mein Lieblingsfach ist Erdkunde, weil es sehr interessant ist. Letztes Jahr habe ich meistens gute Noten bekommen. Nächste Woche werden wir eine Klassenfahrt machen.

4 hören **What opinions do these people have of school? Listen to the recording and write down the letters of the other <u>three</u> correct statements.**

Example: A, …

A I don't like PE.
B I'm very sporty.
C Science is fun.
D I enjoy chemistry.

E My favourite subject is IT.
F I look forward to Monday.
G I love art.
H Break-time is too long.

5 hören **You skype with Peter, your Austrian friend, who is talking about his new school. Listen to the recording and answer the questions in English.**

a What was the problem with Peter's old German teacher?
b Which school does Peter prefer?
c What future plan does he have?

6 hören **Du hörst einen Bericht im Schulradio über Annas Pläne für die Sommerferien. Füll die Lücke in jedem Satz mit einem Wort oder Wörtern aus dem Kasten. Es gibt mehr Wörter als Lücken.**

aktiv	Bibliothek	einen Freund	einen Job	faul	~~Ferien~~
gern	im Ausland	Klassenarbeiten	oft	Schule	zu Hause

Beispiel: Anna hat jetzt _Ferien_ .

a Anna wird nächstes Jahr in der _____ bleiben.
b Anna wird Urlaub _____ machen.
c Sara und Anna werden _____ sein.
d Anna wird _____ finden.
e Anna geht _____ in die Schule.

> ⭐ Make sure you look at all the options in the box and listen carefully to decide which word or phrase to select.

A – Role play

 Look at this role play card and prepare what you are going to say.

> ⭐ In this role play the teacher is playing the role of another pupil, i.e. somebody the same age as you, so use the *du* register.

Topic: What school is like

You are discussing your school with your exchange partner. The teacher will play the role of your exchange partner and will speak first.

You must address your exchange partner as *du*.

You will talk to the teacher using the five prompts below.
- where you see – **?** – you must ask a question
- where you see – **!** – you must respond to something you have not prepared

Task

> What could you say about your school day? It could be anything: what time school begins, number of lessons, when you have a certain lesson … Say something you feel confident with.

> How could you ask for information here? Remember to swap round the verb and the subject when asking a question.

Du sprichst mit deinem Austauschpartner/ deiner Austauschpartnerin über deine Schule.
1. Dein Schultag zu Hause
2. Klassenarbeiten – wie oft
3. **!**
4. Schuluniform – Meinung
5. **?** Clubs

> Here, you have to give a time detail. You could say how many times a week.

> What might the unprepared question be? Try to predict different possibilities, and think how you would answer them.

> You must give your opinion here – not just a description of your uniform.

 Practise what you have prepared. Take care with pronunciation and intonation.

 Using your notes, listen and respond to the teacher.

 Now listen to Omar performing the role play task.

> ⭐ Listen carefully to the unprepared question (**!**). If you don't understand, ask the teacher to repeat the question (in German!) – *Wie bitte? Könntest du das bitte wiederholen?* – if the teacher is playing the role of someone your age.

B – Picture-based task

Topic: School activities

Schau dir das Foto an und sei bereit, über Folgendes zu sprechen:

- Beschreibung des Fotos
- Deine Meinung zu Klassenfahrten
- Der beste Tag in der Schule letztes Jahr
- Welche Fächer du morgen in der Schule lernst
- Deine Meinung zu den Lehrern an deiner Schule

1 *hören* **Look at the picture and read the task. Then listen to Frankie's answer to the first bullet point.**

1 Which person is she describing?
2 How does she expand her answer?
3 Write down <u>two</u> verbs she uses in the present tense.
4 What do you think the word *Hut* means in this context?

> ⭐ The picture-based discussion will last for around two and a half to three minutes, so you will need to develop your answers. For example, for the first bullet point you could add your opinion about what sort of people you think they are.
>
> What extra details could you give for the second bullet point?

2 *hören* **Listen to and read how Frankie answers the second bullet point.**

1 Fill in the gaps.
2 Look at the Answer Booster on page 24. Note down <u>three</u> examples of what Frankie does to develop her answer.

> Meiner Meinung nach **1** _____ Klassenfahrten oft positiv, aber **2** _____ sind sie auch anstrengend! Dieses Jahr **3** _____ ich mit der Klasse in die Berge, aber ich **4** _____ mich nicht auf die Reise! Wir **5** _____ in einer Hütte **6** _____ und es **7** _____ kein WLAN. Am Abend **8** _____ wir Karten **9** _____ und Bücher **10** _____, denke ich.

3 *hören* **Listen to Frankie's answer to the third bullet point.**

1 Make a note in English of <u>three</u> details that she gives.
2 Can you work out the meaning of *deutsche Literatur* from the context?

4 *hören* **Listen to how Frankie answers the fourth bullet point and look again at the Answer Booster. Note down examples of how she gives reasons for what she says.**

5 *hören* **Listen to Frankie's answer to the fifth bullet point and note down examples of how she gives her opinion.**

6 *sprechen* **Prepare your own answers to the five bullet points. Then take part in the full picture-based discussion with the teacher.**

C – General conversation

1 *hören* **Listen to Tom introducing his chosen topic. In which order does he mention the following?**

a tests
b his characteristics
c his secondary school
d friends
e his school report
f grades

2 *hören* **The teacher then asks Tom: *Wie hast du die Grundschule gefunden?* Listen to how he develops his answer. What 'hidden questions' does he also answer?**

3 *hören* **Listen to how Tom answers the next question: *Welche Pläne hast du für nach den Prüfungen?* Look at the Answer Booster on page 24. Write down <u>three</u> examples of what he does to give an impressive answer.**

4 *sprechen* **Prepare your own answers to Chapter 1 questions 1–6 on page 182, then practise with your partner.**

Answer Booster	Aiming for a solid level	Aiming higher	Aiming for the top
Verbs	**'I' form verbs**: *Ich mache, Ich besuche* **Different tenses**: present, past (imperfect and perfect), future	**Different persons of the verb** **Reflexive verbs**: *sich freuen auf* **Mixed time frames**: present and future **Modal verbs**: *müssen*	**Separable verbs**: *Die Schüler sehen glücklich aus.*
Opinions and reasons	*Ich … (nicht) gern.* *Ich denke / finde …*	**Add more variety**: *Ich mag …, denn …* *Mein Lieblingsfach ist …*	**Expressions**: *Ich freue mich auf …* *Meiner Meinung nach …*
Conjunctions	*und, aber, auch*	*… denn (ich habe viele Freunde)* *… weil (die Lehrerin nett ist)*	**Different tenses**: *… denn (ich werde nächstes Jahr …)*
Other features	**Qualifiers**: *so, sehr, ziemlich* **Negatives**: *nicht, kein*	**Adjectives**: *schwierig, wunderbar* **Time phrases**: *am Nachmittag, nächsten Samstag*	**Declined adjectives**: *ein gemischtes Gymnasium* **Subject pronouns**: *Es ist …* **Word order inversion**: *Für mich war das …*

A – Picture-based task

1 *lesen* The following phrases are useful for describing a photo. What do they mean in English?

Auf dem Foto Auf diesem Bild Im Vordergrund	gibt es sehe ich sieht man	einen Jungen / Lehrer. eine Frau / Lehrerin. ein Mädchen.
Im Hintergrund	kann man	viele Leute sehen.
Die Person	ist	im Klassenzimmer.
Das Kind	trägt	eine Hose.
Die Schüler(innen)	lesen	ein Buch.

2 *lesen* Read the task. What **two** things are you asked to write about? What else do you know about the piece of writing?

3 *lesen* Read Rosie's answer below. In English, note down **six** details that she gives.

> Auf diesem Bild sieht man eine Mathestunde. Die Schüler sitzen im Klassenzimmer. Der Lehrer ist ziemlich streng. Ich mag meine Schule, denn ich habe viele Freunde, aber Mathe finde ich schwierig.

Im Klassenzimmer

Du bist in der Schule. Du postest dieses Foto online für deine Partnerklasse.

Beschreib das Foto **und** schreib deine Meinung über Lernen in der Schule.

Schreib ungefähr 20–30 Wörter **auf Deutsch**.

⭐ The first part of this task is to describe the photo, but don't get bogged down in too much detail. You then need to give **your** opinion of school. Use the words you know to do this: *Ich finde, … Ich mag …*

4 schreiben · Now look at the following task.

- Write down the <u>two</u> things you are asked to write about.
- Make a note of the key vocabulary you will need.
- Look at the Answer Booster and Rosie's text for ideas.
- Write your answer and then check carefully what you have written.

In der Schule

Du bist in der Schule. Du postest dieses Foto online für deine Partnerklasse.

Beschreib das Foto **und** schreib deine Meinung zur Schulroutine.

Schreib ungefähr 20–30 Wörter **auf Deutsch**.

B – Short writing task

1 lesen · Look at the task. For each of the four bullet points, make notes on:

- which tense(s) and other structures you need to use
- what extra details you could add to give a well-developed answer.

Ihre Schule

Eine deutsche Familie will Informationen über die Schule in Großbritannien.

Schreiben Sie eine formelle E-Mail für die Familie mit diesen Informationen:

- wie Ihre Schule ist
- welche Fächer Sie gern lernen
- was man am Nachmittag macht
- Events an Ihrer Schule in den nächsten Monaten.

Schreiben Sie ungefähr 40–50 Wörter **auf Deutsch**.

Liebe Familie Schmidt, …

2 lesen · Look at how Sean has responded to the task. Put the paragraphs in the order of the bullet points.

a Am Montagnachmittag gehe ich zur Theatergruppe, und das ist wunderbar.	**b** Ich besuche ein gemischtes Gymnasium in Bradford und es ist ziemlich groß und modern.
c Ich freue mich sehr auf die Klassenfahrt. Nächsten Samstag werden wir nach Österreich fahren und einen Tagesausflug nach Salzburg machen!	**d** Mein Lieblingsfach ist Englisch, weil die Lehrerin so nett ist. Ich mache auch gern Naturwissenschaften.

3 lesen · Look at the Answer Booster. Note down <u>six</u> examples of language Sean uses to write a well-developed answer.

4 schreiben · Now write your own answer to the question.

- Look at the Answer Booster and Sean's text for ideas.
- Consider how you can develop your answer for each bullet point.
- Clearly express your ideas, opinions and reasons for your opinions.
- Write your answer and then check carefully what you have written.

> ⭐ Check your verbs: have you written the correct endings for the person doing the verb (I, we, etc.)?

Wörter

Schulfächer — School subjects

Sprachen:	languages:	Mathe(matik)	math(ematic)s
Deutsch	German	Informatik	ICT
Englisch	English	Geschichte	history
Französisch	French	Erdkunde	geography
Spanisch	Spanish	Kunst	art
Naturwissenschaft(en):	science(s):	Musik	music
Biologie	biology	Theater	drama
Chemie	chemistry	Religion	RE
Physik	physics	Sport	PE, sport

Farben und Kleidung — Colours and clothes

blau	blue	eine Jeans	jeans
braun	brown	eine Hose	trousers
gelb	yellow	eine Jacke	a jacket
grau	grey	eine Krawatte	a tie
grün	green	ein Hemd	a shirt
rot	red	ein Kleid	a dress
schwarz	black	ein T-Shirt	a T-shirt
weiß	white	Sportschuhe	trainers
Ich trage (nie) …	I (never) wear …	Schuhe	shoes
einen Rock	a skirt		

Das neue Schuljahr — The new school year

In der neunten Klasse freue ich mich (nicht) auf …	In Year 9, I'm (not) looking forward to …	langweilig	boring
		stressig	stressful
den Matheunterricht	the maths lessons	schwierig	difficult
die Klassenfahrt	the class trip	interessant	interesting
das Zeugnis	the report	einfach	simple, easy
die Hausaufgaben	the homework	prima	great
die Klassenarbeiten	the tests	weil …	because …
die Prüfungen	the exams	es viele Klassenarbeiten gibt	there are lots of tests
die Gruppen / Clubs	the (after-school) groups / clubs	wir in die Alpen fahren	we are going to the Alps
neue Fächer	new subjects	(Theater) mein Lieblingsfach ist	(drama) is my favourite subject
meine Freunde/Freundinnen	my friends	denn …	because …
total	totally	sie sind mir wichtig	they are important to me
(echt) sehr	(really) very	ich bekomme schlechte / gute Noten	I get bad / good grades
(gar) nicht	not (at all)		
nie	never	ich hatte letztes Jahr ein gutes / schlechtes Zeugnis	I had a good / bad report last year
ein bisschen	a bit		
weil er/sie/es … ist	because he/she/it is …	das macht viel Spaß	it's a lot of fun
weil sie … sind	because they are …		

In den Sommerferien — In the summer holidays

Ich habe …	I …	immer (eine Mütze) getragen	always wore (a cap)
(neue Bücher) gekauft	bought (new books)	oft (einen Film) gesehen	often watched (a film)
(Gitarre) gelernt	learned (guitar)	Ich bin (in die Alpen) gefahren.	I went (to the Alps).
(Fußball) gespielt	played (football)	Ich hatte (ein Problem).	I had (a problem).
nie (Hausaufgaben) gemacht	never did (homework)	Das war (langweilig).	That was (boring).

Schulsachen — School items

Was hast du (für das neue Schuljahr) gekauft?	What have you bought (for the new school year)?	einen Radiergummi	a rubber
		einen Taschenrechner	a calculator
Ich habe … gekauft.	I bought …	eine Schultasche	a school bag
einen Bleistift	a pencil	ein Etui	a pencil case
einen Kuli	a ballpoint pen	Filzstifte	felt-tip pens

Ein Schultag — A school day

Was hat (die Klasse 9) in der (ersten) Stunde am (Montag)?	What does (Year 9) have in the (first) lesson on (Monday)?	siebte(n)	seventh
		Die Schule beginnt / endet um …	School starts / ends at …
Was hast du in der (zweiten) Stunde am (Dienstag)?	What do you have in the (second) lesson on (Tuesday)?	nach der Pause	after the break
		nach der Mittagspause	after the lunch break
erste(n)	first	Wir haben … Stunden pro Tag.	We have … lessons per day.
zweite(n)	second	Jede Stunde dauert … Minuten.	Each lesson lasts … minutes.
dritte(n)	third	Mein Lieblingsfach ist (Physik).	My favourite subject is (physics).
vierte(n)	fourth	Ich bekomme immer gute Noten.	I always get good grades.
fünfte(n)	fifth	Ich mag (Chemie) (nicht).	I (don't) like (chemistry).
sechste(n)	sixth	Ich mache (nicht) gern (Kunst).	I (don't) like doing (art).

Fragen stellen

Wann?	*When?*
Wie viele?	*How many?*
Um wie viel Uhr?	*At what time?*
Was?	*What?*
Hast du ein Lieblingsfach?	*Do you have a favourite subject?*

Asking questions

Warum?	*Why?*
Welches Fach?	*Which subject?*
Wie?	*How?*
Wer?	*Who?*

Die Schulordnung

dürfen	*to be allowed to (may)*
müssen	*to have to (must)*
der Computerraum	*ICT room*
der Schulhof	*playground*
die Aula	*assembly hall*
die Bibliothek	*library*
die Kantine	*canteen*
die Sporthalle	*sports hall*
das Klassenzimmer	*classroom*
das Labor	*lab(oratory)*
das Lehrerzimmer	*staff room*
die Toiletten	*toilets*
Wir dürfen (nicht) …	*We are (not) allowed to …*
schlagen	*hit*
rauchen	*smoke*
essen	*eat*
trinken	*drink*
Wir dürfen keine Mützen tragen.	*We're not allowed to wear caps.*
Wir dürfen keinen Dialekt sprechen.	*We're not allowed to speak dialect.*
Wir müssen …	*We have to …*
pünktlich sein	*be punctual*

School rules

ruhig sein	*be quiet*
zu	*too*
ziemlich	*rather*
streng	*strict*
ärgerlich	*annoying*
(un)gerecht	*(un)just*
(un)fair	*(un)fair*
gut	*good*
lustig	*funny*
Ich stimme da (nicht) zu.	*I (don't) agree.*
Du hast recht.	*You are right.*
Ich bin (nicht / ganz) deiner Meinung.	*I (don't / totally) agree with you.*
Nein, das finde ich …,	*No, I find that …*
weil …	*because …*
das (schrecklich) ist	*it's (terrible)*
ich das mag	*I like it*
denn …	*because …*
man muss (ruhig) sein	*you have to be (quiet)*
das ist (un)wichtig	*that's (un)important*

Eine Klassenfahrt

Wir werden auf Austausch fahren.	*We will go on an exchange visit.*
Was werden wir am (Mittwoch) machen?	*What will we do on (Wednesday)?*
Ich werde … / Wir werden …	*I will … / We will …*
an einem Tag an der Schule lernen	*learn at school for a day*
den Abend bei einer Familie verbringen	*spend the evening with a family*
die Stadt besuchen	*visit the town*

A class trip

in der Stadt bummeln	*stroll around the town*
eine Fahrradtour machen	*go on a cycling tour*
ins Hallenbad gehen	*go to the indoor swimming pool*
das Zirkusmuseum besuchen	*visit the circus museum*
die Sehenswürdigkeiten besichtigen	*visit the sights*
Andenken kaufen	*buy souvenirs*
(wieder) nach Hause fahren	*go home (again)*

Erfolge feiern

Ich habe …	*I …*
Meine Schule / Klasse / Mannschaft hat …	*My school / class / team …*
Die (Musik-)Gruppe hat …	*The (music) group …*
am (…-)Wettbewerb teilgenommen	*took part in the (…) competition*
in der Theatergruppe ein Theaterstück produziert	*produced a play in the drama group*
(ein erfolgreiches Konzert) gegeben	*gave (a successful concert)*
neue Mitglieder kennengelernt	*got to know new members*
die Prüfungen bestanden	*passed the exams*
den (ersten) Platz erreicht	*achieved (first) place / came (first)*
Der Schulleiter / Die Lehrerin hat meine Eltern angerufen.	*The head teacher / teacher called my parents.*
Ich bin …	*I …*
mit einer Medaille zurückgekommen	*came back with a medal*

Celebrating successes

(in Englisch) durchgefallen	*failed (in English)*
(letztes Jahr) sitzen geblieben	*repeated the year (last year)*
nicht sitzen geblieben	*didn't repeat the year*
in (Mathe) nicht durchgefallen	*didn't fail in (maths)*
Totaler Erfolg im (Englisch-)Unterricht!	*Complete success in (English)!*
Die (Englisch-)Lehrerin/Der (Englisch-)Lehrer war erstaunt!	*The (English) teacher was astonished!*
Ich habe / Wir haben …	*I / We …*
Bonbons / Spiele als Resultat bekommen	*received sweets / games as a result*
im Restaurant gefeiert	*celebrated in a restaurant*
Es gab eine Party.	*There was a party.*
Mein Foto war in der Zeitung.	*My photo was in the paper.*
In Zukunft werde ich …	*In the future I will …*
Nächstes Jahr werden wir …	*Next year we will …*
(an …) teilnehmen	*take part (in …)*
die Prüfungen bestehen	*pass the exams*

Das deutsche Schulsystem

die Grundschule	*primary school*
die Gesamtschule	*comprehensive school*
die Hauptschule	*a type of secondary modern school*
die Realschule	*a type of secondary modern school*

The German school system

das Gymnasium	*grammar school*
die Oberstufe	*sixth form*
das Abitur	*German equivalent of A levels*

2 Zeit für Freizeit

Startpunkt Verschiedene Freizeitaktivitäten

1 **Sieh dir die Statistik und die Bilder an. Was ist die richtige Reihenfolge (a–f)?**

Beispiel: c, …

Was machen deutsche Jugendliche in ihrer Freizeit?	
Ich höre Musik.	**87%**
Ich sehe fern oder gucke Videos.	**71%**
Ich surfe oder chatte im Internet.	**66%**
Ich mache Musik.	**34%**
Ich spiele Computerspiele.	**31%**
Ich faulenze und tue nichts.	**31%**
Ich lese.	**26%**
Ich verbringe Zeit mit meinem besten Freund/ meiner besten Freundin.	**25%**
Ich treibe Sport.	**22%**
Ich treffe Freunde.	**20%**

2 **Hör zu. Schreib die Tabelle ab und füll sie aus. (1–6)**

	activity	like ☺	don't like ☹
1	making music	✓	

> ⭐ Put *gern* or *nicht gern* after a verb to say you **like** or **don't like** doing something.
>
> *Ich sehe **gern** fern.* I **like** watching TV.
> *Ich treibe **nicht gern** Sport.* I **don't like** doing sport.
>
> Use *lieber* to say you **prefer** doing something.
> *Ich lese **lieber**.* I **prefer** reading.
>
> Use *am liebsten* to say what you like doing **most of all**.
> *Ich faulenze **am liebsten**.* I like being lazy **most of all**.

3 **Partnerarbeit. Was machst du gern oder nicht gern in deiner Freizeit?**

- ● *Was machst du gern in deiner Freizeit?*
- ▪ *Ich sehe gern fern. Und du?*
- ● *Ich sehe gern fern, aber ich spiele lieber Computerspiele.*
- ▪ *Oh ja, ich auch. Und am liebsten chille ich mit Freunden.*

Ich mache / treibe		Sport.
Ich spiele		Hockey / Basketball / Schach / Karten. am Computer / auf dem Handy.
Ich treffe	gern nicht gern lieber am liebsten	Freunde.
Ich gehe		ins Kino / in die Stadt.
Ich mache / höre		Musik.
Ich lese		Bücher / Zeitschriften.
Ich sehe		fern.
Ich faulenze		auf dem Sofa.

4 hören

**Hör zu. Man spricht über das Lesen.
Füll die Tabelle aus. (1–4)**

	liest gern	liest nicht gern
1	d	…

die Biografie(n)

der Comic(s)

der Fantasyroman(e)

die Horrorgeschichte(n)

der Krimi(s)

die Liebesgeschichte(n)

das Science-Fiction-Buch(–Bücher)

die Zeitschrift(en) / das Magazin(e)

die Zeitung(en)

5 schreiben

Schreib den Text ab und vervollständige den Text.

Beispiel: **1** Zeitschrift

Jede Woche lese ich eine **1** _____ über Sport und einmal pro Monat lese ich ein **2** _____, aber ich lese am liebsten **3** _____. Ich lese aber **4** _____ Zeitungen, weil sie langweilig sind.

Gestern habe ich **5** ein_____ und **6** ein_____ gekauft. Ich finde **7** d_____ sehr lustig, aber **8** d_____ ist zu gruselig. Meine Schwester liest jede Woche **9** e_____ und am **10** _____ liest sie **11** e_____. Ich finde Liebesgeschichten schrecklich!

1
2
3
4
5
6
7
8
9
10
11

G *Nouns and articles* ⟩*Page 203*

All nouns have a **gender** (masculine, feminine, neuter) and a **number** (singular, plural). These affect the form of the **article** (*der*, *ein*, etc.).

The position of a noun in a sentence (its **case**) also affects the article: the subject is in the nominative case, and the direct object is in the accusative case (but only the masculine form changes).

Definite article (the)
Nominative: ***Der*** *Roman* / ***Die*** *Zeitschrift* / ***Das*** *Buch ist gut.* ***Die*** *Comics sind gut.*

Accusative: *Ich lese* ***den*** *Roman* / ***die*** *Zeitschrift* / ***das*** *Buch* / ***die*** *Comics.*

Indefinite article (a, an)
Nominative: ***Ein*** *Mann* / ***Eine*** *Frau* / ***Ein*** *Kind geht ins Kino.*

Accusative: *Ich sehe* ***einen*** *Mann* / ***eine*** *Frau* / ***ein*** *Kind.*

	masc.	fem.	neut.	pl.
Definite article: the				
nom.	*der*	*die*	*das*	*die*
acc.	***den***	*die*	*das*	*die*
Indefinite article: a, an				
nom.	*ein*	*eine*	*ein*	–
acc.	***einen***	*eine*	*ein*	–

The **possessive adjectives** (*mein* – my, *dein* – your) follow the same pattern as *ein*:

Nominative: ***Mein*** *Computer* / ***Meine*** *Gitarre* / ***Mein*** *Handy ist zu Hause.* ***Meine*** *Bücher sind zu Hause.*

Accusative: *Ich habe* ***meinen*** *Computer* / ***meine*** *Gitarre* / ***mein*** *Handy* / ***meine*** *Bücher.*

⭐ Think about the articles and make sure you add the correct endings. Look again at the grammar feature and exercise 4 to help you.

1 lesen „Ich spiele …". Vervollständige den Satz für jedes Foto.

Beispiel: **1** Ich spiele Klarinette.

> ⭐ When you say which instrument you play, don't use the article:
>
> *Ich spiele* **Klavier**. *Sie spielt* **Gitarre**.

die Blockflöte(n)	das Keyboard(s)
die Flöte(n)	das Klavier(e)
die Geige(n)	das Saxofon(e)
die (elektrische(n)) Gitarre(n)	das Schlagzeug(e)
die Klarinette(n)	das Instrument(e)
die Trompete(n)	Ich spiele (k)ein Instrument.

2 hören Hör zu. Wie oft spielen sie ein Instrument oder hören sie Musik? (1–4)

Beispiel: **1** c

a jeden Tag	**b** oft	**c** ab und zu	**d** nie	**e** dreimal pro Woche	**f** zweimal pro Monat	**g** einmal pro Jahr

3 lesen Lies die Texte. Füll die Tabelle auf Deutsch aus.

Musik ist sehr wichtig für mich. Ich spiele dreimal pro Woche Keyboard und elektrische Gitarre und ich höre gern Reggae. Ich höre auch viel klassische Musik, aber ich mag Opernmusik überhaupt nicht. Ich habe meine ganze Musiksammlung auf meinem Tablet, weil das so praktisch ist – ich höre Musik zu Hause, im Auto oder auf der Straße.

Sara

Ich höre jeden Tag Musik, mal auf meinem Handy im Bus, mal auf dem Laptop in meinem Zimmer. Ich höre gern R&B und Country-und-Western-Musik, aber am liebsten höre ich Rapmusik, denn sie ist so lebhaft. Meine Freundin mag Heavy Metal, aber das höre ich nicht gern. In der Grundschule habe ich Blockflöte gespielt, aber jetzt spiele ich kein Instrument.

Jakob

lebhaft = *lively*

	Sara	Jakob	Alex
Mag was für Musik?			
Mag nicht?			
Hört Musik wie?			
Hört Musik wo?			
Spielt ein Instrument? (Welches?)			

> ⭐ Try to remember these useful phrases and use them in your own work to express what you **like**, **don't like** and **prefer**:
>
> *Ich* **mag** *Opernmusik.*   I like opera music.
> *Ich* **mag** *House* **nicht**.   I don't like house.
> *Ich* **höre gern** *Rapmusik.*   I like listening to rap music.
> *Ich* **höre nicht gern** *R&B.*   I don't like listening to R&B.
> *Ich* **höre lieber** *Heavy Metal.*   I prefer listening to heavy metal.
> *Ich* **höre am liebsten** *Popmusik.*   I like listening to pop music most of all.

4 hören Hör zu und füll die Tabelle in Aufgabe 3 für Alex aus.

5 lesen **Lies das Forum und beantworte die Fragen.**

Wie hörst du Musik?

Einige Leute downloaden Musik, andere Leute streamen oder kaufen Vinylplatten. Wie hörst *du* Musik?

 falkor27: Ich habe viele CDs, aber ich höre sie nie! Jetzt downloade ich alles auf mein Tablet. Mit einem guten Lautsprecher geht das supergut – und das spart so viel Platz.

 33komma3: Download, Streaming, Filesharing – das mag ich nicht, denn der Ton auf einem Handy ist nicht gut. Ich kaufe lieber Vinyl, weil die Qualität fantastisch ist. Aber am liebsten höre ich Livemusik. Ich gehe einmal pro Jahr auf ein Festival und zweimal pro Monat auf Konzerte in der Stadt.

 sosogut: Die Atmosphäre auf Konzerten und Festivals ist toll, die Livemusik ist lebhaft, aber die Eintrittskarten sind einfach zu teuer für mich. Musik muss billiger sein.

 bilbo2020: Musik ist teuer, aber ich höre gern Radio und das kostet nichts!

 geli-gela: Ich mache meine Musik selber! Ich spiele Gitarre, meine Freunde spielen Geige, Flöte und Schlagzeug und wir spielen einmal pro Woche zusammen. Wir haben auch ein Konzert in der Schule gegeben. Das ist ein tolles Gefühl.

Who …

1 doesn't like listening to digital music?
2 often goes to concerts?
3 likes listening to music but doesn't buy any?
4 listens to everything digitally?
5 plays an instrument?
6 finds concerts too expensive?
7 likes making music?
8 never listens to their CD-collection?

G **Word order** **> Page 216**

• The **verb** is usually the second idea in a sentence, after the <u>subject</u>:
  Ich **höre** *sehr gern Musik.*
  Mein Bruder **spielt** *auf einem Konzert.*

• If there is other information at the beginning of the sentence, e.g. an expression of frequency or place, the **verb** still has to go second, and then the <u>subject</u> will follow:
  Einmal pro Woche **spiele** <u>ich</u> *Klavier.*
  Zu Hause **habe** <u>ich</u> *ein Keyboard.*
  Am liebsten **hört** <u>mein Freund</u> *Livemusik.*

• Find sentences in the forum in exercise 5 in which the subject is **not** the first element of the sentence.

---

6 schreiben **Übersetze die Sätze ins Deutsche.**

1 Now I listen to music on my mobile.
2 Twice a week I play the guitar at school.
3 Once a year we go to a festival.
4 At home I prefer to listen to pop music.
5 Most of all I like going to concerts in town.

⭐ Refer to exercise 5 and the grammar box to help you with your translations.

---

7 sprechen **Partnerarbeit. Mach das Quiz. Beantworte die Fragen in ganzen Sätzen.**

Was für ein Musiktyp bist du?

1 Was für Musik hörst du am liebsten?
Am liebsten höre ich …
House.
Popmusik.
klassische Musik.
Livemusik.

2 Wie oft hörst du Musik?
Ich höre … Musik.
oft   ab und zu
nie   jeden Tag

3 Wie hörst du am liebsten Musik?
Am liebsten höre ich Musik …
auf meinem Laptop / Tablet.
auf meinem Handy.
auf einem Konzert.
im Radio.

4 Wo hörst du am liebsten Musik?
Am liebsten höre ich Musik …
im Bus.   überall.
im Bett.   zu Hause.

2 Film und Fernsehen

 1 **Hör zu. Oliver spricht über Filme und Fernsehsendungen. Sieh dir die Menüseite an und notiere das Genre.**

Beispiel: **1** eine Serie

Meine Sendungen	
1 Gute Zeiten, schlechte Zeiten	**5** Türkisch für Anfänger
2 Tatort	**6** Mama gegen Papa
3 Deutschland sucht den Superstar	**7** Lola rennt
4 Rette die Million!	**8** Tief im Ozean

der Film(e)	die Fernsehsendung(en)
der Actionfilm(e)	die Dokumentation(en)
der Fantasyfilm(e)	die Gameshow(s)
der Horrorfilm(e)	die Komödie(n)
der Krimi(s)	die Realityshow(s)
der Liebesfilm(e)	die Serie(n)
der Science-Fiction-Film(e)	die Nachrichten (pl)
der Thriller(–)	
der Zeichentrickfilm(e)	

 2 **Hör noch mal zu und sieh dir die Menüseite noch mal an. Finde das richtige Adjektiv. Wie heißt das auf Englisch?**

Beispiel: **1** (*Gute Zeiten, schlechte Zeiten*) blöd – silly

ausgezeichnet	interessant	entertaining	great
blöd	lustig	excellent	impressive
beeindruckend	spannend	exciting	interesting
großartig	unterhaltsam	funny	silly

⭐ **Plurals** of nouns are formed in several ways. They are usually shown in brackets next to the noun in a dictionary.

*der Film(e) – Es gibt tolle **Filme**.*
*die Serie(n) – Ich finde **Serien** blöd.*
*der Krimi(s) – Ich mag **Krimis** nicht.*
*der Thriller(–) – Ich sehe gern **Thriller**.*

 3 **Gruppenarbeit. Was siehst du gern oder nicht gern? Warum?**

● *Siehst du gern Realityshows?*
■ *Nein, Realityshows sind nicht unterhaltsam. Ich sehe lieber …, weil … Und du?*

G Negatives ❯ Page 202

Develop sentences by using negatives. Add **nicht** (not) or **nie** (never).

*Das ist **nicht** unterhaltsam.*
That is **not** entertaining.

*Ich habe „Tatort" **nie** gesehen.*
I have **never** watched 'Tatort'.

To say 'not a / not any / no', use **kein**.

*Ich habe **keinen** Film downgeloadet.*
I have **not** downloaded **a** film.

*Ich sehe **keine** Dokumentationen.*
I don't watch **any** documentaries.

 4 **Lies das Blog und die Sätze. Sind die Sätze richtig (R), falsch (F) oder nicht im Text (NT)?**

> Wir haben keinen Fernseher im Haus. Ich downloade Filme und Sendungen und gucke sie auf meinem Laptop oder meinem Tablet. Ich gucke die Nachrichten auf YouTube, weil sie für junge Zuschauer sind und sie sind nie langweilig. Am liebsten sehe ich britische und amerikanische Filme in der Originalfassung mit Untertiteln – aber ich mag keine Liebesfilme. Meine Schwester guckt gern romantische Filme auf ihrem Tablet! Das ist toll – sie sieht ihre Sendungen, ich sehe meine Sendungen. Kein Problem! **Marta**

 gucken = to watch
der Zuschauer(–) = viewer

1 Marta has a TV in her room.
2 She watches internet news channels aimed at young people.
3 She finds that film subtitles help her learn English.
4 She watches love films whenever she can.
5 Her sister never watches romantic films.
6 Her sister does not have a laptop.

5 hören   Man spricht über Fernsehen. Hör zu und mach Notizen auf Englisch. (1–3)

How often?   Type of programme / film?   Opinion?

6 lesen   Lies die Kurzfassungen. Wie heißt das auf Deutsch? (1–10)

Das Wunder von Bern

Richard Lubanski war Kriegsgefangener im Zweiten Weltkrieg. Er kommt 1954 endlich zu seiner Familie in Essen zurück. Der jüngste Sohn Matthias kennt seinen Vater nicht und das ist schwierig für die beiden. Matthias ist großer Fußballfan – sein Vorbild Helmut Rahn spielt für Deutschland bei der Fußballweltmeisterschaft in der Schweiz. Vater und Sohn fahren zum Finale (Deutschland–Ungarn) und Rahn schießt das entscheidende Tor! Das bringt neue Hoffnung für die Familie und für Deutschland.

Good Bye, Lenin!

Christiane Kerner fällt im Herbst 1989 ins Koma. Sie wacht acht Monate später auf und die Welt ist total anders: Ost- und Westdeutschland sind wieder eins, der Kapitalismus ist gekommen. Sie darf das nicht wissen, denn der Schock wird sie vielleicht

umbringen. Ihr 21-jähriger Sohn Alex macht also alles in der Wohnung genau wie in der alten DDR. Die DDR muss auf 79m² existieren – das ist für Alex nicht einfach und für die Zuschauer sehr komisch.

die Kurzfassung(–en) = summary
ein Kriegsgefangener = prisoner of war
umbringen = to kill

1   in World War II
2   a big football fan
3   his idol
4   at the football World Cup
5   scores the winning goal
6   she wakes up eight months later
7   totally different
8   she is not allowed to know that
9   just like in the old DDR
10   for the viewers

Kulturzone

After the Second World War, Germany was divided between Russian, French, British and American control. The Russian sector became the *Deutsche Demokratische Republik (DDR)*. West Germany became the *Bundesrepublik Deutschland (BRD)*.

In 1989, the Berlin Wall was torn down and Germany was officially reunited in 1990. This period of change is known as *die Wende* (turnaround).

7 lesen   Lies die Meinungen. Ist das positiv oder negativ?

Das Wunder von Bern

a Der Film ist ein großer Hit. Er ist nicht zu lang. Ein Film über Sport braucht keine Spezialeffekte, er ist perfekt. **Florian**

b Normalerweise sehe ich gern Filme über die deutsche Geschichte, aber ich habe den Film schrecklich gefunden. Meiner Meinung nach sind die Schauspieler nicht sehr gut und die Charaktere finde ich schwach. **Anna**

Good Bye, Lenin!

c Ich habe diese ‚Komödie' nicht lustig gefunden. Der Film war langweilig und die Story ist total unrealistisch – ich finde, sie behandeln die Mutter sehr schlecht. **Markus**

d Ich habe den Film großartig gefunden, denn er hat Emotion und Humor. Das gibt mir ein gutes Gefühl. Ich empfehle den Film, weil er eine interessante Einsicht in die Wende gibt. **Lea**

empfehlen = to recommend   *die Einsicht(–en)* = insight

8 schreiben   Schreib über Film und Fernsehen.

- Was siehst du gern? Wann und wo siehst du das? Warum?
- Welchen Film oder welche Sendung hast du in letzter Zeit gesehen? Wie hast du das gefunden? Warum?

Ich habe (den Film / die Sendung) … gefunden.
Der Film / Die Sendung / Die Story war …
Die Schauspieler waren …
  (un)realistisch, schwach, langweilig, großartig, furchtbar
Ich empfehle die Sendung / den Film, weil …

3 Sport für alle

 1 Hör zu. Über welche Sportarten sprechen Martin und Jasmin?

Beispiel: **Martin:** f (schwimmen), …

Beliebte Sportarten in der Schweiz

a Ski fahren
b snowboarden
c eislaufen
d wandern
e klettern
f schwimmen
g Rad fahren
h Handball spielen

ausprobieren = to try

 2 Hör noch mal zu und beantworte die Fragen auf Englisch.

1 How long has Martin been in a swimming club?
2 How often does he train?
3 Why would he not like to swim in lakes? (<u>one</u> detail)
4 When does he like ice skating?
5 What is his favourite sport at school?
6 Which winter sport does Jasmin prefer?
7 When does she go hiking?
8 What is she going to try at the sports centre?

> Use the <u>present</u> tense with **seit** to say for how long you have been doing something.
> *Ich fahre **seit** drei Jahren Ski.*
> I've been skiing **for** three years.

 3 Hör zu. Was möchten sie machen oder nicht machen? Füll die Tabelle auf Englisch aus. (1–5)

	✓	✗
1	handball	

 4 Übersetze die Sätze ins Deutsche.

G möchte > Page *200*

Use *möchte* with an infinitive to say what you **would like** to do. The infinitive goes at the end of the clause.

form of *möchte*:		+ infinitive:
ich möchte	*wir möchten*	*eislaufen*
du möchtest	*ihr möchtet*	*(in den Bergen) wandern*
er/sie möchte	*Sie/sie möchten*	*(an den Felsen) klettern*

Add **nicht** to say what you **would not like** to do:
*Ich **möchte nicht** eislaufen.*

Remember to put the infinitive at the end.

1 I would like to hike in the mountains.
2 He would like to go skiing .
3 Would you like to play handball?
4 I don't like swimming and I would not like to go snowboarding.

Put *nicht* after the German for 'I would like'.

5 lesen **Lies den Text. Wie heißt das auf Deutsch?**

„Ich mache mit!", sagte Bibi.

Die Falkensteiner Schülerinnen und Schüler […] waren begeistert und skandierten: „Bibi, Bibi, Bibi!" […]

„Das ist ja ein Mädchen!", stammelte Köbi.

„Ja, richtig!", antwortete Bibi gleichmütig.

Ein anderer Mitspieler fügte hinzu: „Und eine Hexe!"

„Auch richtig!" Bibi zuckte mit den Schultern. […]

Dr. Krähwinkel […] blätterte […] in den Rugbyspielregeln und entschied: „Also laut Regelwerk sind weder Mädchen noch Hexen beim Rugby verboten."

Der Schiedsrichter Leo Schmackes wusste nicht so recht, wie er reagieren sollte, und warnte Bibi […]: „Bei allem Respekt – aber schau dich mal um. Ich glaub, das ist doch ein bisschen zu tough für dich!"

Die Jungs grinsten Bibi bedrohlich an. Einer murmelte […]: „Soll ich sie gleich wegtackeln?"

Das aber weckte erst recht Bibis Kampfgeist, und sie entgegnete mit fester Stimme: „Warum tackeln?! Wollen wir wetten, ich mache einen Punkt?"

In this extract taken from *Bibi & Tina – Mädchen gegen Jungs* by Bettina Börgerding and Wenka von Mikulicz, the Falkenstein school rugby team is on the verge of losing a match when Bibi, a female pupil at the school, runs out onto the pitch. What the other players soon realise: Bibi is a witch and is capable of witchcraft!

1 I'm joining in!	**6** neither girls nor witches
2 enthusiastic	**7** with all due respect
3 another player	**8** threateningly
4 a witch	**9** that awakened Bibi's fighting spirit
5 according to the rules	**10** Shall we bet?

⭐ The past tense used in this story, as in most stories in German, is the imperfect tense. Usually you can recognise which verb it comes from, but there are some irregular ones: e.g. *war / waren* (was / were).

6 lesen **Lies den Text noch mal und beantworte die Fragen auf Englisch.**

1 What is the pupils' reaction when Bibi joins the game?
2 What can Köbi hardly believe?
3 What do the rules say about girls and witches playing rugby?
4 What does Leo, the referee, ask Bibi to consider?
5 What is Bibi's reaction to the threat of a rough tackle by one of the boys?

7 sprechen **Partnerarbeit. Stell und beantworte Fragen über Sport.**

• Welche Sportart machst du gern im Winter / Sommer? Warum?
• Seit wann machst du das?
• Bist du in einem Verein / einer Mannschaft?
• Was möchtest du bestimmt machen? Warum?
• Was möchtest du nie machen? Warum nicht?
• Welche Sportart hast du schon ausprobiert?

⭐ There is no **ge–** at the beginning of the past participle of verbs ending in **–ieren**.
Ich habe gestern eine Stunde **trainiert**.
Ich habe Eislaufen **ausprobiert**.

Ich spiele gern (Fußball / Hockey).
Ich fahre (nicht) gern (Ski / Rad).
Ich turne (sehr) gern.
Ich spiele seit (fünf Jahren) (Tennis).
Ich trainiere (jeden Tag / einmal pro Woche) im Verein / in einer Mannschaft.
Ich möchte bestimmt / nie (Skateboard fahren).
Ich habe (gestern) (Eislaufen) ausprobiert.
  Das war …

1 **Lies die Texte und sieh dir die Fotos an. Was passt zusammen?**

1 Frohes Neues Jahr
Silvester ist am 31. Dezember. Es gibt überall Feuerwerke und um Mitternacht sagt man „Prosit Neujahr!". Der 1. Januar ist ein Feiertag, also muss man nicht zur Arbeit!

2 Karneval!
Die offizielle Saison für den Karneval beginnt am 11.11. um 11:11 Uhr. Der richtige Karneval findet im Februar statt. Man feiert mit Festzügen, Musik, Tanz, tollen Kostümen und viel, viel Spaß.

5 Die Mauer fällt
Am 3. Oktober feiert man die Wiedervereinigung Deutschlands mit dem Tag der Deutschen Einheit. An diesem Feiertag gibt es Reden, Feste und Konzerte.

3 Frohe Ostern!
Karfreitag und Ostern sind Feiertage im März oder April. Zu Ostern bringt der Osterhase bunte Ostereier und man isst viel Schokolade! Lecker!

6 Frohe Weihnachten!
Die Weihnachtszeit beginnt mit dem Advent. Am Nikolaustag, dem 6. Dezember, bekommen die guten Kinder kleine Geschenke. Der 24. Dezember heißt Heiligabend: am Abend hat man das Weihnachtsessen, man sitzt um den Weihnachtsbaum und man öffnet Geschenke.

4 Überall Volksfeste
Das berühmteste Volksfest ist das riesige Münchner Oktoberfest, aber es gibt auch große und kleine Feste und Feten überall in Deutschland. Es gibt viele Gründe zum Feiern!

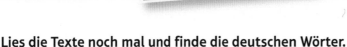

2 **Lies die Texte noch mal und finde die deutschen Wörter.**

1 there are fireworks everywhere
2 a public holiday
3 takes place in February
4 people celebrate with parades
5 the Easter Bunny
6 the most famous folk festival
7 There are lots of reasons to celebrate!
8 the reunification of Germany
9 on Saint Nicholas' Day
10 people open presents

3 **Hör zu. Füll die Tabelle auf Englisch aus. (1–5)**

	event	date	celebration(s)
1			

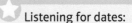 Listening for dates:

• 'on' a date is **am** …, e.g. **am elften** November
• ordinal numbers up to 19th (**19.**) end in **–ten**; above that they end in **–sten** (e.g. **am einunddreißigsten** Dezember).
Try writing larger numbers backwards: **vierundzwanzig** – write 4, then write the 2 in front of it = 24.

4 lesen **Lies Ninas Bericht und beantworte die Fragen auf Englisch.**

Der Nürnberger Christkindlesmarkt

Anfang Dezember bin ich auf den berühmten Nürnberger Christkindlesmarkt gegangen. Das war für mich der beste Tag im ganzen Jahr. Es waren sehr viele Leute auf dem Markt, und die Stimmung war super, denn es hat geschneit.

Es riecht so gut auf einem Weihnachtsmarkt: Es gibt Glühwein und Kinderpunsch, kandierte Äpfel, geröstete Mandeln, heiße Waffeln, Bratwürste – mmm, lecker! Ich habe einen sehr großen Nürnberger Lebkuchen gegessen – das ist eine Spezialität der Region.

Man kann auch viele Geschenke kaufen. Es gibt Spielzeuge aus Holz, Weihnachtsschmuck, Kerzen, Kleidung – alles Mögliche! Ich habe eine neue Wollmütze und eine Holzfigur gekauft, aber das meiste Geld habe ich für Essen ausgegeben!

Ich möchte auf einen Weihnachtsmarkt in England gehen, um eine deutsche Tradition in einem anderen Land zu sehen. Vielleicht werde ich nächstes Jahr ein Adventswochenende in England feiern und auch etwas über die britische Weihnachtszeit lernen.

aus Holz = wooden

1 What was the highlight of Nina's year?
2 What improved the atmosphere at the market?
3 What is a non-alcoholic alternative to mulled wine?
4 What do we learn about Nürnberg gingerbread?
5 Name <u>three</u> more things you can eat and <u>three</u> things you can buy at the market.
6 What would Nina like to do next year?

5 sprechen **Gruppenarbeit. Lies Ninas Bericht noch mal. Eine Person ist Nina, die anderen stellen Fragen.**

● *Wann bist du auf den Weihnachtsmarkt gegangen?*

■ *Ich bin im Dezember auf den Weihnachtsmarkt gegangen.*

G **Using several tenses**

The texts on these pages contain information about the present, past and future. Here are some verbs you might use in the context of festivals and celebrations.

infinitive	present	past (perfect)	future
feiern (to celebrate)	*ich feiere*	*ich habe … gefeiert*	*ich werde … feiern*
essen (to eat)	*ich esse*	*ich habe … gegessen*	*ich werde … essen*
gehen (to go)	*ich gehe*	*ich bin … gegangen*	*ich werde … gehen*

Remember the imperfect tense verb *es war* (it was). You have also learned *ich möchte* (I would like) with an infinitive. Use all these verb forms to add variety to your speaking and writing.

Vergangenheit	Gegenwart	Zukunft
Wann **bist** du auf den Weihnachtsmarkt **gegangen**?	Was **isst** und **trinkt** man auf dem Weihnachtsmarkt?	Was **möchtest** du nächstes Jahr vielleicht **machen**?
Wie **war** das Wetter?	Wie **schmeckt** der Lebkuchen?	Wie lange **wirst** du dort **sein**?
Was **hast** du **gegessen**?	Welche Geschenke **gibt** es auf dem Markt?	Was **wirst** du **lernen**?
Was **hast** du **gekauft**?		

6 schreiben **Schreib einen Bericht über ein Fest in den letzten Monaten.**

• Was war das?
• Was hast du gemacht?
• Wie war das?
• Machst du das jedes Jahr?

• Wirst du das nächstes Jahr machen?
• Möchtest du auf ein anderes Fest gehen? Welches?

⭐ Be sure to include at least one example of each tense.

Use the texts on these pages to help you.

1 **Read this text from Sonja, your German exchange partner.**

Es tut mir leid, ich kann nicht zur Pizzeria kommen, denn wir müssen noch eine Stunde üben. Ich hoffe, wir werden Samstagabend im Konzert besser spielen! Ich habe die Karten für dich und meine Eltern schon gekauft. Ich nehme den Bus um 16:30 Uhr und treffe dich eine halbe Stunde später vor dem Rathaus, du weißt schon, wo das ist. Bis bald. S

Answer the following questions in English. You do not need to write in full sentences.

a What does Sonja have to practise for?
b What has Sonja got for you?
c Why should meeting not be a problem?

> In the exam, you don't usually need to write full sentences for your answers, but you must make your answer clear.

2 **Read the opinions about free-time activities in a German chat room.**

Darius

In der Grundschule habe ich Geige gespielt, aber jetzt nicht mehr. Ich höre lieber Musik und ich verbringe viel Zeit beim Sport.

Thea

Ich bin so faul. Ich mache natürlich ein bisschen Sport in der Schule, aber sonst nicht. Ich mag Videospiele, ich sehe gern Actionfilme und ich höre die ganze Zeit Musik.

Milan

Am Wochenende habe ich bei einer Geburtstagsfeier für meine Oma Klavier gespielt. Ich möchte mehr Sport machen und in den Sommerferien werde ich Tennis spielen.

Bella

Musik finde ich sehr wichtig. Nächstes Jahr möchte ich ein Instrument lernen, vielleicht Schlagzeug oder Gitarre.

Who says what about their hobbies? Enter either Darius, Thea, Milan or Bella. You can use each person more than once.

Example: ___Bella___ does not mention sport.

a _____ plans to take up a new musical instrument.
b _____ has given a musical performance recently.
c _____ already spends a lot of time exercising.
d _____ played an instrument when younger.
e _____ intends to be more active in the holidays.
f _____ likes playing on a computer.

3 lesen **Lies die Filmkritik.**

,Russendisko' ist eine deutsche Komödie, aber der Film hat auch eine ernste Seite. Im Jahr 1990, kurz nach dem Fall der Mauer, kommen drei junge Russen nach Berlin. Wladimir, Mischa und Andrej suchen ein neues Leben im Westen. Sie interessieren sich alle für Musik und haben die innovative Idee, eine Disko mit russischer Musik zu gründen. Natürlich gibt es auch eine Liebesgeschichte, aber für mich ist das Beste im Film die Musik der neunziger Jahre.

Matthias Schweighöfer (Wladimir) spielt wie immer sehr gut. Der Film ist witzig, unterhaltsam und nie langweilig. Ich kenne das Buch nicht, aber ich empfehle den Film, denn es ist eine tolle Geschichte über beste Freunde, Loyalität und die erste große Liebe.

**Füll die Lücke in jedem Satz mit einem Wort aus dem Kasten.
Es gibt mehr Wörter als Lücken.**

| Autor | Berlin | ~~Deutschland~~ | empfohlen | gelesen | hört | langweilig |
| lustig | Russland | Schauspieler | sieht | Westdeutschland |

Beispiel: Der Film ,Russendisko' kommt aus Deutschland .

a   Die drei jungen Männer haben in _____ gewohnt.

b   Am liebsten _____ der Kritiker die Musik im Film.

c   Matthias Schweighöfer ist _____.

d   Der Film ist sehr _____.

e   Der Kritiker hat das Buch zum Film nicht _____.

> ⭐ Read the rubric carefully to be sure that you know what you have to do.

4 hören **What does Leo, your German friend, say about Katrin, a sports star? Listen to the recording and write down the letters of the other three correct answers.**

Example: A, …

A Katrin is Leo's role model.
B Katrin is a sports star.
C Katrin plays football.

D Katrin plays for a local team.
E Katrin is also a sports reporter.

F Katrin works on the radio.
G Leo admires Katrin's role.
H Leo watches a lot of TV.

5 hören **Du hörst einen Bericht im Internet über Athleten aus der Schweiz. Wie finden die Athleten das alles? Trag entweder fantastisch, fleißig, langweilig oder wichtig ein. Du kannst jedes Wort mehr als einmal verwenden.**

Beispiel: Malik findet seine Arbeit langweilig .

a   Malik ist _____.

b   Malik findet seine Fitness sehr _____.

c   Eva findet Judo _____.

d   Evas Leben ist nie _____.

e   Eva hat das Turnier _____ gefunden.

6 hören **While in Germany you hear a radio interview about TV viewing habits. Listen to the interview and answer the following questions in English.**

a   When does Dalia watch TV?
b   Name one thing Dalia does while the TV is on.
c   How do we know Dalia doesn't watch attentively?

A – Role play

 1 Look at this role play card and prepare what you are going to say.

Topic: Cultural life

You are arranging to go out with your German cousin, who has come to visit. The teacher will play the role of your German cousin and will speak first.

You must address your cousin as *du*.

You will talk to the teacher using the five prompts below.

- where you see – **?** – you must ask a question
- where you see – **!** – you must respond to something you have not prepared

Dein deutscher Cousin/deine deutsche Cousine ist bei dir zu Besuch. Du möchtest am Samstagabend mit deinem Cousin/deiner Cousine ausgehen.

1. Deine Lieblingsmusik
2. Du – ein Instrument
3. !
4. Konzerte – Meinung
5. ? Konzert Samstag

> How will you say what your favourite music is?

> What might the unexpected question be? Try to predict different possibilities, and think how you would answer them.

> You must be ready to ask this question without being prompted.

> If you don't play an instrument, you can make it up or say 'I don't play an instrument'.

> Make sure you give your opinion.

 2 Practise what you have prepared. Take care with pronunciation and intonation.

> ⭐ Don't rush things – speak clearly and confidently, concentrating on correct pronunciation so your teacher understands everything. Practise sounds like *ch* and *r* that will help you sound more German!

3 Using your notes, listen and respond to the teacher.

4 Now listen to Lola performing the role play task.

B – Picture-based task

Topic: Cultural life

Schau dir das Foto an und sei bereit, über Folgendes zu sprechen:

- Beschreibung des Fotos
- Deine Meinung zum Radfahren
- Welche Sportart du letzte Woche gemacht hast
- Welchen Sport du ausprobieren möchtest
- Deine Meinung zu Sport in der Schule

1 **hören** Look at the picture and read the task. Then listen to Oliver's answer to the first bullet point.

1 What does he say about the weather?
2 What do you think the phrase *im Hintergrund* means?
3 Which rider does he describe in most detail?
4 Write down <u>three</u> adjectives that he uses in his answer.

2 **hören** Listen to and read Oliver's answer to the second bullet point.

1 Fill in the gaps.
2 Look at the Answer Booster on page 42. Note down <u>three</u> examples of what Oliver does to produce a well-developed answer.

> Ich fahre sehr gern Rad. Das macht **1** ▯▯▯ und ich bleibe fit. Im Sommer mache ich oft eine Radtour mit **2** ▯▯▯ , wenn das Wetter gut ist. Das finde ich **3** ▯▯▯ , aber im **4** ▯▯▯ ist es manchmal zu **5** ▯▯▯ . Ich fahre nicht gern in der **6** ▯▯▯ , denn es ist ziemlich **7** ▯▯▯ . Meiner Meinung nach muss man **8** ▯▯▯ einen Helm tragen – das ist sehr wichtig.

3 **hören** Listen to Oliver's answer to the third bullet point.

1 Make a note in English of <u>three</u> details that he gives.
2 Can you work out the meaning of *Verein* and *Zuschauer* from the context?

4 **hören** Listen to how Oliver answers the fourth bullet point and look again at the Answer Booster. Note down examples of how he gives reasons for what he says.

5 **hören** Listen to Oliver's answer to the fifth bullet point and note down examples of how he gives his opinion.

6 **sprechen** Prepare your own answers to the five bullet points. Then take part in the full picture-based discussion with the teacher.

C – General conversation

1 **hören** Listen to Eva introducing her chosen topic. True or false?

a Eva likes all types of music.
b Her parents like listening to her music.
c She used to play the recorder at school.
d She likes playing computer games.
e She plans to go to a music festival next summer.
f She will go with friends.

2 **hören** The teacher then asks Eva: *Liest du gern?* Listen to how she develops her answer. What 'hidden questions' does she also answer?

3 **hören** Listen to how Eva answers the next question: *Siehst du Filme lieber zu Hause oder im Kino?* Look at the Answer Booster on page 42 and write down <u>three</u> examples of what she does to produce an impressive answer.

4 **sprechen** Prepare your own answers to Chapter 2 questions 1–6 on page 182, then practise with your partner.

Answer Booster	Aiming for a solid level	Aiming higher	Aiming for the top
Verbs	**Different tenses**: past (perfect or imperfect), present, future	**Different persons of the verb** **Separable verbs**: *fernsehen* **Modal verbs**: *müssen*	**Two tenses to talk about the past**: perfect and imperfect **Perfect tense with *sein***: *ich bin geschwommen* **Conditional**: *ich möchte*
Opinions and reasons	*...,* denn *(das kostet nichts)* *...,* weil *(sie lebhaft sind)* Ich finde / glaube *...*	**Add more variety!** *Meiner Meinung nach ...* *gern, lieber, am liebsten*	**With other tenses:** *Das war toll!* *Das wird toll sein!*
Conjunctions	*und, aber, oder, denn*	*...,* weil *(er tolle Bücher schreibt)*	*...,* wenn *(das Wetter gut ist)*
Other features	**Negatives**: *nicht, kein(e)* **Qualifiers**: *zu, ziemlich*	**Adjectives and adverbs**: *super, gefährlich* **Time phrases**: *manchmal, oft, immer, jedes Wochenende, letzten Sonntagnachmittag*	**Declined adjectives**: *einen schwarzen Helm, bei schönem Wetter, mit tollen Spezialeffekten* **Specialist vocabulary**: *ohne, im Hintergrund, die Stimmung*

A – Short writing task

 1 **Look at the task. What information do you need to give for each bullet point?**

> Sie gehen auf Austausch nach Deutschland. Die Lehrerin will Informationen über Ihre Freizeit.
>
> Schreiben Sie eine formelle Antwort mit diesen Informationen:
>
> - was für Musik Sie gern hören
> - wie oft Sie Sport treiben
> - warum Sie gern oder nicht gern fernsehen
> - was für Filme Sie in den nächsten Monaten sehen.
>
> Schreiben Sie ungefähr 40–50 Wörter **auf Deutsch**.
>
> *Sehr geehrte Frau Dumas, ...*

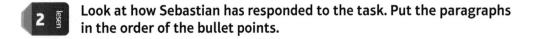 **2** **Look at how Sebastian has responded to the task. Put the paragraphs in the order of the bullet points.**

> **a** Am Wochenende spiele ich Basketball in einer Mannschaft. Wir trainieren zweimal pro Woche.
>
> **b** Nächste Woche werde ich einen spannenden Actionfilm im Kino sehen.
>
> **c** Ich höre sehr gern Popmusik und ich habe viele Songs auf meinem Tablet.
>
> **d** Ich sehe nicht gern fern, weil es oft langweilig ist.

 3 **Look at the Answer Booster. Note down <u>six</u> examples of language which Sebastian uses to develop his answer.**

4 schreiben

Now write your own answer to the task.

- Look at the Answer Booster and Sebastian's text for ideas.
- Clearly express your ideas, opinions and reasons for your opinions.
- Aim to write about 10 words for each bullet point.
- Write your answer and then check carefully what you have written.

B – Extended writing task

1 lesen

Look at the task. For each of the four bullet points, make notes on:

- which tenses and other structures you need to use
- what extra details you could add to give a well-developed answer.

Deine Freundin Anna möchte wissen, wie dein letzter Geburtstag war.

Schreib eine Antwort an Anna.

Du **musst** diese Punkte einschließen:

- was du gemacht hast
- wie du das Fest gefunden hast und warum
- warum Feste wichtig sind oder nicht
- was deine Pläne für deinen nächsten Geburtstag sind.

Schreib ungefähr 80–90 Wörter **auf Deutsch**.

2 lesen

Read Martha's answer to the task. Find examples of:

- information she has given to extend her writing
- different phrases she uses to express and justify opinions
- verb tenses and other structures she uses to really impress.

Am vierten November habe ich meinen sechzehnten Geburtstag gefeiert. Drei Freunde und ich sind zu einem Freizeitpark gefahren.

Die Stimmung war fantastisch, denn es war kurz nach Halloween. Die Attraktionen waren super und wir haben nicht lange gewartet. Das Essen war ziemlich teuer, aber es hat gut geschmeckt.

Feste sind sehr wichtig und ich feiere am liebsten mit Freunden. Ein Leben ohne Feste ist traurig und langweilig.

Nächstes Jahr möchte ich nach Spanien fahren, denn ich möchte meinen Geburtstag bei schönem Wetter feiern. Hoffentlich werden wir eine Villa mieten, aber wir müssen viel Geld sparen.

3 lesen

Look at the Answer Booster. Note down six examples of language which Martha uses to write a well-developed answer.

4 schreiben

Now write your own answer to the task in exercise 1. You can use ideas from Martha's answer, and from the Answer Booster, to help you.

 Make sure that you:

- follow the rules for word order with verbs: verb second in a main clause; infinitives and past participles at the end of their clause
- check the gender and case of nouns and articles
- express your opinions and reasons clearly.

How well does Martha's answer meet each of these criteria?

Wörter

Freizeitaktivitäten — *Leisure activities*

Sport machen	*to do sport*	(Zeit) verbringen	*to spend (time)*
Sport treiben	*to do sport*	ins Kino gehen	*to go to the cinema*
Fußball spielen	*to play football*	in die Stadt gehen	*to go into town*
Hockey spielen	*to play hockey*	Musik machen	*to make music*
Basketball spielen	*to play basketball*	Musik hören	*to listen to music*
Schach spielen	*to play chess*	Bücher lesen	*to read books*
Karten spielen	*to play cards*	Zeitschriften lesen	*to read magazines*
am Computer spielen	*to play on the computer*	fernsehen	*to watch TV*
auf dem Tablet spielen	*to play on the tablet*	Videos gucken	*to watch videos*
auf dem Handy spielen	*to play on the mobile phone*	faulenzen	*to laze around*
Computerspiele spielen	*to play computer games*	nichts tun	*to do nothing*
Freunde treffen	*to meet friends*		

Bücher — *Books*

die Biografie(n)	*biography*	das Magazin(e)	*magazine*
der Comic(s)	*comic book*	das Science-Fiction-Buch(–Bücher)	*sci-fi book*
der Fantasyroman(e)	*fantasy novel*	die Zeitschrift(en)	*magazine*
der Krimi(s)	*detective / crime story*	die Zeitung(en)	*newspaper*
die Liebesgeschichte(n)	*love story*		

Instrumente — *Instruments*

die Blockflöte(n)	*recorder*	Ich höre am liebsten …	*I like listening to … best of all.*
die Flöte(n)	*flute*	klassische Musik	*classical music*
die Geige(n)	*violin*	Opernmusik	*opera*
die (elektrische(n)) Gitarre(n)	*(electric) guitar*	Popmusik	*pop music*
die Klarinette(n)	*clarinet*	Reggae	*reggae*
das Keyboard(s)	*keyboard*	R&B	*R&B*
das Klavier(e)	*piano*	Rapmusik	*rap*
das Saxofon(e)	*saxophone*	Heavy Metal	*heavy metal*
das Schlagzeug(e)	*drums*	Country-und-Western-Musik	*country and western*
die Trompete(n)	*trumpet*	Jazzmusik	*jazz*
Ich spiele kein Instrument.	*I don't play an instrument.*	Livemusik	*live music*
die Musikrichtung(–en)	*type of music*	Musik downloaden	*to download music*
Ich höre (nicht) gern …	*I (don't) like listening to …*	die Musiksammlung(en)	*music collection*
Ich höre lieber …	*I prefer to listen to …*		

Film und Fernsehen — *Film and television*

der Film(e)	*film, movie*	die Serie(n)	*series*
der Actionfilm(e)	*action movie*	die Nachrichten (pl)	*the news*
der Fantasyfilm(e)	*fantasy film*	Ich habe den Film … gefunden.	*I found the film …*
der Horrorfilm(e)	*horror film*	Ich habe die Sendung … gefunden.	*I found the programme …*
der Krimi(s)	*detective / crime film*	Der Film war …	*The film was …*
der Liebesfilm(e)	*romance*	Die Sendung war …	*The programme was …*
der Science-Fiction-Film(e)	*sci-fi film*	Die Story war …	*The story / plot was …*
der Thriller(–)	*thriller*	Die Schauspieler waren …	*The actors were …*
der Zeichentrickfilm(e)	*cartoon*	Die Charaktere waren …	*The characters were …*
Ich sehe gern fern.	*I like watching TV.*	furchtbar	*terrible*
das Fernsehen	*television*	großartig	*great*
der Zuschauer(–)	*viewer*	langweilig	*boring*
die Fernsehsendung(en)	*TV programme*	schwach	*weak*
die Dokumentation(en)	*documentary*	(un)realistisch	*(un)realistic*
die Gameshow(s)	*game show*	Ich empfehle den Film /	*I recommend the film /*
die Komödie(n)	*comedy*	die Sendung, weil …	*programme because …*
die Realityshow(s)	*reality show*		

Sport

Sport	Sport		
Ski fahren	to go skiing	Ich turne (sehr) gern.	I (very much) like doing gymnastics.
snowboarden	to go snowboarding	Ich spiele seit (fünf Jahren) (Tennis).	I have been playing (tennis) (for five years).
eislaufen	to ice skate	Ich trainiere (jeden Tag) im Verein.	I train at the club (every day).
wandern	to hike	Ich trainiere (einmal pro Woche) in einer Mannschaft.	I train in a team (once a week).
klettern	to climb		
schwimmen	to swim	Ich möchte bestimmt (Skateboard fahren).	I would definitely like to (go skateboarding).
Fahrrad / Rad fahren	to cycle		
Handball spielen	to play handball	Ich möchte nie (snowboarden).	I would never like to (go snowboarding).
Tennis spielen	to play tennis		
Ich möchte …	I would like …	Ich habe (diese Woche) (Eislaufen) ausprobiert.	I tried (ice skating) (this week).
in den Bergen wandern	to go hiking in the mountains		
an den Felsen klettern	to go rock climbing	Ich habe (gestern) (Klettern) ausprobiert.	I tried (climbing) (yesterday).
Ich spiele gern (Fußball).	I like playing (football).		
Ich (fahre) gern (Ski).	I like (skiing).	Das war …	That was …
Ich (fahre) nicht gern (Rad).	I don't like (cycling).		

Feste und Feiertage

Feste und Feiertage	Celebrations and holidays		
am 24. Dezember (usw.)	on the 24th December (etc.)	das Geschenk(e)	present
feiern	to celebrate	der Karneval	carnival
Silvester	New Year's Eve	die Kerze(n)	candle
zu Ostern	at Easter	die Spezialität(en)	speciality
zu Weihnachten	at Christmas	das Spielzeug(e) (aus Holz)	(wooden) toy
der Feiertag(e)	public holiday	die Stimmung(en)	atmosphere
das Fest(e)	festival, fair	die Tradition(en)	tradition
der Festzug(¨e)	procession	das Volksfest(e)	(traditional) fair
die Fete(n)	party	der Weihnachtsmarkt(-märkte)	Christmas market
die Feier(n)	celebration	der Weihnachtsschmuck	Christmas decorations
das Feuerwerk(e)	fireworks (pl)		

Oft benutzte Wörter

Oft benutzte Wörter	High-frequency words		
jeden Tag	every day	gruselig	creepy, scary
jede Woche	every week	lang	long
oft	often	langweilig	boring
ab und zu	now and then	lustig	funny
nie	never	romantisch	romantic
einmal pro Woche	once a week	schrecklich	terrible
zweimal pro Woche	twice a week	spannend	exciting, thrilling
dreimal pro Monat	three times a month	unterhaltsam	entertaining
viermal pro Jahr	four times a year	im Sommer	in summer
ausgezeichnet	excellent	im Winter	in winter
blöd	stupid, silly	bestimmt	definitely
beeindruckend	impressive	vielleicht	perhaps
fantastisch	fantastic	nicht	not
großartig	great	nie	never

1 **Lies die Beschreibungen und schreib alle Adjektive auf. Dann übersetze sie ins Englische.**

Beispiel: sportlich – sporty

1
Aaron ist 14 Jahre alt. Er ist sportlich und sehr freundlich – er ist mein bester Freund. Er ist fleißig und auch dynamisch. Er hat kurze, blonde Haare und blaue Augen.

2
Veronika ist 15 Jahre alt. Sie ist ziemlich intelligent und sehr nett. Sie ist ein kreatives Mädchen. Sie ist schlank und hat lange, braune Haare und braune Augen.

3
MC Fitti ist ein toller Rapper. Er ist sehr originell. Er hat einen großen Bart und er trägt eine coole Sonnenbrille.

4
Hier ist meine kleine Schwester Maja mit unserem Großvater. Maja ist ein lustiges Mädchen! Sie ist aktiv, frech und nie langweilig. Sie hat lange, blonde Haare.

Ⓖ Using adjectives 〉 *Page 209*

When you use an adjective <u>by itself</u> (usually with the verb 'to be'), it does not need an ending:

Er ist sportlich. He is sporty.
Sie ist intelligent. She is intelligent.

However, when you use an adjective <u>before</u> a noun, it has a different ending depending on gender and case. These are the endings after *ein*, *kein* and the possessive adjectives (e.g. *mein* (my) and *dein* (your)):

	nominative case (subject)	accusative case (object)
masc.	*ein sportlicher Mann*	*einen sportlichen Mann*
fem.	*eine sportliche Frau*	*eine sportliche Frau*
neut.	*ein sportliches Mädchen*	*ein sportliches Mädchen*

Er ist mein bester Freund. He is my best friend.
Sie ist ein kreatives Mädchen. She is a creative girl.
Er hat einen großen Bart. He has a big beard.

⚠ *Er hat kurze Haare.* He has short hair.
Sie hat braune Augen. She has brown eyes.

In the last two examples, the adjectives end in **–e** as they are used before plural nouns and there is no article (*keine, meine*, etc.).

Look at your list of adjectives in exercise 1. Which endings do they have and why?

Kulturzone

SMARTPHONE, SMARTPHONE IN DER HAND, WER MACHT DIE SCHÖNSTEN SELFIS IM GANZEN LAND?!

Es war einmal...

2 hören **Hör zu. Leon beschreibt seine Freunde. Was passt zusammen?**

Laura   Uwe   Kai   Svenja

3 hören **Hör noch mal zu. Füll die Lücken aus.**

Laura: freundlich kreativ _____

Uwe: lustig nicht dynamisch _____

Kai: intelligent fleißig _____

Svenja: sportlich nett _____

4 schreiben **Vervollständige die Beschreibungen dieser zwei Personen aus Aufgabe 2.**

> ⭐ Think carefully about the adjectives. Do they need endings? If so, what should these be?

Svenja

Svenja trägt eine Brille und sie hat **1** _____ Haare! Svenja ist total sportlich und nie **2** _____ ! Sie ist ein sehr **3** _____ Mädchen.

Kai

Kai ist relativ klein und hat schwarze Haare und **4** _____ Augen. Er trägt auch eine Brille. Kai ist sehr **5** _____ , aber er ist auch ein intelligenter und **6** _____ Junge.

5 sprechen **Partnerarbeit. Wer ist es? Wähl einen Kameraden/eine Kameradin aus und beschreib ihn oder sie.**

● *Er ist ziemlich groß und er hat kurze, braune Haare.*
  Er ist lustig und …
■ *Ist das Henry?*
● *Ja, richtig! / Nein, er ist auch sportlich und …*

6 sprechen **Partnerarbeit. Beschreib das Bild.**

- Wer ist auf dem Foto?
- Wie sehen die Leute aus?
- Wie sind sie, deiner Meinung nach?
- Beschreib deinen besten Freund/
  deine beste Freundin.

1 Auf gute Freundschaft!

- *Talking about what makes a good friend*
- *Using possessive adjectives*

 1 hören Hör zu. Wer sagt was? (1–7)

Wie ist ein guter Freund *oder eine gute Freundin?*

Ein guter Freund / eine gute Freundin ...

- **a** ... muss Zeit für mich haben.
- **b** ... muss sympathisch sein.
- **c** ... muss mich immer unterstützen.
- **d** ... muss viel Geduld haben.
- **e** ... muss die gleichen Interessen haben.
- **f** ... kann mit mir über alles reden.
- **g** ... darf nicht eifersüchtig sein.

 2 lesen Sieh dir Aufgabe 1 noch mal an. Wie ist ein guter Freund/ eine gute Freundin, deiner Meinung nach? Ordne die Eigenschaften von 1 (sehr wichtig) bis 7 (nicht wichtig).

Beispiel: Nummer 1: Ein guter Freund muss viel Geduld haben.
Nummer 2: …

> ★ Beware of 'false friends' such as *sympathisch*. It might look like 'sympathetic' but this isn't what it means!

3 hören Hör zu. Till und Ilka ordnen die Eigenschaften. Füll die Tabelle auf Englisch aus.

	number 1	number 2	number 3
Till	has to have same interests		
Ilka			

> ★ To say how important you think something is, use the adjective *wichtig*:

sehr wichtig

wichtig

nicht wichtig

 4 sprechen Gruppenarbeit. Diskussion: Wie ist ein guter Freund/ eine gute Freundin?

- ● *Ein guter Freund oder eine gute Freundin kann mit mir über alles reden. Das ist für mich sehr wichtig. Was denkst du?*
- ■ *Das ist nicht so wichtig. Ich denke, ein Freund muss die gleichen Interessen haben.*
- ▲ *Ich finde, …*

G können

> Page 194

können (to be able to) is a modal verb like *müssen* (to have to) and *dürfen* (to be allowed to). It is used with an infinitive verb to say what you **can** (or cannot) do.
*Ein guter Freund **kann** mit mir über alles **reden**.* A good friend **can** talk about everything with me.

5 lesen Lies die Kommentare und die Fragen. Schreib Melina, Kevin oder Paula.

MELINA

Meine beste Freundin heißt Jasmin. Sie hat lange, schwarze Haare und ist sehr hübsch. **Ihr** Lieblingshobby ist Schwimmen – sie ist eine sehr gute Schwimmerin und verbringt oft **ihre** Freizeit im Sportzentrum. Jasmin und ich sind beste Freundinnen, denn wir haben die gleichen Interessen. Ich kann mit Jasmin über alles reden und das ist für mich total wichtig.

KEVIN

Max und ich sind gute Freunde, aber wir haben im Moment ein Problem. Max hat eine neue Freundin, Leah, und jetzt hat er keine Zeit mehr für mich. Wir haben früher sehr viel zusammen gemacht, aber Leah ist jetzt **seine** Priorität und ich bin oft allein. Kommunikation ist für mich wichtig, aber ich kann mit Max über dieses Problem nicht reden.

PAULA

Mein Freund, Bastian, ist sehr sympathisch, aktiv und er hat immer Geduld. **Unser** großes Hobby ist Musik und wir verbringen **unsere** Freizeit oft auf Konzerten. Ich möchte später in einer Rockband spielen und ich weiß, Bastian wird mich unterstützen. Ich sehe **meine** anderen Freunde nicht mehr so oft, aber das ist nicht wichtig, weil Bastian jetzt mein bester Freund ist.

hübsch = *pretty*

Who …

1 says their relationship is not as strong as it used to be?
2 can talk about everything with their friend?
3 feels unable to discuss a concern with their friend?
4 is sure their friend will support them to achieve their ambition?
5 no longer values old friendships?
6 has lots of things in common with their friend?

G *Possessive adjectives* 〉 *Page 203*

mein (my), *dein* (your), *sein* (his), *ihr* (her) and *unser* (our) are possessive adjectives and follow the same pattern as the indefinite article *ein* (a / an).

	nominative	accusative
masc.	*mein (bester) Freund*	*meinen (besten) Freund*
fem.	*meine (beste) Freundin*	*meine (beste) Freundin*
neut.	*mein (großes) Hobby*	*mein (großes) Hobby*
pl.	*meine (besten) Freunde*	*meine (besten) Freunde*

Mein besterr Freund heißt Tom. My best friend is called Tom.

Sie verbringt ihre Freizeit im Sportzentrum. She spends her free time at the sports centre.

Unser großes Hobby ist Musik. Our big hobby is music.

6 lesen Lies die Kommentare noch mal und beantworte die Fragen auf Deutsch.

1 Warum sind Melina und Jasmin gute Freundinnen?
2 Was ist für Melina sehr wichtig?
3 Warum haben Kevin und Max ein Problem?
4 Warum ist Kevin oft allein?
5 Wie findet Paula ihren Freund?
6 Was machen Paula und Bastian gern?

⭐ Try to include possessive adjectives in your writing – you can do this by describing your friend's hobbies:

Sein Lieblingshobby ist … His favourite hobby is …
Ihr großes Hobby ist … Her big hobby is …

Look again at the texts in exercise 5 and the grammar box for ideas you can borrow.

7 schreiben Beschreib einen guten Freund oder eine gute Freundin.

• Wie ist dein Freund/deine Freundin?
• Was macht er oder sie gern?

• Warum seid ihr gute Freunde?
• Habt ihr manchmal Probleme?

1 **Hör zu. Versteht Thomas sich mit seinen Familienmitgliedern? Schreib 🖤 oder ✖.**

Beispiel: a 🖤

> Ich verstehe mich gut mit …
> Ich verstehe mich nicht so
>   gut mit …

a meiner Mutter
b meinem Vater
c meiner Schwester
d meinem Bruder
e meiner Oma
f meinem Opa
g meiner Tante
h meinem Onkel
i meinen Cousinen

2 **Partnerarbeit. Wie verstehst du dich mit deinen Familienmitgliedern?**

- ● *Wie verstehst du dich mit (deinem Vater)?*
- ■ *Ich verstehe mich (gut / nicht so gut) mit (meinem Vater). Wie verstehst du dich mit (deiner Mutter)?*

3 **Hör zu. Mit welchem Familienmitglied verstehen sie sich (nicht) und warum (nicht)? Füll die Tabelle auf Englisch aus. (1–4)**

> **Frankie**   **Petra**   **Oskar**   **Josef**

		family member	🙂 / ☹️	reasons
1	Frankie			

G *Using the preposition* mit *(with)* 〉 *Page 207*

mit is always followed by the dative case. Here are the dative endings for *ein*, *kein* and the possessive adjectives (*mein, dein, sein, ihr*, etc.).

masc.	mein**em** Bruder
fem.	mein**er** Schwester
nt.	mein**em** Kind
pl.	mein**en** Eltern

Ich verstehe mich gut mit **meinem** *Vater.*
I get on well with my father.

Sie versteht sich gut mit **ihrer** *Mutter.*
She gets on well with her mother.

Verstehst du dich gut mit **deinen** *Cousinen?*
Do you get on well with your cousins?

4 **Wähl ein Familienmitglied aus. Wie verstehst du dich mit ihm oder ihr?**

Ich verstehe mich gut mit	meiner Mutter, meinem Vater, meinem Bruder, …	weil er/sie	toll / nett / dynamisch / aktiv ist. viel Geduld / immer Zeit für mich hat. mich unterstützt.
Ich verstehe mich nicht gut mit			nervig / langweilig / streng ist. nicht viel Geduld / nie Zeit für mich hat. mich nicht unterstützt.

5 lesen **Lies die Texte und beantworte die Fragen auf Englisch.**

1 Mein kleiner Bruder Tobias ist immer eifersüchtig auf mich, denn er darf nicht mit **mir** und meinen Freunden im Park Fußball spielen. Gestern habe ich nach der Schule Fußball gespielt und er war total launisch! Tja, ich verstehe mich im Moment nicht so gut mit **ihm** – er geht mir auf die Nerven! **Niko**

2 Mein Freund Karlos versteht sich ziemlich gut mit seinem Stiefvater, aber er streitet sich auch manchmal mit **ihm**, weil er oft streng ist. Ich habe eine Stiefmutter und ich streite mich auch manchmal mit **ihr**, denn sie hat nicht viel Geduld. Ich hoffe, ich werde mich mit meiner Stiefmutter in Zukunft besser verstehen. **Nils**

3 Ich liebe meine Großeltern! Ich verstehe mich sehr gut mit meinem Opa und meiner Oma, weil sie immer Zeit für mich haben. Sie sind total nett. Letzten Sommer sind wir nach London gefahren und ich habe viel Spaß mit **ihnen** gehabt – sie sind aktiv, dynamisch und nie langweilig! **Lilly**

> *Er geht mir auf die Nerven!* = He gets on my nerves!
> *sich streiten (mit)* = to argue (with)

1 Why does Niko's brother Tobias get on Niko's nerves?
2 What did Niko do recently that caused Tobias to be moody?
3 Which problem do Nils and Karlos have in common?
4 What does Nils say about the future?
5 Why does Lilly get on so well with her grandparents?
6 How does Lilly describe her grandparents?

⭐ Try to use logic to work out the meaning of *Stiefvater* and *Stiefmutter*. Similarly, what could *Halbbruder* and *Halbschwester* mean?

G mit + *dative pronouns* ❭ Page 205

Just as in English, nouns can be replaced with a pronoun.

*Ich verstehe mich gut mit **meinem Bruder**.* →
*Ich verstehe mich gut mit **ihm**.*
I get on well with **him**.

*Sie versteht sich gut mit **ihrer Schwester**.* →
*Sie versteht sich gut mit **ihr**.*
She gets on well with **her**.

*Verstehst du dich gut mit **deinen Großeltern**?* →
*Verstehst du dich gut mit **ihnen**?*
Do you get on well with **them**?

6 hören **Hör Martina, Lars und Andrea zu. Welche drei Sätze sind richtig? (1–3)**

1 Martina streitet sich sehr oft mit ihrer Schwester.
2 Martina darf den neuen Computer benutzen.
3 Lars versteht sich nicht gut mit seinem Bruder.
4 Lars muss abends seine Schularbeit machen.
5 Andreas Stiefvater ist nicht glücklich.
6 Andrea hat ein neues Handy.

7 schreiben **Gibt es Streit in deiner Familie? Schreib ein Blog darüber.**

Ich verstehe mich nicht so gut mit ..., denn ... Ich streite mich oft mit (ihm/ihr), weil ...

Ich verstehe mich (gut / nicht gut) Ich streite mich	mit	meinem Vater / ihm. meiner Mutter / ihr. meinen Großeltern / ihnen. …
Er/Sie sagt, Sie sagen,		ich mache nicht genug Hausaufgaben. ich verbringe zu viel Zeit (mit dem Handy / vor dem Fernseher). ich darf (den Computer / mein Handy) nicht benutzen. ich darf nicht (Fußball spielen / ausgehen). …

1 **Lies die Texte. Wie heißt das auf Deutsch?**

Wer ist dein Vorbild?

Anita

Gandhi ist mein Vorbild. Er inspiriert **mich**, denn er hat sich für soziale Probleme interessiert. Er hat in seinem Leben vielen Leuten geholfen und er war immer gegen Gewalt. Das ist für **mich** wichtig und ich bewundere **ihn** sehr.

die Gewalt = violence

Alina

Emma Watson ist mein großes Vorbild. Sie ist berühmt und intelligent, und ich mag **sie** sehr. Emma war als junges Mädchen Schauspielerin, aber die Schule war für **sie** auch immer sehr wichtig. Ich finde **sie** beeindruckend.

Elias

Ich habe viele Vorbilder. Die Organisation SOS-Kinderdörfer ist toll, weil die Mitglieder mit Kindern arbeiten. Ich bewundere **sie**, denn sie unterstützen viele Leute. Sie inspirieren **mich** sehr und ich werde in Zukunft auch Mitglied von dieser Organisation sein.

das Mitglied(-er) = member

1 my role model
2 he inspires me
3 he has helped lots of people
4 that is important to me
5 I admire him
6 I like her a lot
7 I find her impressive
8 I admire them

2 **Hör zu. Füll die Tabelle auf Englisch aus. (1–4)**

	role model	reasons
1	Usain Bolt	great sportsperson ...

3 **Partnerarbeit. Diskussion: Vorbilder.**

- ● *Wer ist dein Vorbild? Warum?*
- ■ *... ist mein Vorbild. Ich bewundere (ihn/sie), weil ...*

Er/Sie inspiriert mich, Ich bewundere ihn/sie, Ich mag ihn/sie, Ich finde ihn/sie beeindruckend,	weil	er/sie ein toller Sportler ist. er/sie intelligent und fleißig ist. er/sie mich unterstützt. er/sie vielen Leuten hilft. die Schule für ihn/sie sehr wichtig war. er/sie immer gegen Gewalt war.

Ⓖ Subject and object pronouns ⟩ Page 205

In German, pronouns (I, you, he, we, they, etc.) change depending on which case they are in:

nominative (subject)	*Er ist mein Vorbild.* **He** is my role model.
accusative (object)	*Ich bewundere **ihn**.* I admire **him**.

nominative	accusative
ich (I)	*mich* (me)
du (you)	*dich* (you)
er (he)	*ihn* (him)
sie (she)	*sie* (her)
es (it)	*es* (it)
wir (we)	*uns* (us)
ihr (you – plural)	*euch* (you – plural)
Sie (you – formal)	*Sie* (you – formal)
sie (they)	*sie* (them)

4 lesen Lies die Forumsbeiträge und beantworte die Fragen auf Englisch.

Vorbilder: Positiver oder negativer Einfluss?

Elsa15
Maria Höfl-Riesch ist mein großes Vorbild. Sie ist eine begabte deutsche Skifahrerin, **die** sehr fit und diszipliniert ist. Meiner Meinung nach sind Sportler sehr gute Vorbilder, denn sie sind eine Inspiration. Ich bin auch sportlich und ich möchte eines Tages auch so erfolgreich sein wie Maria Höfl-Riesch. Ich finde sie total beeindruckend.

yusuf_21
Für mich sind Vorbilder sehr wichtig, aber ich habe kein berühmtes Vorbild – ich finde das oberflächlich. Mein Volleyballtrainer ist mein Vorbild, weil er vielen Leuten hilft. Er ist ein Mann, **der** immer Geduld hat und immer Zeit für mich hat. Letztes Jahr hatte ich Probleme zu Hause und er hat mich unterstützt. Ich finde ihn ein sehr gutes Vorbild.

oberflächlich = superficial

laufsteg_1
Ich habe keine Vorbilder – ich lebe für mich. In Zukunft möchte ich Model werden, aber ich glaube, berühmte Models sind keine guten Vorbilder. Berühmte Models sind Leute, **die** oft einen negativen Einfluss auf Teenager haben und ich bewundere sie gar nicht.

der Einfluss = influence

Who …

1 is able to turn to their role model for support?
2 wants to be like their role model in the future?
3 talks about the disadvantages of role models?
4 thinks sportspeople make inspirational role models?
5 thinks role models should be 'real' people?
6 likes to make their own decisions in life?

> **G** Relative pronouns   > Page 205
>
> Look at the three words in bold in exercise 4 and read carefully the sentences in which they appear. What do the words in bold mean?
>
> | masc. | Ein Mann, **der** … | A man **who** … |
> |---|---|---|
> | fem. | Eine Frau, **die** … | A woman **who** … |
> | neut. | Ein Tier, **das** … | An animal **which** … |
> | pl. | Leute, **die** … | People **who** … |

5 hören Hör zu. Vorbilder: Wer ist pro und wer ist kontra? Warum? Füll die Tabelle auf Deutsch aus. (1–6)

Name	pro oder kontra?	warum?
Maya		

Maya   Michael   Sofia

Leon   Elena   Arthur

6 sprechen Gruppenarbeit. Eine Debatte: Pro oder kontra Vorbilder?

● *Vorbilder sind für mich sehr wichtig, weil sie eine Inspiration sind. Was denkst du?*
■ *Meiner Meinung nach haben Vorbilder oft einen negativen Einfluss auf Jugendliche.*
▲ *Ich stimme da nicht zu. Ich finde, …*

Vorbilder sind für mich wichtig, Meiner Meinung nach haben Vorbilder einen positiven Einfluss,	weil sie	eine Inspiration sind. vielen Leuten helfen.
Vorbilder sind für mich nicht wichtig, Meiner Meinung nach haben Vorbilder einen negativen Einfluss,		oberflächlich sind. in der Realität nicht existieren.

- *Comparing your life as a child to your life now*
- *Using modal verbs in the imperfect tense*

1 lesen **Lies die Berichte. Wie heißt das auf Englisch? (1–6)**

Lara

1 Als ich vier Jahre alt war, konnte ich sehr gut Rad fahren, aber **2 ich konnte leider nicht schwimmen**. Ich musste jedes Wochenende zum Schwimmkurs gehen und das war nicht gut für mich.

> ⭐ Use *als* to talk about something in the past. Note how it affects the word order:
>
> **Als** ich vier Jahre alt **war**, **konnte** ich sehr gut Rad fahren.
>
> When I was four years old, I was able to ride a bike very well.

Leon

Als ich zwölf Jahre alt war, war mein Vater zu streng. **3 Ich durfte am Wochenende nicht mit meinen Freunden in die Stadt gehen**, obwohl die meisten Kinder in meiner Klasse gehen durften. Ich habe das total unfair gefunden.

Mia

4 Als ich jünger war, war meine Mutter ziemlich krank. Am Abend **5 musste ich oft zu Hause helfen**. Ich musste zum Beispiel einkaufen gehen und kochen und **6 ich konnte keine Zeit mit meinen Freunden verbringen**.

2 lesen **Lies die Berichte noch mal und beantworte die Fragen.**

Who ...

1 wasn't allowed to do something their friends were allowed to do?
2 had to do something every weekend?
3 has a mother who was quite ill?
4 had to do a lot of chores?
5 was good at cycling?
6 thinks one of their parents was too strict?

> **G** *Modal verbs* ❯ *Page 194*
>
> To talk about the past, use the imperfect tense of modal verbs. To form it, remove the *–en* from the infinitive (and the umlaut, if there is one) and add the following endings:
>
> | **müssen** (to have to) | |
> |---|---|
> | *ich muss**te*** (I had to) | *wir muss**ten*** (we had to) |
> | *du muss**test*** (you had to) | *ihr muss**tet*** (you had to) |
> | *er/sie/es muss**te*** (he/she/it had to) | *Sie/sie muss**ten*** (you/they had to) |
>
> The modal verbs *können* (to be able to) and *dürfen* (to be allowed to) follow the same pattern:
>
> *Ich **konnte** Hausaufgaben **machen**.*
> I **was able to** do homework.
>
> *Er **durfte nicht** in die Stadt **gehen**.*
> He **was not allowed to** go into town.

3 hören **Hör zu. Füll die Tabelle auf Englisch aus. (1–6).**

	age	what?
1	4	was able to swim well

4 schreiben **Übersetze die Sätze ins Deutsche.**

1 I had to ride my bike every weekend.
2 I was allowed to go into town with my friends.
3 When I was five, I was able to speak German.
4 When I was 12, I was not allowed to go to the cinema.
5 When I was 13, I had to do homework in the evening.

5 sprechen **Partnerarbeit. Diskussion: Deine Kindheit.**

- *Wie war deine Kindheit?*
- ■ *Als ich fünf Jahre alt war, durfte ich ..., aber ich durfte nicht ...*
- *Wie war das?*
- ■ *Das war (gut / nicht gut / unfair).*

6 lesen **Lies die Biografie. Ist das Gegenwart oder Vergangenheit? Schreib G oder V.**
Present or past?

Mein Leben

Ich bin 15 Jahre alt und ich gehe auf die Gesamtschule. Ich hatte eine sehr schöne Kindheit.

Als ich ein Kind war, durfte ich viel machen. Meine Eltern waren nicht streng und ich durfte zum Beispiel allein in die Schule gehen und am Wochenende mit Freunden ins Kino gehen – ich durfte aber nicht zu spät nach Hause kommen!

Als ich jünger war, musste ich keine Hausaufgaben machen. Am Abend konnte ich fernsehen oder am Computer spielen und das hat viel Spaß gemacht. Jetzt muss ich abends immer viele Hausaufgaben machen und das finde ich schwierig, denn ich bin nach der Schule oft sehr müde.

Ich darf am Wochenende Zeit mit Freunden verbringen. Ich kann sehr gut Fußball spielen und ich gehe oft in den Park oder ins Stadion. Ich liebe Fußball und ich möchte in Zukunft Profi-Fußballspieler werden, aber ich muss zuerst viel trainieren!

Dario

1 home early in the evening	4 tired after school	
2 no homework	5 watch TV	
3 play football in the park	6 cinema with friends	

zuerst = *first of all*

7 lesen **Lies die Biografie noch mal. Wähl die richtige Antwort aus.**

1 Dario's parents were strict / not strict / kind.
2 As a child, Dario was allowed / was not allowed / had to walk to school on his own.
3 At weekends, he was allowed to stay / was not allowed to stay / often stayed out late.
4 When he was younger, he did homework / played football / watched TV in the evenings.
5 At the weekend, Dario is allowed to stay out late / spend time with friends / watch films.
6 Dario was able to / would like to / can play football well.

8 hören **Hör zu und sieh dir die Bilder an. Ist das Gegenwart oder Vergangenheit? Füll die Tabelle aus.**

Gegenwart	Vergangenheit
a, ...	

9 schreiben **Schreib eine kurze Biografie über dein Leben jetzt und als Kind.**

Als ich ein Kind war, musste ich / konnte ich / durfte ich (nicht) ...

Jetzt muss ich / kann ich / darf ich (nicht) ...

Am Wochenende ... und am Abend ... Das finde ich ...

⭐ **Zur Hilfe**

früh / spät ins Bett gehen
allein in die Schule gehen
keine / viele Hausaufgaben machen
ins Kino / einkaufen / in den Park gehen
Zeit mit Freunden verbringen

1 lesen **Read the online discussion about relationships. Who says what about their relationships? Enter Annika, Finja, Sven or Yannick. You can use each person more than once.**

Annika:	Ich verbringe mehr Zeit mit meiner Familie als mit meinen Freunden. Wir verstehen uns sehr gut.
Finja:	Meine Freundinnen und ich gehen alle gern in die Stadt. Wir gehen gern einkaufen und kaufen oft Kleidung.
Sven:	Ich bin gern allein. Ich verstehe mich aber ziemlich gut mit meinem Bruder und gehe manchmal mit ihm und seinen Freunden aus.
Yannick:	Ich habe eine sehr liebe Freundin, Pia. Wir verbringen gern Zeit zusammen und haben keine Geheimnisse.

Example: __Annika__ prioritises her family above her friends.

a ... likes spending time with a boyfriend or girlfriend.
b ... is happy on his/her own.
c ... is interested in fashion.
d ... talks about everything with a friend.
e ... has a good relationship with his/her family.
f ... shares someone else's friends.

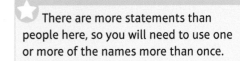 There are more statements than people here, so you will need to use one or more of the names more than once.

 2 lesen **Read the extract from the text. The author is writing about her grandmother.**

Auch Oma war mal klein by Raymonde Graber

Ja, auch Großmama Vreni war einmal ein kleines Mädchen. Sie hatte große blaue Augen und wunderschöne gekrauste hellblonde Haare.

Ihre Eltern hatten ein ganz gemütliches Haus auf dem Land, das von einem riesigen, gepflegten Garten und einer dahinter liegenden Wiese umgeben war.

Die kleine Vreni hatte eine große Schwester namens Greta. Ihre Haare waren vollkommen glatt. Die zwei Mädchen verstanden sich wunderbar. Von der großen Schwester konnte Vreni viel lernen, das war wirklich ein Vorteil. Sie spielten oft lustige Spiele miteinander und haben sich nie gelangweilt.

Answer the following questions in English. You do not need to write in full sentences.

a What period of the grandmother's life is described in the text?
b Where did the family live? Give one detail.
c What are are we told about Greta's appearance?
d What do we know about Vreni and Greta's relationship? Give one detail.

Focus on what you need to understand in order to complete the task. Literary texts are often written in the imperfect tense. Even if you can't write in the imperfect yourself you can often still work out what is meant.

3 hören **Sandra is discussing her family and friends. What does she say? Listen to the recording and write down the correct letter (A, B, C or D) to complete each statement.**

Example: **1** A

1 Sandra … with her sister.
  A gets on well
  B argues
  C doesn't get on
  D sympathises

3 Sandra went out with her best friend …
  A last week
  B this morning
  C yesterday
  D on Monday

2 They … argue.
  A sometimes
  B rarely
  C often
  D never

4 They are both interested in …
  A music
  B hobbies
  C sport
  D relaxing

Remember to try to listen out for words that can change the meaning of the sentence. In the audio for question 2, do you hear *ich streite mich* **oft** / **manchmal** / **nie** *mit* …?

4 hören **You receive a podcast from some German friends. Listen to the podcast and answer the following questions in English.**

a Why does Markus have to help at home a lot?
b What annoys Markus?
c How does Kati describe her parents?
d What is Kati <u>not</u> allowed to do in the evening?

Listen carefully for negatives, which affect the meaning of a sentence, and also for 'changeover' words such as *aber*, which can indicate a change of opinion.

5 hören **Du bist im Urlaub in Deutschland und hörst dieses Radiointerview. Füll die Lücke in jedem Satz mit einem Wort oder Wörtern aus dem Kasten. Es gibt mehr Wörter als Lücken.**

| Plan | geschrieben | ~~ab und zu~~ | helfen | gut | ihren Vater |
| Sohn | bekommen | schlecht | ihre Mutter | immer | sehen |

Beispiel: Es gibt <u>ab und zu</u> Probleme in einer Familie.

a Maria hat einen Brief …
b Maria versteht sich … mit ihrer Stiefmutter.
c Maria möchte … mehr sehen.
d Marias Vater möchte Maria und seiner neuen Frau …
e Marias Vater hat aber keinen …

Mündlicher Test

A – Role play

 1 lesen Look at this role play card and prepare what you are going to say.

Topic: Who am I?

You are talking with a German friend about a problem with your best friend. The teacher will play the role of your friend and will speak first.

You must address your friend as *du*.
You will talk to the teacher using the five prompts below.

- where you see – **?** – you must ask a question
- where you see – **!** – you must respond to something you have not prepared

> What might the problem be? Think of something straightforward that you know how to say.

Du sprichst mit deinem deutschen Freund/deiner deutschen Freundin über ein Problem mit deinem besten Freund/deiner besten Freundin zu Hause.

1. Problem mit deinem Freund / deiner Freundin
2. Freund(in) – Beschreibung
3. **!**
4. Eure Beziehung – Meinung
5. **?** Streit mit bestem Freund

> What might the unexpected question be? Look at the preceding prompts to try to predict different possibilities, and think how you would answer them.

> Here you need to describe your friend. Which positive or negative adjectives could you use?

> Consider how you might ask this question: if you start with a question word, you will need to swap round the verb and the subject.

> Use an expression you have learned to give opinions, such as *Ich finde, …* or *Meiner Meinung nach …*

 2 sprechen Practise what you have prepared. Take care with pronunciation and intonation.

 3 hören Using your notes, listen and respond to the teacher.

 4 hören Now listen to Stephen performing the role play task.

> ☆ Remember, you will have time to prepare for the role play task. Think about what you know how to say that is relevant to what you are being asked. It doesn't matter if it is true or made up. You are being tested on how well you speak German, not on how good a friend you are!

B – Picture-based task

Topic: Who am I?

Schau dir das Foto an und sei bereit, über Folgendes zu sprechen:

- Beschreibung des Fotos
- Deine Meinung zu deiner Familie
- Aktivitäten, die du letzte Woche mit deiner Familie gemacht hast
- Wie du ein guter Freund/eine gute Freundin sein möchtest
- Ob du Freunde wichtiger als Familie findest

1 *hören* **Look at the picture and read the task. Then listen to Anna's answer to the first bullet point.**

1 What does Anna focus on first in her answer? **3** What opinion phrases does she use?
2 How does she expand her answer? **4** How does she bring in a second tense?

2 *hören* **Listen to and read Anna's answer to the second bullet point.**

1 Fill in the gaps.
2 Look at the Answer Booster on page 60. Note down <u>three</u> examples of what Anna does
to develop her answer.

Ich verstehe mich **1** _____ gut mit meiner Familie. Ich streite mich **2** _____ mit meinen Brüdern, weil
sie **3** _____ sind, aber das ist normal. Meine Mutter ist sehr lieb, aber ein bisschen **4** _____.
Ich streite mich **5** _____ mit ihr, denn sie sagt, ich **6** _____ zu Hause helfen. Mein Vater ist ziemlich **7**
_____ und dynamisch. Wir spielen **8** _____ Tennis und das macht immer Spaß.

3 *hören* **Listen to Anna's answer to the third bullet point and make a note in English of <u>three</u> details
she gives.**

4 *hören* **Listen to how Anna responds to the fourth bullet point and look again at the Answer Booster.
Note down examples of how she gives reasons for what she says.**

5 *hören* **Listen to Anna's answer to the fifth bullet point and note down examples of how she gives
her opinion.**

6 *sprechen* **Prepare your own answers to the five bullet points. Then take part in the full picture-based
discussion with the teacher.**

C – General conversation

1 *hören* **Listen to Anita introducing her chosen topic. Which of the following does she mention?**

a meeting friends **c** Nina's appearance **e** Nina's brother
b Anita's family **d** doing exercise **f** going to the cinema

2 *hören* **The teacher then asks Anita: *Was machst du gern mit
deiner Freundin?* Listen to how she develops her answer.
What 'hidden questions' does she also answer?**

Try to work different tenses into
your answers. For this question, you
could give an example of what you
did last weekend or what you plan to
do next week.

3 *hören* **Listen to how Anita answers the next question: *Verstehst
du dich immer gut mit deiner Freundin?***

1 What does Anita say are the positive and negative aspects of the friendship?
2 Look at the Answer Booster on page 60 and write down <u>three</u> examples of what she does to
produce an impressive answer.

4 *sprechen* **Prepare your own answers to Chapter 3 questions 1–6 on page 182,
then practise with your partner.**

Schreibtest

Answer Booster	Aiming for a solid level	Aiming higher	Aiming for the top
Verbs	**Different tenses**: past (imperfect and perfect), present and future	**Different persons of the verb** **Modal verbs**: *müssen, dürfen, können* **Separable verbs**: *ausgehen* **Reflexive verbs**: *sich verstehen, sich treffen, sich streiten*	**Modal verbs in the imperfect:** *Ich musste …* *Ich durfte …*
Opinions and reasons	*…, weil (sie nervig sind)* *…, denn (sie sagt, …)* *(Sie haben) vielleicht (zu Abend gegessen).*	**Add more variety!** *Ich hoffe, …* *Ich finde, …* *Ich glaube, …* *Ich meine, …*	**Expressions:** *Das macht Spaß!* *Das finde ich wichtig.* *Ich freue mich auf …*
Conjunctions	*und, aber, oder, denn, als, also*	*weil, wenn*	**Different tenses:** *…, weil (meine Oma krank war)* *…, weil (ich einen neuen Freund hatte)*
Other features	**Adjectives**: *fair, streng, eifersüchtig, kompliziert*	**Prepositions with dative:** *mit meiner Familie, mit ihr, mit Freunden, bei ihr (zu Hause)*	**Declined adjectives:** *(Sie hat) blonde Haare und blaue Augen.* **Subject and object pronouns:** *(ich bewundere) sie, (ein gutes Vorbild für) mich*

A – Picture-based task

1 Look at the picture and the task. Write your answer, checking carefully what you have written.

> Du bist in einem Café in Deutschland. Du postest dieses Foto online für deine Freunde.
>
> Beschreib das Foto **und** schreib deine Meinung zum Thema ‚Freunde treffen'.
>
> Schreib ungefähr 20–30 Wörter **auf Deutsch**.

⭐ Your sentences need to be in the present tense. Keep them short and simple.

You could describe:

- how many people there are and where they are
- what they are doing
- how they feel
- other aspects of the photo (the location, the food, the weather).

Remember to give your opinion about meeting friends, as well as describing what you see in the photo.

B – Translation

1 schreiben **Übersetze ins Deutsche.**

> Remember to use the plural form of 'my'.

> Which adjective do you need here?

> This is a reflexive verb.

> Check your word order if you use *weil*.

> *mit* + dative.

> Use the perfect tense here and check your word order: verb second after a time phrase.

1 I love my friends.
2 Marta is friendly and funny.
3 She gets on very well with her sister.
4 Yesterday we went to the cinema.
5 It was fun because the film was exciting.

C – Extended writing task

1 lesen **Look at the task and answer these questions.**

- What is each bullet point asking you to do?
- Which tense(s) will you need to use to answer each bullet point?

> Dein Freund Markus möchte wissen, wie dein Leben zu Hause ist.
>
> Schreib eine Antwort an Markus.
>
> Du **musst** diese Punkte einschließen:
>
> - wie dein Leben als Teenager ist
> - was du machen oder nicht machen darfst
> - wie dein Leben früher als Kind war
> - Pläne für die Zukunft.
>
> Schreib ungefähr 80–90 Wörter **auf Deutsch**.

2 lesen **Read Sara's answer to the task. What do the underlined phrases mean?**

> Ich streite mich nicht oft mit meinen Eltern, denn wir verstehen uns sehr gut. Sie sind sehr fair und nicht zu streng, finde ich.
>
> Ich darf fast alles machen. Ich muss aber immer sagen, was ich mache, und ich darf nicht allein nach Hause gehen, wenn es spät ist.
>
> Als ich ein Kind war, musste ich jeden Tag mit meinem Vater zur Grundschule gehen und ich durfte nicht allein gehen.
>
> In Zukunft möchte ich bis später ausgehen. Ich hoffe, ich werde im Sommer mit meinen Freunden auf ein großes Konzert gehen.

3 lesen **Look at the Answer Booster. Note down <u>six</u> examples of language which Sara uses to write a well-developed answer.**

4 schreiben **Now write your own answer to the task in exercise 1. You can use ideas from Sara's answer, and from the Answer Booster, to help you.**

> ⭐ Make sure you cover all the points asked for in the question and try to keep close to the word count.

Wörter

Charaktereigenschaften
Personal characteristics

Er/Sie ist (nicht) … — *He/She is (not) …*

aktiv	*active*
cool	*cool*
dynamisch	*dynamic*
fleißig	*hard-working*
frech	*cheeky*
freundlich	*friendly*
intelligent	*intelligent*
kreativ	*creative*
langweilig	*boring*
lustig	*funny*
nett	*nice*
originell	*original*
sportlich	*sporty*
toll	*great*
ziemlich	*quite*
sehr	*very*
nie	*never*
nicht	*not*
relativ	*relatively*
total	*totally*

Aussehen
Appearance

Er/Sie hat … Haare. — *He/She has … hair.*

blonde	*blonde*
braune	*brown*
schwarze	*black*
rote	*red*
lange	*long*
kurze	*short*

Er/Sie hat … Augen. — *He/She has … eyes.*

graue	*grey*
blaue	*blue*
grüne	*green*

Er/Sie trägt … — *He/She wears …*

eine (modische) Brille	*(trendy) glasses*
eine (coole) Sonnenbrille	*(cool) sunglasses*

Er hat einen (großen) Bart. — *He has a (big) beard.*

Er/Sie ist … — *He/She is …*

schlank	*slim*
groß	*big, tall*
klein	*small, short*

Wie ist ein guter Freund/ eine gute Freundin?
What makes a good friend?

Ein guter Freund/ Eine gute Freundin … — *A good friend …*

muss Zeit für mich haben	*must have time for me*
muss sympathisch sein	*must be nice*
muss mich immer unterstützen	*must always support me*
muss viel Geduld haben	*must have lots of patience*
muss die gleichen Interessen haben	*must have the same interests*
kann mit mir über alles reden	*can talk to me about anything*
darf nicht eifersüchtig sein	*isn't allowed to be jealous*

Das ist für mich … — *That is … to me.*

nicht wichtig	*not important*
wichtig	*important*
sehr wichtig	*very important*
die Kommunikation	*communication*

Beziehungen
Relationships

Ich verstehe mich gut mit … — *I get on well with …*
Ich verstehe mich nicht so gut mit … — *I don't get on so well with …*

meiner Mutter	*my mother*
meinem Vater	*my father*
meiner Stiefmutter	*my stepmother*
meinem Stiefvater	*my stepfather*
meinen Eltern	*my parents*
meiner Schwester	*my sister*
meinem Bruder	*my brother*
meiner Halbschwester	*my half-sister*
meinem Halbbruder	*my half-brother*
meinen Geschwistern	*my siblings*
meiner Großmutter	*my grandmother*
meinem Großvater	*my grandfather*
meiner Oma	*my grandma*
meinem Opa	*my grandpa*
meinen Großeltern	*my grandparents*
meiner Tante	*my aunt*
meinem Onkel	*my uncle*
meinen Cousins/Cousinen	*my cousins*

… weil er/sie … ist. — *… because he/she is …*

dynamisch	*dynamic*
eifersüchtig	*jealous*
langweilig	*boring*
launisch	*moody*
nervig	*annoying*
streng	*strict*
sympathisch	*kind, nice*

… weil er/sie … — *… because he/she …*

(viel / keine) Geduld hat	*has (a lot of / no) patience*
(immer / nie) Zeit für mich hat	*(always / never) has time for me*
mich unterstützt	*supports me*
mich nicht unterstützt	*doesn't support me*
mir auf die Nerven geht	*gets on my nerves*

Wir/Sie haben eine tolle Beziehung. — *We/They have a great relationship.*
Ich streite mich mit (ihr). — *I argue with (her).*
Er/Sie streitet sich mit (ihm). — *He/She argues with (him).*
Sie streiten sich mit (ihnen). — *They argue with (them).*
Ich werde mich mit (…) besser verstehen. — *I will get on better with (…).*

Er/Sie sagt, … — *He/She says …*
Sie sagen, … — *They say …*

ich mache nicht genug Hausaufgaben	*I don't do enough homework*
ich verbringe zu viel Zeit (mit dem Handy / vor dem Fernseher)	*I spend too much time (on my mobile phone / in front of the TV)*
ich darf (den Computer / mein Handy) nicht benutzen	*I'm not allowed to use (the computer / my mobile phone)*
ich darf nicht (Fußball spielen / ausgehen)	*I'm not allowed to (play football / go out)*

Vorbilder

Er/Sie ist mein großes Vorbild.	*He/She is my great role model.*
Er/Sie inspiriert mich.	*He/She inspires me.*
Sie inspirieren mich sehr.	*They inspire me greatly.*
Ich bewundere ihn/sie sehr.	*I admire him/her a lot.*
Ich mag ihn/sie.	*I like him/her.*
Ich finde ihn/sie beeindruckend, weil …	*I find him/her impressive because …*
er/sie ein toller Sportler / eine tolle Sportlerin ist	*he/she is a great sportsperson*
er/sie intelligent ist	*he/she is intelligent*
er/sie fleißig ist	*he/she is hard-working*
er/sie mich unterstützt	*he/she supports me*
er/sie sich für … interessiert	*he/she is interested in …*
er/sie vielen Leuten hilft	*he/she helps lots of people*
die Schule für ihn/sie sehr wichtig war	*school was very important for him/her*
er/sie immer gegen Gewalt war	*he/she was always against violence*
Er/Sie hat vielen Leuten geholfen.	*He/She helped lots of people.*
Er/Sie ist …	*He/She is …*
begabt	*gifted / talented*
berühmt	*famous*

Role models

diszipliniert	*disciplined*
erfolgreich	*successful*
sehr fit	*very fit*
eine Inspiration	*an inspiration*
intelligent	*intelligent*
Ich finde das oberflächlich.	*I find that superficial.*
Meiner Meinung nach …	*In my opinion, …*
sind Sportler sehr gute Vorbilder	*sportspeople are very good role models*
sind Models keine guten Vorbilder	*models are not good role models*
haben Vorbilder einen positiven /negativen Einfluss	*role models have a positive / negative influence*
Vorbilder sind für mich wichtig, weil …	*Role models are important to me because …*
sie eine Inspiration sind	*they are an inspiration*
sie vielen Leuten helfen	*they help lots of people*
Vorbilder sind für mich nicht wichtig, weil …	*Role models are not important to me because …*
sie oberflächlich sind	*they are superficial*
sie in der Realität nicht existieren	*they don't exist in reality*

Dein Leben jetzt und als Kind

Als ich vier Jahre alt war, konnte ich …	*When I was four years old, I could …*
Rad fahren	*ride a bike*
(nicht) sehr gut schwimmen	*(not) swim very well*
(schon) Spanisch sprechen	*(already) speak Spanish*
Als ich ein Kind war, musste ich …	*When I was a child, I had to …*
immer zu Hause helfen	*always help at home*
um 20:00 Uhr zu Hause sein	*be home by 8 p.m.*
jeden Abend meine Hausaufgaben machen	*do my homework every evening*
früher ins Bett gehen	*go to bed earlier*
Als ich ein Kind war, musste ich keine Hausaufgaben machen.	*When I was a child, I didn't have to do homework.*
Als ich jünger war, durfte ich …	*When I was younger, I was allowed to …*
fernsehen	*watch TV*
am Computer spielen	*play on the computer*
allein in die Schule gehen	*go to school on my own*
Als ich jünger war, durfte ich …	*When I was younger, I was not allowed to …*
keine Zeit mit meinen Freunden verbringen	*spend time with my friends*
am Wochenende nicht mit meinen Freunden in die Stadt gehen	*go into town at the weekend with my friends*

Your life now and as a child

nicht zu spät nach Hause kommen	*come home too late*
am Abend nicht mit Freunden ins Kino gehen	*go to the cinema with friends in the evening*
Jetzt kann ich …	*Now I can …*
Am Wochenende darf ich (nicht) …	*At the weekend I am (not) allowed to …*
Am Abend muss ich …	*In the evening I must …*
früh ins Bett gehen	*go to bed early*
spät ins Bett gehen	*go to bed late*
viele Hausaufgaben machen	*do lots of homework*
ins Kino gehen	*go to the cinema*
einkaufen gehen	*go shopping*
in den Park gehen	*go to the park*
Zeit mit Freunden verbringen	*spend time with friends*
(sehr gut) Fußball spielen	*play football (very well)*
viel trainieren	*train a lot*
online chatten	*chat online*
online surfen	*surf online*
Am Abend muss ich …	*In the evening I don't have to …*
keine Hausaufgaben machen	*do homework*
Das finde ich …	*I find that …*
viel besser	*much better*
fair	*fair*
unfair	*unfair*

4 Willkommen bei mir!
Startpunkt So ist es bei mir

- Describing your house and home
- Using irregular verbs in the present tense

1 lesen **Lies die Sätze und sieh dir das Haus an. Füll die Tabelle aus.**

	what's happening?	where?
1	The cat is sleeping.	i

1 Die Katze schläft in der Garage.
2 Frau Klein arbeitet im Arbeitszimmer.
3 Herr Klein liest ein Buch im Wohnzimmer.
4 Das Baby trinkt Milch im Esszimmer.
5 Julia trägt Sportschuhe im Schlafzimmer.
6 Die Schildkröte isst in der Dusche Gras.
7 Sebastian sieht in der Küche fern.
8 Der Hund findet einen Ball auf dem Dachboden.
9 Moritz wäscht das Kaninchen im Badezimmer.
10 Du fährst Rad im Garten.

der Dachboden / Garten
die Dusche / Garage / Küche
das Arbeitszimmer / Badezimmer /
Esszimmer / Schlafzimmer / Wohnzimmer

Ⓖ *Irregular verbs in the present tense*   **> Page 192**

Can you remember the irregular verbs *tragen* and *sehen* from Chapter 1? Here are some more verbs that also have a vowel change in the *du* and *er/sie/es* forms:

	essen (to eat)	**schlafen** (to sleep)	**lesen** (to read)	**arbeiten** (to work)
ich (I)	esse	schlafe	lese	arbeite
du (you)	**i**sst	schl**ä**fst	**lie**st	arbeit**est***
er/sie/es (he/she/it)	**i**sst	schl**ä**ft	**lie**st	arbeit**et***

* Stems ending in –d or –t keep the –e of the infinitive.

Kulturzone

In Deutschland:
- **wohnen** rund 30 Millionen Personen im eigenen **Haus**
- wohnen rund 4,5 Millionen Personen in der eigenen **Wohnung**
- **mieten** rund 36 Millionen Personen ein Haus oder eine Wohnung.

eigen = own
mieten = to rent

2 hören **Hör zu und sieh dir das Bild in Aufgabe 1 noch mal an. Was beschreibt Julia? (1–8)**

Beispiel: **1** c

3 schreiben **Schreib die Sätze in Aufgabe 1 anders auf. Je blöder, desto besser!**
Change the sentences in exercise 1 – the sillier the better!

Beispiel: I Die Katze liest ein Buch in der Dusche.

The preposition *in* takes the dative case when you describe where something is or where you are doing something. The words *der*, *die* and *das* change:

der → in **dem** (im)
die → in **der**
das → in **dem** (im)

4 lesen **Lies die Beiträge zur Rund-ums-Essen-Webseite. Sieh dir die Bilder an. Was passt zusammen?**

⭐ Like *in*, the prepositions *auf* (on) and *vor* (in front of) also take the dative case when you describe where something is or where you are doing something.

FORUM Rund-ums-Essen

> Wie isst man bei dir?

 Petra1995 Wir essen das Abendessen um sechs Uhr. Im Sommer essen wir das oft auf der Terrasse.

 Wolf-15 Wir essen das Mittagessen bei uns immer im Esszimmer. Wir essen das nach der Schule, so um Viertel nach zwei.

 iSuche Ich esse das Frühstück auf dem Weg zur Schule, weil ich immer zu spät aufstehe!

 KinoFan Und wo esse ich am liebsten? Vor dem Fernseher! Man darf das bei uns nicht sehr oft machen. Aber das ist mein Lieblingsabendbrot!

 BellA123 Gestern habe ich in der Schule kein zweites Frühstück gegessen, denn ich habe meinen Rucksack im Bus gelassen. Mensch, war ich sauer!

bei uns = *at our house*

5 lesen **Lies die Beiträge noch mal. Welche Mahlzeit beschreiben sie?**

Beispiel: **Petra1995**: das Abendessen (evening meal)

lunch   evening meal   second breakfast (elevenses)   breakfast

6 hören **Hör zu und sieh dir das Foto an. Richtig oder falsch? (1–6)**

Beispiel: **1** Richtig

7 sprechen **Partnerarbeit. Stell Fragen zum Foto.**

- Wer ist auf dem Foto?
- Was machen die Leute?
- Wo isst du zu Hause und wann?
- Was hast du gestern zu Hause gemacht?

1 **Hör zu und lies. Was passt zusammen? (1–5)**

Beispiel: **1** c

Jack kommt bei seinem Austauschpartner Gregor Weber und seiner Familie an.

1 Herzlich willkommen in Deutschland, Jack! Wie geht's dir?

Wie bitte? Ich verstehe Ihre Frage nicht.

2 Hast du deine Hausschuhe mitgebracht?

Was bedeutet „Hausschuhe"?

3 Zu Hause darfst du keine Sportschuhe tragen.

Kannst du das bitte wiederholen?

4 Hast du Hunger oder Durst? Bedien dich!

Können Sie bitte langsamer sprechen?

5 Hast du eine Frage an uns, Jack?

Ja, er hat eine wichtige Frage: Wie heißt „Wi-Fi-Code" auf Deutsch?

a What is ... in German?   **b** What does ... mean?   **c** Pardon? I don't understand your question.

d Can you speak more slowly, please?   **e** Can you repeat that, please?

2 **Lies den Text noch mal. Übersetze die Sätze 1–5 von der Familie Weber ins Englische.**

Beispiel: **1** Welcome to Germany, Jack! ...

> ⭐ Use context to help you. Jack has just arrived from the UK: what sort of things might the host family say?
>
> Use word families – *du*, *dich* and *dir* are all related to each other and imply 'you' to a friend, family member or someone your age.

3 **Hör zu. Welches Register benutzen die Leute: *du* oder *Sie*? (1–6)**

Beispiel: **1** du

> **G** Using *du* and *Sie*   ❯ Page 205
>
> Use the correct register in German: *du* for a person your own age or whom you know well, and *Sie* for adults.
>
> | subject (you) | *du* | *Sie* |
> | --- | --- | --- |
> | **accusative object** (you) | *dich* | *Sie* |
> | **dative** (to you) | *dir* | *Ihnen* |
> | **possessive** (your) | *dein* | *Ihr* |

4 Partnerarbeit. Person A ist Gastvater/-mutter und Person B ist Austauschpartner(in). Sieh dir den Dialog in Aufgabe 1 an.

● *Herzlich willkommen in …!*
  Wie geht's dir?
■ *Gut, danke.*
● *Hast du …?*

Zur Hilfe	
Wie geht's dir?	Ich verstehe Ihre Frage nicht.
Hast du (deine Hausschuhe) mitgebracht?	Was bedeutet …?
	Können Sie das bitte wiederholen?
Hast du Hunger / Durst?	Können Sie bitte langsamer sprechen?
Hast du eine Frage an mich?	Wie heißt („Wi-Fi-Code") auf Deutsch?

 5 Lies Gregors Willkommensheft für Jack und beantworte die Fragen auf Englisch.

Beispiel: **1** at lunchtime after school

Ein Willkommensheft für dich, Jack!
Tipps für deinen Besuch …

• Die Hauptmahlzeit essen wir in meiner Familie zu Mittag nach der Schule. Wir essen vielleicht Schnitzel mit Kartoffeln, Wurst mit Pommes oder Fisch mit Reis. Gemüse oder ein gemischter Salat sind auch auf dem Menü.

• Am Abend essen wir nicht so viel. Vielleicht essen wir eine Suppe mit Brot und Käse und dann Obst als Nachspeise. Was ist dein Lieblingsessen? Was isst du nicht gern?

• Ich wohne in einem Wohnblock und die Hausordnung ist sehr streng! Ich darf zum Beispiel im Garten nicht Fußball spielen. Unser Hausmeister ist gar nicht freundlich, also musst du aufpassen!

• Hier muss man oft ruhig sein: Montag bis Freitag von 13:00 bis 15:00 Uhr ist Mittagsruhe. Ich darf dann im Schlafzimmer keine laute Musik spielen und kein Instrument üben, und mein Vater darf nie das Auto vor der Garage waschen! Am Sonntag ist den ganzen Tag Ruhezeit!

1. When does Gregor eat his main meal?
2. Name three items that might be on the menu.
3. What two things does Gregor ask Jack?
4. Where does Gregor live?
5. What activity is forbidden in the house rules?
6. Give two examples of activities that are not allowed during *Mittagsruhe* (quiet time at midday).

 6 Shenia, Meike und Christine sprechen über ihren Austausch. Hör zu und mach Notizen zu den Kategorien auf Englisch. (1–3)

a where? **b** how long? **c** accommodation? **d** cultural difference?

 7 Schreib ein Willkommensheft für einen Gast.

• Wann und was isst du bei dir?
• Was musst / darfst du (nicht) bei dir machen?
• Was wird bei dir für den/die Besucher(in) anders sein?

● *Describing your home*
● *Using prepositions*

---

1 **Hör zu. In welchem Zimmer sind Jack und Gregor? Was findet man dort? (1–6)**

Beispiel: **1** kitchen – e

 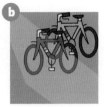    

2 **Akkusativ oder Dativ? Übersetze die Sätze ins Englische.**

Beispiel: **1a** dative: The TV is in the kitchen.
1b accusative: I go into the kitchen.

1 **a** Der Fernseher ist **in der** Küche.
 b Ich gehe **in die** Küche.
2 **a** Der Hund liegt **auf dem** Bett.
 b Der Hund springt **auf das** Bett.
3 **a** Der Ball rollt **unter den** Tisch.
 b Das Kaninchen schläft **unter dem** Tisch.
4 **a** Was gibt es **hinter der** Garage?
 b Er geht schnell **hinter die** Garage.
5 **a** Der Mantel hängt **an der** Tür.
 b Ich hänge den Mantel **an die** Tür.

G *Prepositions with accusative and dative* ❭ *Page 207*

Prepositions such as *in* (in), *an / auf* (on), *hinter* (behind) and *unter* (under) take either the dative or the accusative case, depending on whether movement is involved.

	no movement (where something is) = **dative**	**movement** (towards an object) = **accusative**
der	in **dem** *(im)*	in **den**
die	in **der**	in **die**
das	in **dem** *(im)*	in **das** *(ins)*

Other prepositions which follow this pattern are *neben* (next to), *über* (over), *vor* (in front of) and *zwischen* (between).

3 **Lies den Text und beantworte die Fragen auf Englisch.**

This extract is from *Das Tagebuch der Anne Frank*. Anne is describing the house in Amsterdam where she and her family hid from the Nazis during the Second World War.

You might recognise *Eingang* (entrance), so what is the *Eingangstür*?

Neben means 'next to' and *daneben* just means 'next to it'.

Looks like 'chamber' – a synonym for *Zimmer*.

Direkt gegenüber der Eingangstür ist eine steile Treppe, links ein kleiner Flur und ein Raum, der Wohn- und Schlafzimmer der Familie Frank werden soll. Daneben ist noch ein kleineres Zimmer, das Schlaf- und Arbeitszimmer der beiden jungen Damen Frank. Rechts von der Treppe ist eine Kammer ohne Fenster mit einem Waschbecken und einem Klo und einer Tür in Margots und mein Zimmer.

Something you find in a room with a basin – a synonym for *Toilette*.

die Treppe = *staircase*
der Flur = *hall*

1 On what side of the steep staircase is the small hall?
2 What two purposes does the bigger room serve?
3 What two purposes does the smaller room next to it serve?
4 Name one of the items in the room with no windows.
5 Where does the door from this room lead to?

4 *lesen* **Gregor beschreibt die Häuser von seinen Freunden. Wer wohnt wo?**

> **Laureen** wohnt in einer modernen, möblierten Wohnung mit einer kleinen Küche in einem Hochhaus in der Stadtmitte. Die Wohnung liegt im elften Stock.

> **Niklas** hat ein echt cooles Zimmer im Dachboden. Sein Haus ist ein renoviertes Reihenhaus am Stadtrand. Hinter dem Haus gibt es eine Garage.

> **Cornelia** wohnt in einem Einfamilienhaus mitten auf dem Land und sie hat dort einen Garten, eine Terrasse und einen Tennisplatz!

> **Till** hat ein schönes Schlafzimmer in einer großen Doppelhaushälfte. Im 6-Zimmer-Haus gibt es tolle Möbel, und er hat auch zwei Hunde und drei Katzen.

5 *lesen* **Lies die Beschreibungen noch mal. Wie heißt das auf Deutsch?**

a in a modern, furnished flat   **d** on the outskirts of town
b on the 11th floor   **e** in the countryside
c a room in the attic   **f** furniture

6 *hören* **Hör zu. Füll die Tabelle auf Englisch aus. (1–5)**

	how long?	type?	where?	favourite room
1	4 years	block of flats	third floor	bedroom

G seit   ❯ *Page 218*

Use *seit* + present tense to say for how long you have been doing something:

*Ich **wohne** seit acht Jahren hier.*
I **have been living** here for eight years.

7 *sprechen* **Partnerarbeit. Wo wohnst du?**

● *Wo wohnst du?*
■ *Ich wohne in …*
● *Seit wann wohnst du dort?*
■ *Ich wohne seit … Jahren in …*
● *Wie ist dein Haus / deine Wohnung?*
■ *Die Wohnung ist im … Stock.*
    Es gibt …

Ich wohne (seit vier Jahren) …
    auf dem Land / am Stadtrand / in der Stadtmitte / in einer Kleinstadt / in einer Großstadt
    in einem Einfamilienhaus / Reihenhaus / Hochhaus / Wohnblock
    in einer Doppelhaushälfte / Wohnung im (zweiten) Stock
Im Erdgeschoss / (ersten) Stock gibt es … / Wir haben …
    (k)einen Dachboden / Garten / Tennisplatz
    (k)eine Dusche / Terrasse
    (k)ein Arbeitszimmer

8 *schreiben* **Beschreib dein Zuhause.**

Beispiel: Ich wohne seit sechs Jahren in einer Doppelhaushälfte. Ich habe ein kleines Zimmer im ersten Stock. Mein Lieblingszimmer ist …, weil …

⭐ Use prepositions to describe where things are in your home:
*Der Fernseher ist **in der** Küche.*

1 lesen **Was fragt Jack? Übersetze seine Fragen (1–4) ins Englische.**

1 Wann stehen wir auf?

2 Um wie viel Uhr frühstücken wir?

3 Um wie viel Uhr fahren wir ab?

4 Wo sehen wir fern?

5 Wann setzen wir uns an den Mittagstisch?

6 Wie amüsiere ich mich am Nachmittag?

7 Wann treffen wir uns mit Freunden?

8 Wie amüsieren wir uns am Wochenende?

G **Separable verbs** **>** *Page 194*

Separable verbs – e.g. **auf**stehen (to get up), **ab**fahren (to leave) and **fern**sehen (to watch TV) – have a prefix that separates and goes to the end of the sentence:

*Wir stehen um sechs Uhr **auf**.*
We get up at six o'clock.
*Am Abend sehe ich **fern**.*
I watch TV in the evening.

In the perfect tense, the prefix and the stem of the past participle are joined with **–ge–**:

*Ich bin auf**ge**standen.* I got up.
*Ich habe fern**ge**sehen.* I watched TV.

2 lesen **Jack hat noch mehr Fragen. Übersetze sie (5–8) ins Englische.**

3 hören **Was sind die Antworten auf Jacks Fragen (Aufgaben 1 und 2)? Hör zu und mach Notizen auf Englisch. (1–8)**

Beispiel: **1** half past six

G **Reflexive verbs** **>** *Page 194*

Reflexive verbs – e.g. **sich** *setzen* (to sit down), **sich** *amüsieren* (to have a good time / entertain yourself), **sich** *treffen* (to meet) and **sich** *langweilen* (to be bored) – need a reflexive pronoun:

sich *setzen* (to sit down)

ich setze **mich**	wir setzen **uns**
du setzt **dich**	ihr setzt **euch**
er/sie/es setzt **sich**	Sie/sie setzen **sich**

In the perfect tense, the reflexive pronoun comes after the part of *haben*:

*Ich habe **mich** an den Mittagstisch gesetzt.*
I sat down to lunch.

⭐ Time expressions are important. Listen for:

immer	always
täglich	daily
am Abend	in the evening
am Nachmittag	in the afternoon
an einem Schultag	on a school day
am Wochenende	at the weekend
nach der Schule	after school
nach dem Abendessen	after dinner

4 hören **Hör dir Silas Tagesablauf-Videoblog an. Wähl die richtige Antwort aus.**

Beispiel: **1** an den PC

1 Sila setzt sich täglich an den PC / vor den Fernseher.
2 In der neunten Klasse geht Sila oft / nie schwimmen.
3 Sila trifft sich mit Freunden in der Eisdiele / im Cyberland.
4 Sila findet die Tagesroutine gut / langweilig.
5 Am Nachmittag sieht Sila fern / macht Sila keine Hausaufgaben.
6 Am Abend macht Sila Telefonanrufe / Schularbeit.
7 Sila freut sich auf die Ferien / auf das Wochenende.

5 lesen **Lies den Artikel. In welchem Absatz lernen wir das?**

Was macht ein
deutscher Teenie den ganzen Tag ?

1 Idealerweise schläft man 9 Stunden und 15 Minuten pro Nacht, aber heute schlafen Teens nur 8 Stunden und 6 Minuten. Schülerinnen und Schüler möchten lieber um 8:30 Uhr oder 9:00 Uhr mit der Schule beginnen.

2 In Deutschland essen zwei von drei 11- bis 15-Jährigen täglich Frühstück. Mädchen sind morgens etwa 28 Minuten im Badezimmer, bei Jungen sind es 24 Minuten.

3 Etwa 7 Stunden und 30 Minuten verbringen Teenager in der Schule oder mit schulischen Aktivitäten wie Hausaufgaben. 75% der Schüler arbeiten mindestens einen Tag pro Wochenende für die Schule.

4 Rund 6 Stunden und 34 Minuten Freizeit haben Teenies täglich. Jungs machen rund 1 Stunde und 12 Minuten länger Sport, sitzen länger vor dem Fernseher (113 Minuten) und doppelt so lang am PC wie Mädchen (134 Minuten).

etwa / rund = *about, approximately*

a teenage leisure time
b bathroom routines
c school work
d breakfast habits
e a non-leisure Saturday / Sunday activity
f a recommendation for length of sleep

⭐ Look for synonyms: 'Saturday / Sunday' can also be described as 'the weekend'.

6 schreiben **Beantworte die Fragen rechts auf Deutsch. Benutze den Artikel in Aufgabe 5 zur Hilfe.**

1 Wie viele Stunden pro Nacht schläfst du? *Ich schlafe …*
2 a Wann und wo frühstückst du? *Ich frühstücke um … in …*
  b Wie viel Zeit verbringst du morgens im Badezimmer? *Ich verbringe …*
3 Wie viele Stunden verbringst du pro Tag in der Schule? *Ich verbringe …*
4 Wie viele Stunden Freizeit hast du pro Tag? Was machst du in deiner Freizeit? *Ich habe … und ich …*

7 sprechen **Partnerarbeit. Stell so viele Fragen zur Tagesroutine wie möglich.**

● *Wie viele Stunden schläfst du pro Nacht?*
■ *An einem Schultag gehe ich um zehn Uhr ins Bett und ich stehe um … Uhr auf, also schlafe ich … Am Wochenende … Und du?*

⭐ Use a variety of expressions and sentence structures when you speak: mix up *an einem Schultag*, *dienstags* and *täglich* to avoid repeating *am Dienstag*.

An einem Schultag / Am Wochenende …
  stehe ich um … Uhr auf
  frühstücke ich / gehe ich ins Bett
  sehe ich fern
  setze ich mich an den Computer
  amüsiere ich mich / langweile ich mich
  treffe ich mich mit Freunden

1 lesen — **Lies die Beiträge zur Rund-ums-Essen-Webseite und sieh dir die Bilder an. Füll die Tabelle aus.**

person	item	opinion
iSuche	c	delicious

FORUM Rund-ums-Essen

> Was hast du zu Besuch gegessen?

 iSuche Beim Austausch haben wir oft Kartoffelchips und Eis auf dem Sofa im Wohnzimmer gegessen. Das war lecker!

 Wolf-15 Ich habe jeden Tag zum zweiten Frühstück Gebäck wie Kekse, Torten und Berliner gegessen. Das hat wunderbar geschmeckt!

 KinoFan Bei meinem Freund hat man einen Zucchinikuchen mit Vanillesoße zu Mittag serviert. Das war sehr süß.

 KuechenKoenig Ich esse gern Wurst, aber bei meiner Freundin hat die Mutter eine Currywurst zum Abendessen gebraten. Die Currywurst hat nicht gut geschmeckt. Das war zu würzig.

Petra1995 Zu Besuch bei Freunden hat der Vater mir ein Spiegelei zum Abendbrot gemacht, aber ein Spiegelei schmeckt nie köstlich, finde ich. Ich habe das dem Hund gegeben!

 frischja Das Mittagessen bei meiner Oma war gestern eine Katastrophe – sie hat einen Braten serviert. Der Braten war salzig. Das war ekelhaft!

 BellA123 Zum Frühstück hat man in der Küche Pampelmusensaft, Tee oder Vollmilch getrunken. Das war schrecklich!

 a
 b
 c
 d
 e
 f
 g

⭐ Use your logic to work out the meaning of a word, such as *Vollmilch*. Break it down first: *Voll / milch* → full milk (i.e. whole milk).

2 sprechen — **Partnerarbeit. Du warst zu Besuch und hast die Speisen und Getränke (Aufgabe 1) probiert: Wie hast du sie gefunden? Stell es dir vor!**

● *Wie hast du den Pampelmusensaft gefunden?*
■ *Der Pampelmusensaft hat schrecklich geschmeckt.*
● *Ja, du hast recht. Was war dein Lieblingsessen?*

G *Giving opinions in the past tense* ❯ Pages 196, 199

*Ich **habe** (Wurst) **gegessen** und (Milch) **getrunken**.*
*Der (Braten) **hat** (schrecklich) **geschmeckt**.*
*Das (Mittagessen) **war** (lecker).*
*Mein Lieblingsessen **war** (Spiegelei mit Kartoffeln).*

Das hat … geschmeckt. / Das war …

| gut / nicht gut | lecker / köstlich | schrecklich | würzig |
| süß | salzig △ | ekelhaft 😖 | wunderbar |

3 hören **Hör zu. Die Obst- und Gemüsewahl. Was wählt jede Person aus? (1–6)**

Beispiel: **1** d, i

> der Apfel / Pfirsich / Kohl
> die Banane / Birne / Erdbeere / Orange / Gurke / Karotte / Paprika / Tomate / Zwiebel

G Separable verbs
> Pages 194, 198

Remember, separable verbs have a prefix that goes to the end of the sentence. Listen for these separable verbs in the recording.

auswählen (to choose) → *Ich* **wähle** *den Kohl* **aus**. (I'm choosing the cabbage.)
einkaufen (to buy) → *Ich* **kaufe** *nie Paprika* **ein**. (I never buy peppers.)
vorbereiten (to prepare) → *Ich* **bereite** *einen Salat* **vor**. (I'm preparing a salad.)

In the perfect tense, the prefix and the stem of the past participle are joined, often (but not always) with **–ge–**.

*Ich habe den Kohl aus***ge***wählt.* (I chose the cabbage.)
*Ich habe keine Paprika ein***ge***kauft.* (I didn't buy any peppers.)
⚠ *Ich habe einen Salat* **vorbereitet**. (I prepared a salad.)

4 sprechen **Gruppenarbeit. Diskussion: Was für Obst und Gemuse hast du ausgewählt?**

- ● *Ich habe den Apfel ausgewählt, aber er war schrecklich.*
- ■ *Ich habe einen Pfirsich eingekauft und er war sehr süß.*
- ▲ *Ich habe die Tomate ausgewählt und ich habe einen Salat vorbereitet. Der Salat hat lecker geschmeckt.*

> ⭐ Make sure you choose the correct translation for 'it' – **er**, **sie** or **es**. Which one you choose depends on the gender of the noun 'it' refers to.

5 hören **Wie war das Abendessen? Hör zu und füll die Tabelle aus. (1–6)**

	😦 / 😊	reason
1	😦	salty soup

6 schreiben **Gestern warst du zu Gast beim Abendessen. Beschreib das Erlebnis!**

- Was hast du gegessen und getrunken?
- Beschreib die Mahlzeit.

Beispiel: Zum Abendessen habe ich … Das war … Das hat … geschmeckt.

● *Discussing how and when you use social media and technology*
● *Using* **wenn** *clauses*

1 lesen **Lies die Texte und sieh dir die Bilder an. Wie kommunizieren sie am liebsten?**

Beispiel: **1** c

Wie bleibst du mit deinen Freunden in Kontakt?

1 Ich nutze soziale Netzwerke, wenn ich mich langweile. Das ist sehr unterhaltsam.

2 Ich rufe vom Handy an, wenn ich mit meinen Freunden rede. Das macht Spaß, finde ich!

3 Ich simse meinen Eltern immer, wenn ich spät bin. Kurznachrichten sind nützlich.

4 Persönliche Gespräche sind für mich sehr wichtig, wenn ich mit Freunden spreche.

5 E-Mails sind sehr praktisch, wenn man schnell tippen kann! Ich sende jeden Tag viele E-Mails!

6 *Wenn ich unterwegs bin, telefoniere ich oft per Internet. Das ist lustig, denn wir können einander am Bildschirm sehen!*

a **b** **c** **d** **e** **f**

2 hören **Hör zu und füll die Tabelle aus. (1–4)**

	main method	opinion	never use
1	mobile phone call	it's fun	...

⭐ Listen for negative words (e.g. *nie* (never), *nicht* (not) and *kein* (no)), to identify the method the speakers do <u>not</u> use.

G **wenn** *clauses* 〉 *Page 216*

Like *weil* (because), *wenn* (if, when) changes the word order of a sentence by sending the verb to the end of the clause:

***wenn** ich spät* **bin**   if / when I am late

If *wenn* starts a sentence, the verb goes to the end of the clause and is then followed by a comma before the next verb:

***Wenn** ich unterwegs* **bin**, **telefoniere** *ich oft per Internet.*

3 sprechen **Gruppenarbeit. Wie kommunizierst du am liebsten?**

● *Wie kommunizierst du am liebsten?*
■ *Ich (simse) (sehr oft), wenn …*

Wie kommunizierst du am liebsten?		
Ich	nutze soziale Netzwerke, simse (meinen Eltern), sende E-Mails, telefoniere per Internet, rufe (meine Freunde) vom Handy an, habe persönliche Gespräche,	wenn	ich mich langweile. ich mit meinen Freunden rede / spreche. ich spät bin. ich unterwegs bin.
Das ist nützlich / lustig / unterhaltsam / wichtig / praktisch. Das macht Spaß.		

Kulturzone
Wie kommunizieren junge Deutsche am liebsten?

Kurznachrichten/SMS schicken
70%   SMS

persönliche Gespräche haben
66%

per Festnetz telefonieren	soziale Netzwerke nutzen	per Handy telefonieren
36%	**32%**	**28%**

per Internet telefonieren	im Internet chatten (z.B. in Chatrooms)	E-Mails tippen
15%	**13%**	**7%**
		3% Briefe schreiben

4 lesen **Übersetze die Sätze ins Englische.**

> Where has the verb gone? Look to the end of the clause!

> Break down compound nouns to work out the meaning of unfamiliar vocabulary:
> *Smart* = cognate
> + *Uhr* = clock / watch
> *irgend* = some
> + *wo* = where

1 Ich lade sehr gern Musik auf mein Smartphone herunter.

2 Wenn ich nicht zu Hause bin, höre ich die Lieder.

3 Meine Smartuhr hatte ich gestern nicht mit, weil sie irgendwo im Schlafzimmer war!

4 Das war nervig, denn ich simse immer, wenn ich spät bin.

5 Ich werde mich mit meinem Handy nie langweilen – es ist mir sehr wichtig.

> This is a separable verb so always look to the end of the clause for the prefix. Look back to pages 68 and 71 for examples of separable verbs.

> Don't miss out a qualifier in your translation.

> This doesn't need translating separately, as it is part of the reflexive verb *sich langweilen*.

5 hören **Hör zu und wähl das richtige Wort aus. (1–6)**

1 The Weber family computer is in the kitchen / study / sitting room.

2 Gregor downloads music to his computer / MP3 player / mobile phone.

3 Gregor likes watching TV in the sitting room / on his computer / on his mobile.

4 Gregor likes playing games on the TV / on one screen only / on several screens.

5 Gregor likes the quality / cost / speed of a camera phone.

6 Gregor thinks Jack's last question is good / crazy / interesting.

> Möchtest du meine Technologie-Umfrage machen, Gregor?

> Ja, gerne. Was ist die erste Frage?

6 schreiben **Bist du total vernetzt? Schreib einen Forum-Beitrag.**

• Spielt Technologie eine wichtige Rolle in deinem Leben? Warum (nicht)?
• Welche Technologie benutzt du am liebsten?
• Was hast du letzte Woche (am PC) gemacht?

> ⭐ Say how often you do the activities with adverbs such as *ab und zu* (now and again), *nie* (never), *immer* (always), *manchmal* (sometimes) and *oft* (often).

Technologie spielt eine (sehr) wichtige Rolle in meinem Leben!
Ich habe / benutze …
  (k)einen Desktop-PC / MP3-Player / Musik-Streaming-Dienst / Bildschirm
  (k)eine Konsole / Digitalkamera
  (k)ein Handy / Tablet / Smart-TV
Ich höre (Musik) / sehe (Filme) / spiele (Online-Spiele) / mache (Fotos) / suche (Informationen), wenn …
  ich (unterwegs / zu Hause / im Schlafzimmer) bin.
  ich mit (Freunden) rede / mich langweile.

• *Discussing advantages and disadvantages of social media and technology*
• *Expressing complex opinions with* dass

 lesen

Sieh dir die Kurznachrichten an. Was passt zusammen?

1 Ich habe das sehr traurig gefunden.
2 Ich finde das wirklich positiv.
3 Das war extrem überraschend.
4 Das finde ich total negativ.
5 Das habe ich gar nicht schlecht gefunden.
6 Ich finde das besonders lustig.

a   b   c

d   e   f

 lesen

Lies die Beiträge. Ist das ein Vorteil oder ein Nachteil der Technologie?

Technologie: die Vor- und Nachteile

a Man langweilt sich nie.
b Man amüsiert sich sehr gut am Bildschirm.
c Technologie ist extrem teuer.
d Man bleibt mit Leuten in Kontakt.

e Man ist nicht so oft draußen aktiv.
f Man findet Informationen schnell online.
g Das Internet führt manchmal zu Internet-Mobbing.
h Das persönliche Leben bleibt nie privat.

 schreiben

Wähl fünf Beiträge in Aufgabe 2 aus. Schreib deine Meinung auf. Benutze *dass.*

Beispiel: **a** *Ich finde es positiv, dass man sich nie langweilt.*
c *Ich finde es negativ, dass Technologie extrem teuer ist.*

 Add a qualifier to an adjective to express your opinion more clearly.

teuer → **extrem** *teuer* (extremely expensive)

ziemlich (quite), *gar nicht* (not at all), *sehr* (very), *total* (totally), *wirklich* (really), *besonders* (especially), *extrem* (extremely), *zu* (too)

G Using dass   **>** Page 216

You can make opinions more complex by building on simple expressions with a *dass* clause. *Dass* sends the verb to the end of the clause.

Ich finde es positiv, **dass** *man Informationen schnell online* **findet**. I find it positive that you find information quickly online.

 hören

Hör zu. Füll die Tabelle auf Englisch aus. (1–5)

	advantage	disadvantage
1	always entertained	personal life doesn't stay private

 Listen for trigger words like *Vorteil*, *für* and *positiv* to lead you to an advantage, and *Nachteil*, *gegen* (against) and *negativ* to lead you to a disadvantage.

 sprechen

Gruppenarbeit. Diskussion: Technologie.

● *Ein großer Vorteil der Technologie ist, dass man mit Freunden in Kontakt bleibt.*
■ *Ja, aber ich finde es negativ, dass Technologie sehr teuer ist.*
▲ *Einerseits bin ich für Technologie, weil man Informationen schnell online findet, aber auf der anderen Seite …*

Ich finde es positiv, Ein (großer) Vorteil der Technologie ist,	**dass** man schnell Informationen online findet.
Ich finde es negativ, Ein (großer) Nachteil der Technologie ist,	**dass** das persönliche Leben nie privat bleibt.
Es gibt Vorteile und Nachteile. Einerseits bin ich für das Internet, **weil** man sich nie langweilt.	
Auf der anderen Seite bin ich gegen das Internet, **denn** es führt manchmal zu Internet-Mobbing.	

6 lesen **Lies die Beiträge. Sind sie positiv, negativ, oder positiv und negativ?**

Beispiel: **1** positiv

❶

jule *–*

Wenn ich nicht online bin, langweile ich mich total, also bin ich sehr für Technologie. Ja, das Leben mit Technologie ist wunderbar!

❷

Ciara <3

In der achten Klasse hatte ich ein Problem mit Internet-Mobbing. Man hat mich in der Schule und auch zu Hause gemobbt und das war total schrecklich für mich und meine Familie.

❸

mAxxi

Das Internet finde ich fantastisch, weil es bei den Hausaufgaben hilft. Es ist total einfach, Informationen zu suchen. Auf der anderen Seite liest man heute nicht mehr so viele Bücher und das ist für die Bibliotheken nicht gut.

❹

LOS!

Seit der Grundschule verbringe ich zu viel Zeit mit Technologie, das heißt mit Computerspielen. Ich bin nur in der Sportstunde in der Schule aktiv. Das ist jetzt ein enormes Problem – ich bin gar nicht fit.

❺

paul001

Letztes Jahr hatte ich Schwierigkeiten mit der Technologie. Ich war zu oft in den sozialen Netzwerken und hatte schreckliche Probleme mit Mobbing. Jetzt bin ich gar nicht mehr online.

> ***die Schwierigkeit(en)*** = *difficulty*

7 lesen **Lies den Artikel noch mal und beantworte die Fragen auf Englisch.**

1. What effect does not being online have on jule *–*?
2. Where did Ciara<3 suffer from bullying? (<u>two</u> places)
3. What does mAxxi think has been affected negatively by technology?
4. What problem does LOS! have and why has this happened?
5. What has paul001 done to address his problem with technology?

8 schreiben **Übersetze die Sätze ins Deutsche.**

> If you can't remember the exact expression, use an alternative expression like *für mich* or use a verb like *finden*, followed by a comma.

1. In my opinion, the internet is positive.
2. On the other hand, technology is extremely expensive.
3. An advantage is that the games are entertaining.
4. Yesterday I had lots of homework, but I looked for information online.
5. Next year I will buy a new mobile phone.

> Don't forget to translate qualifiers.

> This word sends the verb to the end of the sentence.

> Can you get the adjective ending correct?

> The verb *suchen* means 'to look **for**', so no need to translate 'for' into German. It is a regular verb, so what is its past participle?

1 **Lies den Artikel über Technologie.**

Die Mehrheit unserer Jugendlichen nutzt jeden Abend soziale Netzwerke zu Hause. Sie wollen einfach nach dem Schultag chillen. Am liebsten chatten sie stundenlang mit Freunden.

Manchmal gibt es ein Problem mit dem Handy oder dem Tablet. Man kann es nicht mit dem Internet verbinden. Dann bekommen die jungen Leute oft sehr schlechte Laune. Sie können auch nichts im Internet für die Hausaufgaben recherchieren und das finden sie frustrierend.

Nur wenige Leute kommunizieren per E-Mail; die meisten simsen lieber. Kurznachrichten finden sie alle nützlich, denn die sind natürlich viel schneller als eine E-Mail.

Füll die Lücke in jedem Satz mit einem Wort aus dem Kasten. Es gibt mehr Wörter als Lücken.

Probleme	besser	funktionieren	~~täglich~~	billiger	schreiben
Hausaufgaben	helfen	kaufen	Schule	Ideen	nie

Beispiel: Viele Jugendliche besuchen <u>täglich</u> soziale Netzwerke.

a Sie finden die … anstrengend.
b Es ist nervig, wenn elektronische Geräte nicht …
c Ohne Internet hat man … mit der Schularbeit.
d Junge Leute … nicht so gern E-Mails.
e Sie finden andere Kommunikationsformen …

2 **Read the extract from the text. Someone has come to look at a room to rent.**

Das Brandopfer by Albrecht Goes

Dann führte sie mich in das Zimmer; es war ein Zimmer im dritten Stock, ein helles Zimmer mit einer erfreulichen Aussicht. Das Mobiliar – ein Schlafsofa, ein Schrank, ein Tisch, dazu Waschkommode und Stühle – war, man sah es auf den ersten Blick, ganz neu aus leichtem Holz. Was mir auffiel war: es gab keine Häkeldecken, keine Familienbilder an den Wänden und keine sonstigen Bürgergreuel – dafür eine ganz moderne Arbeitslampe und als einzigen Wandschmuck Rembrandts Tobias in einer vorzüglichen Reproduktion.

>Sie richten sich das sicher am liebsten nach Ihrem eigenen Geschmack vollends ein<, sagte Frau Walker, und auf dieses Wort hin war ich endgültig entschlossen, hier zu mieten.

Write down the letter of the correct answer.

Example: **1** D

1 This story is about a …
  A caravan
  B hospital
  C school
  D home

2 The room was …
  A upstairs
  B in the attic
  C on the ground floor
  D in the basement

3 The furniture was …
  A old-fashioned
  B dark
  C plastic
  D barely-used

4 On the walls there were …
  A no family pictures
  B lights
  C lots of family pictures
  D dirty marks

5 The lamp was …
  A broken
  B not very old
  C large
  D ugly

6 The writer decides to …
  A leave the room
  B look elsewhere
  C rent the room
  D ask a question

3 lesen **Translate this passage into English.**

> Wir haben keinen Computer zu Hause. Der Familien-PC ist seit letzter Woche kaputt. Das finde ich ärgerlich, weil ich mich abends langweile. Letztes Wochenende habe ich Computerspiele bei einem Freund gespielt. Ich hoffe, meine Eltern werden ein neues Tablet für mich kaufen.

4 hören **A German friend is talking about his friends' food preferences. What does he say about them? Listen to the recording and select the appropriate name for the three correct statements.**

	Felix	Katrine	Thomas
Example: is vegetarian	X		
A loved somebody else's cooking			
B cooked a meal recently			
C loves fruit			
D made breakfast			
E is keen on vegetables			
F is never in the kitchen			
G disliked a meal recently			

5 hören **Your exchange partner, Anna, has posted a podcast for you about her home. Listen to the podcast and answer the following questions in English.**

1 How does Anna feel about her new home?
2 How do we know Anna is getting a pet?
3 What changes does Anna want to make to her home?

> ⭐ Read the questions <u>before</u> you listen to the podcast. Think about what sort of words you might hear.

6 hören **Du besuchst Peter, deinen Austauschpartner, und du diskutierst mit ihm über seine Hausordnung. Füll die Lücke in jedem Satz mit einem Wort aus dem Kasten. Es gibt mehr Wörter als Lücken.**

Lärm	~~Regeln~~	spät	drinnen	laut	Sport
Zeitplan	früh	Musik	Haustiere	ruhig	draußen

Beispiel: Peter beschreibt die <u>Regeln</u> .

a Man darf draußen keinen … machen.
b Man muss Fahrräder … stellen.
c Peter darf keine … haben.
d Am Sonntag muss man … sein.
e Man muss die Regeln bis … befolgen.

> ⭐ You won't necessarily hear the exact words given in the box – your task is to find the word which <u>describes</u> what you hear, i.e. means the same thing.

A – Role play

 1 Look at this role play card and prepare what you are going to say.

> ⭐ It is always better to say something than leave a blank in a role play dialogue, as you may get some marks.

Topic: Daily life

You have just arrived at your Austrian friend's house and are talking to your friend. The teacher will play the role of your friend and will speak first.

You must address your friend as *du*.
You will talk to the teacher using the five prompts below.

- where you see – **?** – you must ask a question
- where you see – **!** – you must respond to something you have not prepared

> You are giving your opinion here. What adjective could you use to describe a home?

> Listen carefully to your teacher's question, so you can give an appropriate response.

> You can ask anything about computers, phones, TV, etc. here.

Du bist gerade bei deinem/deiner österreichischen Freund(in) zu Besuch angekommen.

1. Haus – Meinung
2. Dein Zimmer zu Hause – Beschreibung
3. !
4. Später – Aktivität
5. ? Technologie zu Hause

> Try including a qualifier, to add interest to your response.

> To talk about something you want to do later, use *Ich möchte* + infinitive.

 2 Practise what you have prepared. Take care with pronunciation and intonation.

 3 Using your notes, listen and respond to the teacher.

 4 Now listen to Millie performing the role play task.

B – Picture-based task

Topic: Daily life

Schau dir das Foto an und sei bereit, über Folgendes zu sprechen:

- Beschreibung des Fotos
- Deine Meinung zu Technologie am Tisch
- Was für Technologie du gestern zu Hause benutzt hast
- Deine Pläne für Technologie in Zukunft
- Was du am liebsten im Internet machst

 1 Look at the picture and read the task. Then listen to Bella's answer to the first bullet point.

1 Which person does Bella describe first?
2 How does she expand her answer?
3 What is her impression of the woman?

4 Write down <u>one</u> word or phrase that Bella uses to help give an impression rather than a fact.

2 **Listen to and read how Bella answers the second bullet point.**

1 Fill in the missing verbs.
2 Look at the Answer Booster on page 82. Note down <u>six</u> examples of what Bella does to produce a well-developed answer.

> Ich **1** _____, Technologie am Tisch **2** _____ schlecht. Meiner Meinung nach **3** _____ die Familienzeit eine wichtige Zeit und man **4** _____ miteinander **5** _____. Ich **6** _____ keine Technologie am Tisch. Ich **7** _____ für Computer, aber sie **8** _____ gar nicht gut am Frühstückstisch.

3 **Listen to Bella's answer to the third bullet point.**

1 Make a note in English of <u>three</u> things Bella used technology for yesterday.
2 Listen again and make a note in German of <u>three</u> time phrases you hear.

> ⭐ Mirror the tense of the question in your answer. If the teacher asks you about something you <u>did</u>, then you need to use a past tense.

4 **Listen to how Bella answers the fourth bullet point and look again at the Answer Booster. Note down examples of how she gives reasons for what she says.**

5 **Listen to Bella's answer to the fifth bullet point and note down <u>two</u> things she enjoys doing online.**

6 **Prepare your own answers to the five bullet points. Then take part in the full picture-based discussion with the teacher.**

C – General conversation

1 **Listen to Cam introducing his chosen topic. Write down the letters of the <u>three</u> correct statements.**

a Cam's home life is very important.
b He feels very secure at home.
c There are no arguments.
d He liked living in a flat.
e He always had to play indoors.
f They now have a small garden.

> ⭐ Collect a bank of time phrases to help your conversation in any topic flow more naturally: *jetzt, früher, in Zukunft, …*

2 **The teacher then asks Cam: *Und wie ist dein Zimmer?* Listen to how he develops his answer. What 'hidden questions' does he also answer?**

3 **Listen to how Cam answers the next question: *Was isst du später zu Hause?***

1 Look at the Answer Booster on page 82 and write down <u>three</u> examples of what he does to produce an impressive answer.
2 What reason does Cam give for not cooking?

4 **Prepare your own answers to Chapter 4 questions 1–6 on page 182, then practise with your partner.**

Answer Booster	Aiming for a solid level	Aiming higher	Aiming for the top
Verbs	**Different tenses**: past (perfect or imperfect), present, future	**Different persons of the verb** **Separable verbs**: *aufstehen, vorbereiten* **Reflexive verbs**: *sich langweilen, sich setzen* **Modal verbs**: *können, müssen*	**Two tenses to talk about the past** (perfect and imperfect) *sein* **in the imperfect**: *war …* **Separable verbs in the perfect tense**: *Ich habe (das Mittagessen) vorbereitet.*
Opinions and reasons	*Am liebsten …*	**Add more variety!** *Ich finde, …* *Ich liebe …*	**Expressions:** *Natürlich …* *Hoffentlich …*
Conjunctions	*und, aber, oder, denn*	*weil, wenn*	*…, dass (die Hausordnung streng ist)* *…, obwohl (meine Mutter das nicht mag)*
Other features	**Negatives**: *nie, nicht, kein(e)* **Qualifiers**: *ziemlich, besonders*	**Adjectives**: *hell, altmodisch, unordentlich* **Time phrases**: *gestern, zuerst, abends*	**Declined adjectives**: *mein tolles Zimmer, einen großen Garten* **Prepositions with accusative and dative**: *an den PC, auf dem Bett*

A – Short writing task

1 | lesen | Look at the task. What information do you need to give for each bullet point?

2 | lesen | Look at how Alice has responded to the task. Put the paragraphs in the order of the bullet points.

a Am Wochenende werde ich fernsehen, aber ich spiele nie Computerspiele.	**b** Ich liebe mein tolles Zimmer, denn es ist groß und hell.
c Ich stehe um sieben Uhr auf und ich frühstücke im Esszimmer.	**d** Zum Frühstück kann man bei uns Müsli mit Milch oder Spiegeleier und Wurst essen.

Sie fahren auf Austausch nach Deutschland. Ihre Gastfamilie will Informationen über Ihr Zuhause in Großbritannien.

Schreiben Sie eine formelle Antwort mit diesen Informationen:

- wie Ihr Zimmer ist
- wie Ihr Tagesablauf ist
- was man bei Ihnen essen kann
- Ihre Pläne für Technologie in den nächsten Tagen.

Schreiben Sie ungefähr 40–50 Wörter **auf Deutsch**.

⭐ One sentence per bullet point will get you to the 40–50 words target surprisingly quickly.

3 | lesen | Look at the Answer Booster. Note down <u>four</u> examples of language which Alice uses to develop her answer.

4 **Now write your own answer to the task.**

- Look at the Answer Booster and Alice's text for ideas.
- Aim to write about 10 words for each bullet point.
- Write your answer and then check carefully what you have written.

> Be accurate in your writing, remembering capital letters for all nouns and placing the main verb as the second idea in each sentence.

B – Extended writing task

 1 **Look at the task and answer these questions.**

- What is each bullet point asking you to do?
- Which tense(s) will you need to use to answer each bullet point?

 2 **Read Yusuf's answer to the task. What do the underlined words and phrases mean?**

> Note how Yusuf has included a question as well as statements, to add interest to his writing.

> Deine Freundin Marie kommt bald zu Besuch und möchte wissen, wie es bei dir ist. Schreib eine Antwort an Marie.
>
> Du **musst** diese Punkte einschließen:
>
> - wie die Hausordnung bei dir ist
> - warum du Technologie gern oder nicht gern benutzt
> - was deine Familie gestern gegessen hat
> - Pläne für Maries Besuch.
>
> Schreib ungefähr 80–90 Wörter **auf Deutsch**.

Ich wohne mit meiner Familie <u>in einem Wohnblock</u> am Stadtrand, <u>wo</u> es sehr ruhig ist. Ich finde, <u>dass</u> die Hausordnung ziemlich streng, <u>aber auch</u> fair ist.

<u>Zu Hause</u> chatte ich <u>am liebsten</u> mit Freunden online. Ich schreibe keine E-Mails, weil das <u>altmodisch</u> ist.

<u>Gestern</u> habe ich das Mittagessen vorbereitet. <u>Zuerst</u> haben wir Wurst mit Salat gegessen und <u>als Nachspeise</u> gab es Obst.

<u>Wenn</u> du auf Besuch bist, werden wir in die Stadt fahren und <u>wir können</u> ins Kino gehen. <u>Gehst du gern</u> einkaufen? Die Geschäfte im Stadtzentrum sind <u>besonders</u> gut, <u>finde ich</u>.

 3 **Look at the Answer Booster. Note down <u>six</u> examples of language which Yusuf uses to write a well-developed answer.**

 4 **Now write your own answer to the task in exercise 1. You can use ideas from Yusuf's answer, and from the Answer Booster, to help you.**

 Make sure that you:

- answer the question properly, covering all four bullet points
- clearly express ideas and opinions
- structure your writing clearly and logically in four short paragraphs.

How well does Yusuf's answer meet each of these criteria?

Wörter

Zu Hause — *At home*

das Arbeitszimmer	study
das Badezimmer	bathroom
der Dachboden	attic / loft
die Dusche	shower
das Esszimmer	dining room
die Garage	garage
der Garten	garden
die Küche	kitchen
das Schlafzimmer	bedroom
das Wohnzimmer	sitting room
der Flur	hall / corridor
Ich wohne (seit vier Jahren) …	I have been living … (for four years).
in einer Kleinstadt	in a small town
in einer Großstadt	in a city
in der Stadtmitte	in the town centre
am Stadtrand	on the outskirts of town / in the suburbs
auf dem Land	in the countryside
in einem Einfamilienhaus	in a detached house
in einer Doppelhaushälfte	in a semi-detached house
in einem Reihenhaus	in a terraced house
in einem Hochhaus	in a high-rise building
in einem Wohnblock	in a block of flats
Im Erdgeschoss gibt es …	On the ground floor there is …
Im (ersten) Stock gibt es …	On the (first) floor there is …
Wir haben keinen Tennisplatz.	We don't have a tennis court.
an / auf	on
hinter	behind
in	in
neben	next to
über	over
unter	under
vor	in front of
zwischen	between

Auf Austausch — *On an exchange visit*

Herzlich willkommen in (Deutschland)!	Welcome to (Germany)!
Wie geht's dir / Ihnen?	How are you?
Wie bitte?	Pardon?
Ich verstehe deine / Ihre Frage nicht.	I don't understand your question.
Hast du / Haben Sie Hunger?	Are you hungry?
Hast du / Haben Sie Durst?	Are you thirsty?
Kannst du / Können Sie bitte langsamer sprechen?	Can you speak more slowly, please?
Kannst du / Können Sie das bitte wiederholen?	Can you repeat that, please?
Was bedeutet ‚Hausschuhe'?	What does 'Hausschuhe' mean?
Wie heißt ‚Wi-Fi-Code' auf Deutsch?	How do you say 'WiFi code' in German?
Man muss in der Ruhezeit ruhig sein.	We must be quiet during 'quiet time'.
die Hausordnung	house rules
die Mittagsruhe	quiet time at midday
die Ruhezeit	quiet time
Man darf im Schlafzimmer keine laute Musik spielen.	We are not allowed to play loud music in the bedroom.
Man darf kein Instrument üben.	We are not allowed to practise an instrument.
Man darf nicht mit dem Ball spielen.	We are not allowed to play ball games.
Man darf nie das Auto vor der Garage waschen.	We are never allowed to wash the car in front of the garage.
Am Feiertag / Den ganzen Tag ist Ruhezeit!	On a bank holiday / The whole day it is quiet time!

Der Tagesablauf — *Daily routine*

an einem Schultag	on a school day
am Wochenende	at the weekend
täglich	daily
am Abend / Nachmittag	in the evening / afternoon
nach der Schule / dem Abendessen	after school / dinner
aufstehen	to get up
frühstücken	to have breakfast
abfahren	to leave
fernsehen	to watch TV
sich setzen	to sit down, take a seat
sich an den Computer setzen	to sit down at the computer
am Computer sitzen	to sit at the computer
sich amüsieren	to have a good time
sich langweilen	to be bored
sich mit Freunden treffen	to meet up with friends
… Stunden in der Schule verbringen	to spend … hours at school

Essen und trinken — *Eating and drinking*

Das Frühstück / Mittagessen / Abendessen / Abendbrot essen wir um …	We eat breakfast / lunch / dinner at …
Ich esse / Wir essen …	I eat / We eat …
auf der Terrasse	on the terrace / patio
bei uns im Esszimmer	at home in the dining room
auf dem Weg zur Schule	on the way to school
vor dem Fernseher	in front of the TV
Das hat … geschmeckt.	It tasted …
ekelhaft / schrecklich	disgusting / dreadful
köstlich / wunderbar / lecker	delicious / wonderful / tasty
salzig / süß / würzig	salty / sweet / spicy
auswählen	to choose
einkaufen	to buy, to shop
vorbereiten	to prepare
das Brot	bread
der Käse	cheese
die Kartoffelchips (pl)	crisps
die Suppe	soup
die Hauptspeise	main course
der Braten	roast (meat)
die Currywurst	sausage with curry sauce
der Fisch	fish
das Schnitzel	schnitzel / escalope
ein gemischter Salat	mixed salad
das Spiegelei(er)	fried egg
die Wurst	sausage
(mit) Kartoffeln / Reis / Pommes	(with) potatoes / rice / chips
die Nachspeise	dessert
das Eis	ice cream
das Gebäck	baked goods / pastries
der Keks(e)	biscuit
die Torte(n)	gâteau / flan
der Zucchinikuchen	courgette cake
der Pampelmusensaft	grapefruit juice
der Tee	tea
die (Voll-)Milch	(full-fat) milk

Obst und Gemüse / *Fruit and vegetables*

German	English	German	English
das Obst	*fruit*	die Zwiebel(n)	*onion*
das Gemüse	*vegetables*	der Apfel (Äpfel)	*apple*
die Gurke(n)	*cucumber*	die Banane(n)	*banana*
die Karotte(n)	*carrot*	die Birne(n)	*pear*
der Kohl(e)	*cabbage*	die Erdbeere(n)	*strawberry*
die Paprika(s)	*pepper*	die Orange(n)	*orange*
die Tomate(n)	*tomato*	der Pfirsich(e)	*peach*

Soziale Netzwerke und Technologie / *Social media and technology*

Wie kommunizierst du am liebsten?	*How do you most like to communicate?*	lustig	*funny*
Ich nutze soziale Netzwerke.	*I use social networks.*	unterhaltsam	*entertaining*
Ich simse (meinen Eltern).	*I text (my parents).*	wichtig	*important*
Ich sende E-Mails.	*I send emails.*	praktisch	*practical*
Ich telefoniere per Internet.	*I call via the internet.*	Das macht Spaß.	*That's fun.*
Ich rufe (meine Freunde) vom Handy an.	*I call (my friends) on my mobile.*	online / im Internet chatten	*to chat online*
Ich habe persönliche Gespräche.	*I have face-to-face conversations.*	im Internet surfen	*to surf online*
…, wenn …	*… if …*	Fotos hochladen	*to upload photos*
ich mich langweile	*I'm bored*	Musik herunterladen	*to download music*
ich mit meinen Freunden rede / spreche	*I talk to my friends*	der Bildschirm	*screen*
		der Desktop-PC	*desktop computer / PC*
ich spät bin	*I'm late*	die Digitalkamera	*digital camera*
ich unterwegs bin	*I'm on the way / out and about*	das Handy	*mobile phone*
Das ist …	*That is …*	der MP3-Player	*MP3 player*
nützlich	*useful*	der Streaming-Dienst	*streaming service*
		das Smart-TV	*smart TV*
		das Tablet	*tablet*
		die Konsole	*console*

Vor- und Nachteile der Technologie / *Advantages and disadvantages of technology*

Ich finde es positiv / negativ, dass …	*I find it positive / negative that …*	Man ist nicht so oft draußen aktiv.	*You're not active outside so often.*
Ein großer Vorteil der Technologie ist, dass …	*A big advantage of technology is that …*	Man findet Informationen schnell online.	*You find information quickly online.*
Ein großer Nachteil ist, dass …	*A big disadvantage is that …*	Das Internet führt manchmal zu Internet-Mobbing.	*The internet sometimes leads to cyberbullying.*
Es gibt Vorteile und Nachteile.	*There are advantages and disadvantages.*	Das persönliche Leben bleibt nie privat.	*Your personal life never stays private.*
einerseits	*on the one hand*	besonders	*especially*
auf der anderen Seite	*on the other hand*	extrem	*extremely*
Man langweilt sich nie.	*You never get bored.*	gar nicht	*not at all*
Man amüsiert sich sehr gut am Bildschirm.	*You entertain yourself very well on screen.*	sehr	*very*
Technologie ist extrem teuer.	*Technology is extremely expensive.*	total	*totally*
Man bleibt mit Leuten in Kontakt.	*You stay in contact with people.*	wirklich	*really*
		ziemlich	*quite*
		zu	*too*

- *Describing forms of transport and making a hotel booking*
- *Word order*

1 hören **Hör zu. Welche Verkehrsmittel benutzen sie gern? (1–6)**

Beispiel: **1** a + g

Ich fahre mit dem Auto.

Ich fahre mit der U-Bahn.

Ich fliege mit dem Flugzeug.

Ich fahre mit der Straßenbahn.

Ich fahre mit dem Zug.

Ich fahre mit dem Rad.

Ich fahre mit dem Bus.

Ich fahre mit der S-Bahn.

Ich gehe zu Fuß.

> **G** mit + dative — > Page 207
>
> The preposition *mit* (with) is always followed by the dative case.
>
> der Zug → mit **dem** Zug
> die Straßenbahn → mit **der** Straßenbahn
> das Auto → mit **dem** Auto
>
> ⚠ *Ich gehe **zu** Fuß.* I go on foot.

> ⭐ If you are talking about a Time, a Manner and/or a Place in a sentence, always put them in that order: *Ich fliege heute mit dem Flugzeug nach Peru!*

2 lesen **Lies die Texte. Welche Verkehrsmittel benutzen sie? Warum? Mach Notizen auf Englisch.**

Beispiel: **1** bus – practical

1 Ich fahre heute mit dem Bus nach Köln, weil das praktisch ist.

2 Ich fahre mit dem Zug nach Spanien, weil das schnell ist.

3 Ich muss jeden Tag zu Fuß zur Schule gehen, weil meine Eltern kein Auto haben.

4 Ich fahre oft mit der Straßenbahn zum Büro, weil sie immer pünktlich ist.

5 Ich bin gestern mit dem Rad in die Stadt gefahren, denn ich bin sehr fit.

6 Ich werde morgen zum ersten Mal mit der U-Bahn fahren. Das wird lustig sein!

> **G** Word order — > Page 216
>
> **Main clause**
> When there are two verbs (or parts of a verb construction) in a clause, make sure you put the correct verb in the correct place:
> *Ich **muss** zu Fuß **gehen**.*
> *Ich **bin** mit dem Rad **gefahren**.*
> *Ich **werde** mit der U-Bahn **fahren**.*
>
> **Subordinate clause**
> Remember that in subordinate clauses (e.g. after *weil*), the verb goes to the end:
> *Ich fahre mit dem Zug, weil das schnell **ist**.*

3 hören **Hör zu. Herr Ritter ruft beim Hotel zum Bergblick an. Was will er? (1–6)**

Beispiel: **1** e

der Parkplatz

(112) Euro pro Nacht

WLAN

⭐ Watch out for the two distractors!

das Restaurant

das Einzelzimmer

für (drei) Nächte

die Aussicht

das Doppelzimmer

Ⓖ Asking questions ❯ Page 214

Question words are vital when you want to find out information. Make sure you are familiar with them.

wann?	when?
was?	what?
wie?	how?
wie viel?	how much?
welch–?	which?
um wie viel Uhr?	at what time?
Möchten Sie …?	Would you like …?
Gibt es …?	Is / Are there …?

Ⓖ du / Sie register ❯ Page 192

When you are talking to an adult or an official at a railway station, hotel or shop, etc., use the *Sie* form to address the person. Only use *du* for conversations with a friend or someone your own age.

Sie: Entschuldigen Sie, *bitte.* / *Für wann* **möchten Sie** *das?*
du: Entschuldige, *bitte.* / *Für wann* **möchtest du** *das?*

⭐ Listen for tricky language, such as *WLAN*, which is pronounced *W(vay) + LAN*.

Numbers feature here, so listen very carefully to them and write the digits in the correct order: *hundert**neun**und**zwanzig** = 1**29**

4 hören **Hör dir die Reservierung an und sieh dir die Bilder (Aufgabe 3) noch mal an. Welches Bild ist das? Schreib andere Details auf, wenn möglich. (1–6)**

Beispiel: **1** h

5 sprechen **Partnerarbeit. Ruf bei der Hotelrezeption an. Mach Dialoge und ändere die Details.**

- ● *Hotel zur Post, guten Tag.*
- ■ *Guten Tag. Hier spricht Bayer. Ich möchte bitte ein* (**double room**) *reservieren.*
- ● *Für wann möchten Sie das* (**double room**) *reservieren?*
- ■ *Ich möchte das Zimmer für* (**two nights**) *vom* (**8th**) *bis* (**10th January**) *reservieren.*
- ● *Möchten Sie auch einen* (**parking space**) *reservieren?*
- ■ *Nein, danke, wir fahren mit dem Zug. Um viel Uhr ist das* (**restaurant**) *geöffnet?*
- ● *Das Restaurant ist von* (**08:00**) *Uhr bis* (**22:30**) *Uhr geöffnet.*
- ■ *Prima. Wie viel kostet das Zimmer, bitte?*
- ● *Ein* (**double room with breakfast**) *kostet* (**125**) *Euro pro Nacht.*
- ■ *Sehr gut. Ich freue mich auf den Besuch. Auf Wiederhören.*

Ich möchte (ein / zwei) Einzelzimmer / Doppelzimmer reservieren.
Ich möchte das / die Zimmer für eine Nacht / zwei Nächte vom (8. bis 10. Januar) reservieren.
Möchten Sie einen Parkplatz / ein Zimmer mit Aussicht reservieren?
Gibt es WLAN / ein Restaurant im Hotel?
Um wie viel Uhr ist das Restaurant geöffnet?
Um wie viel Uhr gibt es Frühstück?

- Discussing ways of travelling and buying train tickets
- Comparative and superlative adjectives

1 hören

Hör zu, lies den Dialog und sieh dir die Bilder an. Füll die Tabelle aus.

 a **b** **c** **d** **e**

paragraph	transport	reason
1 (Marek)	a (plane)	quicker (than train)

Alicja Kowalski · Marek Sadik · Ruben Engel · Lisl Lehmann

1 **Marek:** Also, wir fahren nach Wien in Österreich. Ich möchte mit dem Flugzeug fliegen. Das Flugzeug ist **schneller** als der Zug.

2 **Alicja:** Ja, aber auch teuer. Ich möchte mit dem Bus fahren, denn der Bus ist **billiger** als der Zug.

3 **Lisl:** Ja, aber die Busfahrt dauert 5,5 Stunden und das ist langweilig! Der Zug ist **besser** als der Bus.

4 **Ruben:** Alicja, deine Mutter ist Taxifahrerin. Vielleicht fährt sie uns mit dem Auto dorthin. Das Auto ist **bequemer** als der Bus.

Alicja: Du spinnst! Das Taxi ist zu klein!

5 **Marek:** Machen wir eine Radtour dorthin? Ein Rad ist **umweltfreundlicher** als die anderen Verkehrsmittel!

6 **Lisl:** Ja, aber Wien liegt über 400 Kilometer entfernt! Ich denke, wir fahren mit dem Zug, weil Züge **praktischer** als Flugzeuge, Busse, Autos und Fahrräder sind.

G Comparatives Page 211

To compare two things, add –er to the end of the adjective:
schnell → schnell**er**   quick → quick**er**
billig → billig**er**   cheap → cheap**er**

When comparing two or more items, use als for 'than':
Ein Rad ist billiger **als** ein Auto.
A bicycle is cheaper **than** a car.

Here are some irregular comparatives:
groß → gr**ö**ßer (big → bigger)
lang → l**ä**nger (long → longer)
nah → n**ä**her (near → nearer)
gut → **besser** (good → better)

2 schreiben

Vergleiche die Verkehrsmittel. Schreib sechs Sätze.

Busse Züge Flugzeuge Fahrräder Autos	sind	schneller billiger bequemer umweltfreundlicher praktischer besser	als	Taxis Züge Straßenbahnen U-Bahnen zu Fuß zu gehen

⭐ Use a dictionary to check the gender or plural of nouns. First look up the English word 'aeroplane' or go straight to Flugzeug if you know the word. Then select the German word to find out more about it:
das Flugzeug (sg./neut.)
die Flugzeug**e** (pl./neut.)

3 sprechen

Gruppenarbeit. Umfrage: Transportmittel.

- ● Wie fährst du gern (nach Spanien)?
- ■ Ich fliege gern mit dem Flugzeug. Flugzeuge sind schneller als Züge, finde ich.
- ▲ Ja, du hast recht. Wie fährst du gern (zur Schule)? …

 4 lesen **Alicjas Mutter ist im Reisebüro. Übersetze die fett gedruckten Wörter ins Englische.**

> **Frau Kowalski:** Meine Tochter fährt von München nach Wien. Wie fährt man da **am besten**?
>
> **Beamter: Am einfachsten** fährt man mit dem Zug, aber **am umweltfreundlichsten** fährt man mit dem Rad. **Am schnellsten** fliegt man mit dem Flugzeug, aber das ist **am teuersten**. **Am bequemsten** fährt man vielleicht mit dem Auto und für Teenager ist das **am wichtigsten**, finde ich.

⭐ Watch out for cities with different names in German and English, such as *München* (Munich) and *Wien* (Vienna).

Ⓖ *Superlatives* ❯ Page 211

To say something is 'the most ...', use *am* before the adjective and add *–(e)sten* to the end of the adjective:

schnell → **am** *schnell***sten**   quick → quick**est**
billig → **am** *billig***sten**   cheap → cheap**est**
wichtig → **am** *wichtig***sten**   important → **most** important

Be aware of irregular superlative adjectives:

groß → **am größten** (big → biggest)   *nah* → **am nächsten** (near → nearest)
lang → **am längsten** (long → longest)   *gut* → **am besten** (good → best)

---

 5 hören **Die vier Freunde sind am Münchener Hauptbahnhof. Hör zu und füll die Tabelle aus. (1–4)**

	Zug nach ...	Fahrkarte: einfach → hin und zurück ⇄	Abfahrt 🕐→	Gleis 🚆	Ankunft 🕐→I
1	Berlin	⇄	12:51 Uhr	22	19:18 Uhr

⭐ Timetable information is given with the 24-hour-clock, so you need to be confident with numbers up to 60.

dreizehn Uhr zweiunddreißig = 13:32 Uhr

---

 6 sprechen **Partnerarbeit. Mach Dialoge und ändere die Details.**

● *Guten Tag. Kann ich Ihnen helfen?*
■ *Guten Tag. Ja, ich möchte eine Fahrkarte nach (Berlin) haben, bitte.*
● *Einfach oder hin und zurück?*
■ *(Hin und zurück), bitte. Wann fährt der nächste Zug ab?*

● *Der nächste Zug fährt um (12 Uhr 51) ab.*
■ *Von welchem Gleis?*
● *Vom Gleis (22).*
■ *Und wann kommt der Zug an?*
● *Der Zug kommt um (19 Uhr 18) an.*
■ *Vielen Dank!*

---

7 schreiben **Du fährst mit dem Zug. Schreib die Reisedetails (Aufgabe 5) auf.**

Beispiel: 1 Ich fahre mit dem Zug nach Berlin. Der Zug fährt um 12:51 Uhr vom Gleis 22 ab und kommt um 19:18 Uhr an. (Ich finde Züge bequemer und umweltfreundlicher als Autos. ...)

● *Describing accommodation and associated problems*
● *Using the demonstrative article* dieser

1 lesen **Lies die Texte und sieh dir die Bilder (a–e) an.**
Wer möchte (nicht) gern hier übernachten?

DIE UNTERKUNFT
★★★★★

Ruben *Ich möchte in diesem Hotel übernachten, weil es hier ein tolles Freibad und eine Sauna gibt.*

Alicja *Ich möchte lieber in diesem Gasthaus wohnen, weil es billiger als das Hotel ist.*

Lisl *Ich möchte am liebsten in dieser Ferienwohnung oder in dieser Jugendherberge wohnen, weil sie näher am Stadtzentrum liegen.*

Marek *Ich möchte gar nicht gern auf diesem Campingplatz übernachten, weil das sicher am lautesten und unbequemsten ist.*

2 hören **Hör zu und sieh dir die Bilder in Aufgabe 1 noch mal an. Herr und Frau Acker diskutieren die Unterkunft. Welches Bild ist das (a–e)? Und was sagen sie darüber? Mach Notizen auf Englisch. (1–5)**

Beispiel: **1** d – practical, closer to centre

⭐ Listen for key words here – first refresh your memory of the German words for the types of accommodation in exercise 1, then listen carefully for them!

Ⓖ **dieser/diese/dieses/diese (this/these or that)** ❯ *Page 203*

The demonstrative article follows the same pattern as the definite article (*der, die, das, die*).

	nominative	accusative	dative
masc.	dies**er**	dies**en**	dies**em**
fem.	dies**e**	dies**e**	dies**er**
neut.	dies**es**	dies**es**	dies**em**
pl.	dies**e**	dies**e**	dies**en**

In exercise 1, *dieser*, *diese* and *dieses* are used in the dative case after the prepositions *in* and *auf* (no movement):
in **dieser** *Ferienwohnung*; *auf* **diesem** *Campingplatz*.

3 sprechen **Gruppenarbeit. Diskussion: Die Unterkunftsauswahl.**

● *Wo möchtest du am liebsten übernachten?*
■ *Ich möchte am liebsten in diesem Hotel übernachten. Es ist bequemer als der Campingplatz, denke ich.*
▲ *Ja, aber es ist teurer als die Jugendherberge.*
◆ *Du hast recht. Ich möchte am liebsten in diesem Gasthaus übernachten.*

Ich möchte … übernachten.
  auf diesem Campingplatz
  in dieser Ferienwohnung / Jugendherberge
  in diesem Hotel / Gasthaus
Es gibt …
  einen Computerraum / Spieleraum
  eine gute Aussicht
  ein Freibad
Er / Sie / Es ist …
  praktisch / ideal / laut / schön / (un)bequem

4 lesen **Lies die Texte. Sind sie positiv (P), negativ (N) oder positiv und negativ (P+N)?**

Traum- oder Alptraumurlaub?

1 Das Zimmer war klein und schmutzig. Es waren lange Haare in der Dusche. Ich habe eine Maus unter dem Bett gesehen. Ich war total unzufrieden und ich werde nie wieder in diesem Hotel übernachten. *Walter v. F. aus Graz*

2 Dieses Gasthaus war sehr altmodisch und es gab kein WLAN. Es gab auch keinen Parkplatz und das war problematisch. Auf der anderen Seite war das große Zimmer bequemer als normal. Das Frühstück war am besten, weil es immer frische Brötchen gab. *Ingrid D. aus Bonn*

3 Ich habe in dieser Ferienwohnung übernachtet, aber sie war schrecklich. Es gab den ganzen Tag viel Lärm und das war am schrecklichsten. Ich bin zu einer Jugendherberge gegangen. Glücklicherweise hatten sie noch Zimmer frei. *Lisl aus München*

4 Wir haben auf diesem Campingplatz schlecht geschlafen, weil unser Zelt neben dem Spieleraum war. Jede Nacht haben wir den Fernseher und die Discomusik gehört. Dieser Lärm war extrem ärgerlich und wir werden nie wieder hier übernachten. *Familie Klein aus Frankfurt*

der Alptraum = nightmare

5 lesen **Lies die Texte noch mal. Welche Unterkunft ist das?**

Beispiel: **1** guest house

1 There was no Wi-Fi.
2 I had to change accommodation.
3 There was a mouse.
4 The breakfast was excellent.
5 The shower was dirty.
6 It was noisy at night.

6 sprechen **Partnerarbeit. Wer hat in der schrecklichsten Unterkunft übernachtet?**

● *Ich habe eine Maus im Restaurant gesehen.*
■ *Das ist nicht so schlimm. Ich habe eine Maus im Restaurant gesehen und das Bett war total unbequem.*
● *...*

Ich habe	in diesem Hotel auf diesem Campingplatz	übernachtet.
Das Zimmer war	klein / groß. (un)bequem. schmutzig.	
Es gab	(k)einen Spieleraum / Computerraum. (kein) WLAN / (k)ein Freibad. viel Lärm.	
Es waren Haare in der Dusche. Ich habe eine Maus (unter dem Bett / im Restaurant) gesehen. Jede Nacht habe ich die Discomusik gehört.		
Ich werde (nie) wieder hier übernachten.		

7 schreiben **Wähl eine Unterkunft aus Aufgabe 1 aus und beschwer dich darüber.**

• Describe your impression of the accommodation when you arrived.
• Say whether you would like to stay there again.

Ich habe / Wir haben ... Dieses Hotel war ... Es gab ...
Das war ... Ich möchte / werde ... Nächsten Sommer ...

- *Asking for and understanding directions to sights in Vienna*
- *Using imperatives*

1 Hör zu. Füll die Tabelle auf Englisch aus. (1–4)

	name	☺	reason	☹	reason
1	Alicja	b	film festival	…	…

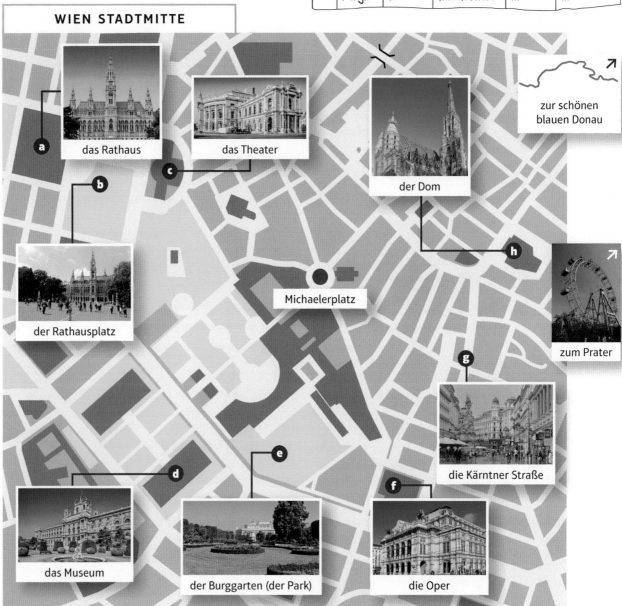

WIEN STADTMITTE

a — das Rathaus

c — das Theater

der Dom

zur schönen blauen Donau

b — der Rathausplatz

Michaelerplatz

zum Prater

g — die Kärntner Straße

d — das Museum

e — der Burggarten (der Park)

f — die Oper

2 Partnerarbeit. Sieh dir deine Antworten aus Aufgabe 1 an und wähl eine Person aus.

- ● *Ruben, möchtest du lieber zum Park oder zur Kärntner Straße gehen?*
- ■ *Ich möchte am liebsten … gehen, aber ich möchte nicht gern … gehen. Lisl, möchtest du lieber …?*

☆ Use *gern* ♥, *lieber* ♥♥ and *am liebsten* ♥♥♥ to give your preference.

G zu + *dative case*   ❯ Page 207

Always use a dative ending with *zu*:
zu + *der* → zu **dem (zum)** Rathausplatz
zu + *die* → zu **der (zur)** Oper
zu + *das* → zu **dem (zum)** Museum

3 lesen **Lies die Wegbeschreibungen. Übersetze sie mit Hilfe eines Wörterbuchs ins Englische. Für wen sind die Wegbeschreibungen geeignet?**

Beispiel: **1** Go right here. (one or more adults)

1 Gehen Sie hier rechts.
2 Geh an der Ecke links.
3 Geht geradeaus.
4 Geh an der Kreuzung rechts.
5 Gehen Sie bis zur Ampel.
6 Nimm die zweite Straße links.
7 Überqueren Sie den Platz.
8 Fahren Sie mit der U-Bahn-Linie 1 dorthin.
9 Fahr mit dem Bus.
10 Es ist auf der rechten Seite.

> **G** *Imperatives* **> *Page 201***
>
> Use imperatives to give commands, but make sure you use them in the correct register: *du* (to a friend), *Sie* (to an adult or adults) and *ihr* (to friends).
>
> *gehen* (to go)
> ***du*** *gehst* → ~~du gehst!~~ → **geh!** Go!
> ***Sie*** *gehen* → **gehen Sie!** Go!
> ***ihr*** *geht* → ~~ihr geht!~~ → **geht!** Go!
>
> Watch out for irregular *du* forms:
> *du nimmst* → **nimm!** Take!
> *du fährst* → **fahr!** Drive!

4 schreiben **Wähl drei Wegbeschreibungen aus Aufgabe 3 aus. Ändere das Register. (*du → Sie / Sie → du*)**

5 hören **Hör zu. Schreib den Zielort und die Wegbeschreibung auf. (1–8)**

Write the destination and the directions.

Beispiel: **1** zum Park: Gehen Sie hier rechts.

6 sprechen **Partnerarbeit. Sieh dir den Stadtplan in Aufgabe 1 an. Du bist am Michaelerplatz. Wie kommt man dorthin? Tauscht zwischen den *du*- und *Sie*-Formen.**

● *Entschuldigen Sie, bitte, wie komme ich am besten zur Oper?*
■ *Gehen Sie hier geradeaus. Gehen Sie dann rechts.*

> Entschuldige, bitte. / Entschuldigen Sie, bitte.
> Wo ist der/die/das …?
> Wie komme ich am besten zum/zur …?

7 lesen **Lies den Auszug aus *Das Kinder-Sicherheitsbuch* über Straßensicherheit und beantworte die Fragen auf Englisch.**

Split this word in two. *Verkehr* is also part of the word *Verkehrsmittel*, which you know.

Regeln für Fußgänger im Straßenverkehr

• Geh so weit wie möglich entfernt vom Verkehr auf dem Bürgersteig.
• Geh ruhig über die Straße. Renn nicht.
• Schau beim Überqueren der Straße stets nach links, dann nach rechts und noch einmal nach links. Wenn kein Auto kommt, überquer zügig die Straße.
• Benutz möglichst Ampeln oder Zebrastreifen.
• Überquer immer nur bei Grün die Straße.
• Renn nicht zwischen oder hinter parkenden Autos auf die Straße.

This is where you walk, well away from *Verkehr*, so what is it?

This means *immer*.

This is a synonym for *schnell*.

This is the superlative form of *möglich* (possible). It means 'if at all possible'.

Make sure you know your prepositions – what do these two mean?

1 Who are these rules for?
2 What must you <u>not</u> do when you cross the road?
3 What should you do before you cross the road?
4 What should you use to cross the road?
5 When should you cross the road?
6 Where should you never cross the road?

- *Ordering at a restaurant*
- *Present tense of* wollen

1 lesen **Wo wollen Ruben, Lisl, Marek und Alicja essen? Schreib es auf Englisch auf.**

Lisl *Ich will im Café Sacher eine Tasse heiße Schokolade mit Sahne trinken, weil das typisch wienerisch ist. Das ist teuer, aber köstlich!*

Ruben *Ich will im Schnellimbiss ein Wiener Schnitzel mit Pommes essen. Ich habe das gestern gegessen und es hat lecker geschmeckt.*

Marek *Meine Eltern wollen oft in der Kneipe ein Bier trinken, aber wir sind zu jung dafür! Sie essen dort gern Bockwurst mit Senf und das ist lecker.*

Alicja *Ich will heute in diesem Restaurant hier essen. Ich habe Hunger – kommt mit!*

2 hören **Hör zu und sieh dir die Speisekarte an. Wer will was? (1–6)**

Beispiel: **1** 3

G wollen (to want) 〉 *Page 194*

To say what you want to do, use the correct form of the modal verb *wollen* with an infinitive verb at the end:

Ich **will** *im Schnellimbiss* **essen.** I want to eat at the snack bar.

ich will	*wir wollen*
du willst	*ihr wollt*
er/sie/es/man will	*sie/Sie wollen*

Restaurant zum Steffl

Als Vorspeise
1	Kartoffelsuppe	€4,00
2	Rindsuppe	€4,90
3	Wursteller	€5,90
4	Gefüllte Champignons	€5,20

Als Hauptspeise
5	Tagesgericht: Braten (Kalb)	€23,50
6	Lammrücken	€12,50
7	Wiener Schnitzel vom Schwein	€13,50
8	Gemüsestrudel (hausgemacht)	€12,90

Als Beilage: 9   Salat   10   grüne Bohnen
              11   Sauerkraut   12   Pommes

Als Nachspeise
13	Sachertorte mit Sahne	€7,50
14	Apfelstrudel mit Vanillesoße	€6,00
15	Eissorten (Vanille, Schoko, Erdbeere)	€3,00

Getränke
16   Fruchtsäfte
17   Weine
18   Biere vom Fass

3 hören **Hör zu und sieh dir die Speisekarte noch mal an. Schreib die Bestellungen auf Englisch auf. Wie viel kostet das? (1–6)**

Write the orders in English. How much does it cost?

Beispiel: **1** (2) beef soup = €4,90

⭐ Notice that when speaking to the waiter, the customers use *ich möchte* instead of *ich will*. Just as in English, it is more polite to say 'I would like' than 'I want'.

Gruppenarbeit. Immer etwas Anderes bestellen!

● *Was möchten Sie?*

■ *Einmal Gemüsestrudel, bitte. Und Sie?*

▲ *Ich möchte (zweimal) … Sind Sie so weit?*

◆ *Ja, ich möchte / will … essen.*

Man beschwert sich im Restaurant zum Steffl. Sieh dir die Bilder an. Was ist die richtige Reihenfolge?

Sehr geehrtes Restaurant-Team,

gestern Abend habe ich in Ihrem Restaurant gegessen. Das Abendessen war schrecklich und ich will mich jetzt darüber beschweren. Ich habe die Rindsuppe als Vorspeise bestellt, aber der Löffel – **er** war total schmutzig! Die Suppe hat mir gar nicht geschmeckt, weil **sie** zu salzig war. Wir haben ein Bier bestellt, aber leider war ein Haar in meinem Glas. Das war total unappetitlich. Als Hauptspeise habe ich das Schnitzel bestellt, aber **es** war kalt. Meine Freundin hat das Tagesgericht bestellt, aber **es** war zu würzig. Als Beilage hatten wir Pommes. **Sie** waren sehr fettig. Außerdem war der Tisch in der Ecke und es gab keine Aussicht.

Ich werde dieses Restaurant nicht empfehlen.

Mit freundlichen Grüßen,
Thomas W.

> **sich darüber beschweren** = to complain about it
> **das Tagesgericht** = daily special
> **fettig** = greasy

Im Restaurant. Hör zu und füll die Tabelle auf Englisch aus. (1–6)

	problem	verdict
1	table with no view	find another restaurant

> ⭐ German has three different words for 'it', depending on the gender of the noun:
>
> masc. *der Löffel* → **er** *war schmutzig* (it was dirty)
> fem. *die Suppe* → **sie** *war salzig* (it was salty)
> neut. *das Schnitzel* → **es** *war kalt* (it was cold)
>
> The plural form (they) is always *sie*:
> **sie** *waren sehr fettig* (they were very greasy).

Partnerarbeit. Im Restaurant. Gib zwei Probleme und eine Meinung!

● *Guten Abend.*

■ *Guten Abend. Wir möchten bitte 🍽 für 👪.*

● *Ja, natürlich, kommen Sie bitte her.*

■ *Ach nein. Dieser Tisch hat 🪟.*

● *Oh, das tut mir leid, …*

[…]

● *Hat's geschmeckt? Alles in Ordnung?*

■ *Nein, das Essen war 🍟 und 🌶.*

● *Das tut mir leid.*

■ *Ich möchte mich beschweren!*

> Wir möchten bitte einen Tisch für (vier) Personen.
> Der Tisch hat keine Aussicht.
> Der Tisch ist in der Ecke / zu klein.
> Der Tisch / Dieser Löffel ist sehr schmutzig.
> Es ist ein Haar in diesem Salat.
> Dieser Wurstteller war sehr fettig.
> Das war (unappetitlich / zu würzig / zu salzig).
>
> Ich möchte mich beim Manager beschweren.
> Ich werde (die Suppe) nicht bezahlen.
> Wir werden in ein anderes Restaurant gehen.
> Ich werde dieses Restaurant nicht empfehlen.

● *Shopping for souvenirs*
● *Nominative and accusative adjective endings (after der and dieser)*

1 **Hör zu. Was kosten die Wiener Andenken? Kaufen die Freunde sie oder nicht? (1–6)**

Beispiel: **1** b – €12,50 ✓

In einem Wiener Andenkenladen

der preiswert**e** Schmuck

die grün-weiß gestreift**e** Tasse

die lecker**en** Kekse

der bunt**e** Kuli

die klein**e** Brieftasche

das schön**e** Tischtuch

2 **Lies die Sprechblasen. Füll die Tabelle auf Englisch aus.**

	item	description	where bought	problem
Marek	wallet	small	department store	broken

G *Adjective endings after the definite and demonstrative article (der and dieser)*　　> Page 209

	nominative endings	accusative endings
masc.	der / dieser preiswert**e** Schmuck	den / diesen preiswert**en** Schmuck
fem.	die / diese klein**e** Brieftasche	die / diese klein**e** Brieftasche
neut.	das / dieses schön**e** Tischtuch	das / dieses schön**e** Tischtuch
pl.	die / diese lecker**en** Kekse	die / diese lecker**en** Kekse

Marek Ich habe diese kleine Brieftasche im Kaufhaus gekauft, aber sie ist schon kaputt.

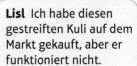
Lisl Ich habe diesen gestreiften Kuli auf dem Markt gekauft, aber er funktioniert nicht.

Ruben Ich habe dieses rote T-Shirt im Einkaufszentrum gekauft, aber es ist zu klein.

3 **Vervollständige die Sätze.**

1 Dies＿＿ schön＿＿ Schmuck ist toll!
2 Dies＿＿ lecker＿＿ Bonbons schmecken echt gut!
3 Was kosten diese＿＿ bunt＿＿ Kulis?
4 Ich finde dies＿＿ gestreift＿＿ Brieftasche praktischer.
5 Wo hast du dies＿＿ blau＿＿ Tischtuch gekauft?

Alicja Ich habe diese leckeren Kekse im Souvenirladen gekauft, aber ich habe sie schon alle aufgegessen!

4 hören **Hör zu und lies den Dialog. Beantworte die Fragen auf Englisch.**

Alicja:	Entschuldigen Sie, bitte. Ich suche ein T-Shirt als Geschenk für meinen Bruder.
Verkäufer:	Welche Größe?
Alicja:	Klein.
Verkäufer:	Welche Farbe mag dein Bruder?
Alicja:	Seine Lieblingsfarbe ist blau.
Verkäufer:	Dieses blaue T-Shirt ist sehr preiswert.
Alicja:	Ja, aber es ist zu kurz. Haben Sie andere T-Shirts?
Verkäufer:	Ja, natürlich. Diese gestreiften T-Shirts sind momentan sehr beliebt. Sie sind auch im Sonderangebot.
Alicja:	OK, ich nehme das gestreifte T-Shirt in Klein. Vielen Dank. Oh, warten Sie mal. Dieses T-Shirt hat ein Loch.
Verkäufer:	Entschuldigung. Hier, nimm bitte dieses T-Shirt.

1 Who is the item for?
2 What size does Alicja need?
3 Why does the salesperson recommend the blue T-shirt?
4 What is wrong with the blue T-shirt?
5 For what two reasons does the salesperson recommend the striped T-shirt?
6 What is the problem with the striped T-shirt?

⭐ The T-shirt is described as having a *Loch*. What could this be – a tear, a hole, a mark? A Scottish loch is a lake, i.e. a 'water-filled hole'.

Im Sonderangebot is an expression meaning 'on special offer'.

5 hören **Hör zu. Füll die Tabelle auf Englisch aus. (1–4)**

	item for	size/age	suggestion	problem
1	sister			

6 sprechen **Partnerarbeit. Im Kaufhaus. Benutze den Dialog aus Aufgabe 4 als Hilfe.**

● *Entschuldigen Sie, bitte. Ich suche (ein Sweatshirt) als Geschenk für (meine Schwester).*
◼ *Welche Größe hat (sie)?*
● *(Sie) ist (klein / groß / neun Jahre alt).*
◼ *Wir haben diese … oder …*
● *…*

⭐ Vary your language by describing different items of clothing, sizes and colours. What might be wrong with each item?
• *teuer*
• *schmutzig*
• *altmodisch*
• *lang / kurz*

7 schreiben **Übersetze die Sätze ins Deutsche.**

You can use *wollen* or *möchten* here – the infinitive goes to the end of the sentence.

1 I love this shop.
2 The biscuits are extremely tasty.
3 I want to buy this pretty mug for my mother.
4 I bought this yellow T-shirt, but it is too big.
5 I will buy these gifts tomorrow.

Don't miss out the qualifier here. If you can't remember the word, use a synonym such as 'very' or 'totally'.

Check you have the correct adjectival endings – look again at the grammar feature on page 96.

Which tense does 'tomorrow' trigger?

- *Describing problems*
- *Using dative pronouns*

1 lesen **Lies die Sprechblasen. Was ist los? Beschreib jedes Problem auf Englisch.**

1 Mir ist schwindelig.

Ruben ist mit der Achterbahn gefahren.

3 Das war toll, aber mir ist jetzt schlecht!

Alicja ist mit dem Monza Gokart gefahren.

2 Mir ist kalt.

Lisl ist mit der Wildalpenbahn gefahren.

4 Ich bin zu oft hingefallen! Der Arm tut mir weh

Marek war auf dem Trampolin.

2 hören **Hör zu. Was ist los? Wähl das richtige Bild für jede Person aus. (1–5)**

Beispiel: **1** d

 **a**
 **b**
 **c**
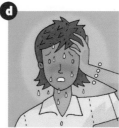 **d**
 **e**

G *Dative pronouns* ❯ *Page 205*

German often uses dative pronouns where English does not:

mir *ist kalt / heiß* (**to me** is cold / hot → I am cold / hot)
mir *ist schwindelig* (**to me** is dizzy → I am dizzy)
der Arm tut **mir** *weh* (the arm **to me** hurts → my arm hurts)

Here are some other useful dative expressions:

mir *ist es egal* (**to me** it is equal → I don't mind)
mir *tut es leid* (**to me** it is sorry → I am sorry)
mir *geht es gut* (**to me** it goes good → I am well)

---

3 schreiben **Vervollständige die Sätze.**

1 Wie geht es dir? [ ] geht es gut, danke.
2 Ich habe keine Jacke mit – [ ] ist sehr kalt.
3 Es tut mir [ ], aber ich habe dein Buch vergessen.
4 Mir ist [ ]. Darf ich ein kaltes Getränk haben?
5 Ich bin hingefallen und jetzt tut [ ] das Bein weh.

4 hören **Hör zu. Im Informationsbüro im Prater. Wer hat welches Problem? Was müssen sie machen? (1–6)**

Beispiel: **1** e – iii

Mir ist schlecht.

Ich bin auf dem Bürgersteig gefallen.

Ich habe meine Schlüssel verloren.

Sie müssen / Du musst ...
i ins Restaurant gehen
ii zum Fundbüro gehen
iii zur Polizeiwache gehen
iv ins Krankenhaus gehen
v zur Apotheke gehen
vi zum Geldautomaten gehen

Ich habe kein Geld.

Ich möchte einen Handy-Diebstahl melden.

Mir ist kalt.

 5 sprechen **Partnerarbeit. Im Informationsbüro im Prater. Was ist los?**

● *Guten Tag. Kann ich Ihnen helfen?*
■ *Guten Tag. (Ich habe meine Schlüssel verloren.)*
● *Oh, das tut mir leid. Sie müssen (zum Fundbüro gehen).*
■ *Wo ist (das Fundbüro), bitte?*
● *Gehen Sie (rechts und dann geradeaus). (Es ist auf der linken Seite.)*
■ *Vielen Dank.*

⭐ Look back to Unit 3 to remind yourself how to give directions using the imperative.

 6 schreiben **Du hast gestern einen Tagesausflug zum Prater gemacht. Schreib eine E-Mail an deine Familie, um den Tag zu beschreiben.**

• Wie bist du zum Prater gefahren?
• Was hast du dort gemacht?
• Was für ein Problem hattest du dort?
• Möchtest du in Zukunft wieder zum Prater fahren? Warum (nicht)?

⭐ Draw on the language from all units of this chapter to describe your day out to the Prater. You could write about what and where you ate, what the food was like, even about the souvenirs you bought. Don't forget to give an opinion about everything you mention!

Kulturzone
Im Prater findet man das berühmte und historische Riesenrad aus dem Jahr 1897. Man findet auch moderne Attraktionen in diesem wunderbaren Freizeitpark – der Spaß beginnt hier!

1 lesen **Lies diesen Blog von Leon.**

Letzten Sommer bin ich mit meiner Familie nach Prag gefahren. Diesen Sommer will ich mit Freunden wegfahren, aber da wir wenig Geld haben, müssen wir uns zuerst einen Campingplatz suchen, weil das billiger als ein Hotel ist.

Zu Ostern fährt meine Freundin Zita mit ihrer besten Freundin nach München, während ihre Eltern nach Spanien fahren. Ihre Freundin findet, es ist nicht zu teuer mit dem Bus zu fahren, aber Zita will lieber mit dem Zug fahren, weil das schneller und bequemer ist.

Die Mädchen haben keine freien Zimmer in der Stadtmitte gefunden. Sie haben also Betten in einer Jugendherberge gebucht. Aber jetzt meinen sie, sie möchten lieber in einem Gasthaus übernachten, also müssen sie morgen zum Reisebüro gehen. **Leon**

Wähl die richtige Antwort aus.

Beispiel: **1** C

1 Leon ist mit seiner Familie …
- **A** zu Hause geblieben
- **B** schwimmen gegangen
- **C** in Urlaub gefahren
- **D** Ski gefahren

2 Im Urlaub mit Freunden muss Leon …
- **A** viel bezahlen
- **B** alles planen
- **C** ein Hotel buchen
- **D** zelten

3 Zita …
- **A** macht eine Städtereise
- **B** fährt auf Familienurlaub
- **C** fährt zur spanischen Küste
- **D** fährt allein in den Urlaub

4 Zita will nicht …
- **A** weit wegfahren
- **B** fliegen
- **C** mit der Bahn fahren
- **D** mit dem Bus fahren

5 Zita und ihre Freundin haben schon …
- **A** für die Unterkunft bezahlt
- **B** eine Unterkunft im Zentrum gebucht
- **C** eine Unterkunft reserviert
- **D** ein Doppelzimmer reserviert

6 Sie haben jetzt …
- **A** andere Zimmer gefunden
- **B** andere Ideen für die Unterkunft
- **C** die Unterkunft verloren
- **D** das Reisebüro besucht

2 lesen **Read the extract from the text. The author is describing the churches in Vienna.**

Im Reiche des goldenen Apfels by Evliya Çelebi

Die Stadt Wien hat viele einfache und doppelte Kirchtürme. Es gibt dreihundertsechzig Kirchen und Klöster in Wien und insgesamt vierhundertsiebzig Glockentürme!

Wenn die Mittagsstunde kommt, läutet zuerst die große Uhr des Stephansdoms. Und sofort beginnen dann die Glocken von allen Türmen der Stadt mit einem Schlag zu läuten. Es ist ganz erstaunlich, wie genau die Uhren alle auf derselben Uhrzeit funktionieren.

Wenn bei uns in der Türkei jemand zwei Uhren besitzt, so geht bestimmt eine davon um mindestens eine Minute und zwei Sekunden vor oder nach. Die kunstvollen Uhren auf den Kirchtürmen von Wien hingegen beginnen alle zugleich wie mit einem Schlag zu läuten.

Answer the following questions **in English.** You do not need to write in full sentences.

a How many churches and cloisters does Vienna have?
b Which building is the first to signal midday?
c What is special about the clocks in Vienna?
d What is different about Turkish clocks?

3 lesen

Translate this passage into English.

> Sie macht gern mit Freunden Städtereisen. Zuerst geht sie immer zum Dom. Sie fährt am liebsten mit dem Zug, weil das bequem ist. Letzten Sommer ist sie nach Belgien gefahren. Nächste Woche wird sie nach Berlin fliegen.

> ⭐ Have you translated every word? Don't miss out the time expressions – they need to appear in your version of the text.

4 hören

Stefan and Nils are discussing their restaurant choice for when their exchange partners visit. What do they look for in a restaurant? Complete the sentences. Use the correct words from the box.

specialities	cold drinks	~~staff~~	vegetarian dishes
set menus	meat dishes	fish dishes	takeaways

a Stefan values _staff_ and …
b Nils values … and …

5 hören

Du hörst einen Bericht im Internet über Uschis Sommerferien. Wie findet sie alles? Trag entweder teuer, wunderbar, langweilig oder wichtig ein. Du kannst jedes Wort mehr als einmal verwenden.

Beispiel: Die Reise ins Ausland ist _wunderbar_ .

a Uschi findet Geld sparen …
b Uschi findet die Urlaubsplanung …
c Letztes Jahr war der Urlaub …
d Uschi findet Radtouren …
e Uschi findet das Meer …

> ⭐ Discard adjectives which don't fit each sentence to limit your choice for the correct answer.

6 hören

While in Germany, you hear this report on the radio about holidaymakers and their complaints. Listen to the information and answer the following questions in English.

a How do we know the main complaint is not new?
b Name two common complaints.
c How are complaints different this year?

die Beschwerde(–n) = complaint

> ⭐ Make sure you give two details for the second question – don't throw valuable marks away!

A – Role play

1 *lesen* **Look at this role play card and prepare what you are going to say.**

> ⭐ This is a formal situation where you are talking to an adult you do not know – use the *Sie* register.

Topic: Travel and tourist transactions

You are at the station buying tickets. Your teacher will play the role of the assistant and will speak first.

You must address the assistant as *Sie*.
You will talk to the teacher using the five prompts below.

- where you see – **?** – you must ask a question
- where you see – **!** – you must respond to something you have not prepared

> You are asking for train tickets here, so you must mention how many you want and where you are travelling to.

> Make sure you know the question words in German – they will help you with the role play.

Sie sind am Bahnhof. Sie kaufen Fahrkarten.
1. Fahrkarten nach Salzburg – wie viele
2. Abfahrt – wann
3. **!**
4. Meinung – Zugreise
5. **?** Fahrkarten – Preis

> Avoid just repeating part of the unexpected question, without actually answering it! Listen carefully to what is asked.

> Any opinion about train travel will do here – it is relaxing, it is cheaper than a plane, I like trains … you decide!

> Be polite in a formal situation, and end your question with *bitte*.

2 *sprechen* **Practise what you have prepared. Take care with pronunciation and intonation.**

3 *hören* **Using your notes, listen and respond to the teacher.**

4 *hören* **Now listen to Oli performing the role play task.**

> ⭐ Use your preparation time to think about train station vocabulary. What sorts of things might crop up? Day, time, number of tickets?

B – Picture-based task

Topic: Town, region and country

Schau dir das Foto an und sei bereit, über Folgendes zu sprechen:

- Beschreibung des Fotos
- Deine Meinung zu Verkehrsmitteln
- Eine Städtereise letztes Jahr
- Welche Stadt du nächstes Jahr besuchen willst
- Was du bei einer Städtereise gern machst

1 **hören**

Look at the picture and read the task. Then listen to Mae's answer to the first bullet point.

1 What aspect of the photo does Mae focus on first?
2 What <u>three</u> forms of transport does she refer to?
3 How does she expand her answer?
4 Write down <u>four</u> verbs she uses in the present tense.

> ⭐ Use *wahrscheinlich* (probably) and *vielleicht* (perhaps) when you are not sure of a fact about the photo, but would like to give your interpretation of it.

 2 **hören**

Listen to and read how Mae answers the second bullet point.

1 Fill in the gaps.
2 Look at the Answer Booster on page 104. Note down <u>three</u> examples of what Mae does to produce a well-developed answer.

> ⭐ Build a collection of ways to give your opinion: *Ich meine / finde* and *Meiner Meinung nach* (+ verb next).

Ich **1** [____] immer gern mit dem Rad, weil das für mich am **2** [____] ist. Ich finde Autos schrecklich, denn sie sind **3** [____] und schmutzig. Ich meine, es ist viel besser, mit **4** [____] Zug oder mit dem Bus zu fahren. Leider haben wir **5** [____] Straßenbahn in meiner Stadt, aber ich denke, sie **6** [____] am besten.

 3 **hören**

Listen to Mae's answer to the third bullet point.

1 Make a note in English of <u>three</u> details that she gives.
2 Can you work out the meaning of *leider* from the context?

 4 **hören**

Listen to how Mae answers the fourth bullet point. What reason does she give for choosing her city?

5 **hören**

Listen to Mae's answer to the fifth bullet point and note down examples of how she gives her opinion.

6 **sprechen**

Prepare your own answers to the five bullet points. Then take part in the full picture-based discussion with the teacher.

C – General conversation

1 **hören**

Listen to Mohamed introducing his chosen topic. In which order does he mention the following?

a travelling by bus
b going on holiday with friends
c having fun
d opinion of sightseeing
e going to a theme park
f flying to Spain

2 **hören**

**The teacher then asks Mohamed: *Wo übernachtest du am liebsten auf einer Städtereise?*
Listen to how he develops his answer. What 'hidden questions' does he also answer?**

3 **hören**

**Listen to how Mohamed answers the next question: *Hast du Pläne für eine andere Reise?*
Look at the Answer Booster on page 104. Write down <u>three</u> examples of what he does to produce an impressive answer.**

 4 **sprechen**

Prepare your own answers to Chapter 5 questions 1–6 on page 183, then practise with your partner.

Answer Booster	Aiming for a solid level	Aiming higher	Aiming for the top
Verbs	**Different tenses**: past (imperfect and perfect), present and future	**Different persons of the verb** **Modal verbs**: *können* **Separable verbs**: *abfahren, aussteigen*	**Two tenses to talk about the past** (perfect and imperfect) ***sein* in the imperfect**: *war …*
Opinions and reasons	*gern / lieber / am liebsten*	**Add more variety:** *besser / am besten* *Ich denke, …* *Ich meine, …* *Ich finde, …*	**Expressions:** *Im Großen und Ganzen …* *Das wird total schön sein!* *Ich finde das wichtig.* *Meiner Meinung nach …*
Conjunctions	*und, aber, oder, denn*	*weil, wenn*	**Different tenses:** *…, denn (sie hat so viel Spaß gemacht)*
Other features	**Negatives**: *nicht, kein(e), nie* **Qualifiers**: *echt, wahrscheinlich, vielleicht*	**Adjectives**: *wunderbar, berühmt, billig* **Comparative and superlative adjectives**: *besser, leckerer, am besten, am liebsten* **Time phrases**: *dieses Mal, am ersten Tag, nächstes Jahr*	**Declined adjectives:** *die berühmten Sehenswürdigkeiten* **Dative pronouns**: *Mir (ist schlecht).*

A – Picture-based task

1 Look at the picture and the task. Write your answer, checking carefully what you have written.

> Du bist im Urlaub. Du postest dieses Foto online für deine Freunde.
>
> Beschreib das Foto **und** schreib deine Meinung über Souvenirs kaufen.
>
> Schreib ungefähr 20–30 Wörter **auf Deutsch**.

> ⭐ Make sure you write about both the photo itself **and** your opinion of buying souvenirs. Think about the following:
>
> • Where is the place shown in the photo?
> • Who is in the photo?
> • Do you enjoy buying souvenirs, or not?
>
> Remember to keep your sentences short but accurate.

B – Translation

1 schreiben **Übersetze ins Deutsche.**

> Remember that there are two verbs for 'to go' in German. Which one do you need here?

> Put the verb in second position – not the word for 'never'.

a I am going to Austria.
b My brother never flies by plane.
c The youth hostel is cheaper than the hotel.
d Last week we ate sausage and chips in a restaurant.
e I bought this wallet because it was very colourful.

> Use the correct comparative form.

> Make sure you form the perfect tense using the 'we' form of *haben*.

> Check your word order if using *weil*.

C – Extended writing task

1 lesen **Look at the task and answer these questions.**

- What is each bullet point asking you to do?
- Which tense(s) will you need to use to answer each bullet point?

Dein Freund Markus möchte wissen, wie deine letzte Städtereise war. Schreib eine Antwort an Markus.

Du **musst** diese Punkte einschließen:

- was du gegessen hast
- wie die Reise war
- was du bei einer Städtereise gern oder nicht gern machst und warum
- deine Pläne für nächstes Jahr.

Schreib ungefähr 80–90 Wörter **auf Deutsch**.

2 lesen **Read Ellie's answer to the task. What do the underlined phrases mean?**

Ich bin nach Italien gefahren und das Essen <u>hat wunderbar geschmeckt</u>. Die Pizzas waren <u>leckerer als</u> zu Hause und die Eissorten waren fantastisch.

Ich fliege immer <u>am liebsten</u> in eine Stadt, aber wir sind <u>dieses Mal</u> mit dem Zug gefahren. Das war <u>viel billiger</u>.

<u>Am ersten Tag</u> mache ich gern eine Stadtrundfahrt mit dem Bus. So <u>kann</u> man die berühmten Sehenswürdigkeiten <u>sehen</u>. Wenn mir im Bus schlecht ist, <u>steige</u> ich schnell <u>aus</u>!

<u>Im Großen und Ganzen</u> finde ich Städtereisen <u>echt wunderbar</u>. Nächstes Jahr werden wir zum Freizeitpark in der Nähe von Köln fahren. Das <u>wird total schön sein</u>!

3 lesen **Look at the Answer Booster. Note down <u>six</u> examples of language which Ellie uses to write a well-developed answer.**

4 schreiben **Now write your own answer to the task in exercise 1. You can use ideas from Ellie's answer, and from the Answer Booster, to help you.**

> ⭐ • Do not use up all your words on the first bullet point; spread the 80–90 words among the four bullet points.
> • Try to include a variety of forms of the verb and not just *ich*.
> • Try to include comparative and superlative adjectives.

Wörter

Verkehrsmittel
Ich fahre …
    mit dem Zug / Bus / Auto /
    Rad
    mit der U-Bahn / S-Bahn /
    Straßenbahn

Forms of transport
I travel …
    by train / bus / car / bike

    by underground / urban railway /
    tram

Ich fliege (mit dem Flugzeug).
Ich gehe zu Fuß.

I fly.
I go on foot. / I walk.

Fragen stellen
wann?
was?
wie?
wie viel?

Asking questions
when?
what?
how?
how much?

welch–?
um wie viel Uhr?
Möchten Sie …?
Gibt es …?

which?
at what time?
Would you like …?
Is / Are there …?

Hotelzimmer reservieren
Ich möchte … reservieren.
    ein Einzelzimmer
    zwei Doppelzimmer
für eine Nacht
für zwei Nächte vom 8. bis 10.
    Januar
Möchten Sie … reservieren?
    einen Parkplatz
    ein Zimmer mit Aussicht

Booking hotel rooms
I would like to reserve …
    a single room
    two double rooms
for one night
for two nights from 8 to 10
    January
Would you like to reserve …?
    a parking space
    a room with a view

Gibt es WLAN / ein Restaurant
    im Hotel?
Wann ist das Restaurant
    geöffnet?
Um wie viel Uhr gibt es
    Frühstück?

Is there Wi-Fi / a restaurant in
    the hotel?
When is the restaurant open?

What time is breakfast?

Komparative
bequemer
besser
billiger
größer
länger
langsamer

Comparatives
more comfortable
better
cheaper
bigger
longer
slower

näher
praktischer
schneller
teurer
umweltfreundlicher
lieber

nearer
more practical
quicker
more expensive
more environmentally friendly
prefer

Superlative
am besten
am bequemsten
am billigsten
am einfachsten
am größten
am längsten

Superlatives
best
most comfortable
cheapest
easiest
biggest
longest

am nächsten
am schnellsten
am teuersten
am umweltfreundlichsten
am wichtigsten
am liebsten

nearest
quickest
most expensive
most environmentally friendly
most important
like the most

Fahrkarten kaufen
Ich möchte eine Fahrkarte
    nach Berlin, bitte.
Einfach oder hin und zurück?
Wann fährt der nächste Zug ab?
Der Zug fährt um 12:51 Uhr ab.

Buying train tickets
I'd like a ticket to Berlin, please.

Single or return?
When does the next train leave?
The train leaves at 12:51.

Von welchem Gleis?
Vom Gleis 22.
Wann kommt der Zug an?
Der Zug kommt um 19:18 Uhr
    in Berlin an.

From which platform?
From platform 22.
When does the train arrive?
The train arrives in Berlin at 19:18.

Ferienunterkunft
das Hotel(s)
das Gasthaus(–häuser)
die Ferienwohnung(en)
die Jugendherberge(n)
der Campingplatz(–plätze)
Ich möchte … übernachten.
    auf diesem Campingplatz
    in dieser Ferienwohnung
    in dieser Jugendherberge
    in diesem Hotel / Gasthaus
Es gibt …
    einen Computerraum
    einen Spieleraum
    eine gute Aussicht
    eine Sauna
    ein Freibad
Er/Sie/Es ist …
    praktisch
    ideal
    laut
    schön

Holiday accommodation
hotel
guest house / bed and breakfast
holiday apartment
youth hostel
campsite
I would like to stay …
    on this campsite
    in this holiday apartment
    in this youth hostel
    in this hotel / guest house
There is …
    a computer room
    a games / play room
    a good view
    a sauna
    an open-air swimming pool
It is …
    practical
    ideal
    noisy
    lovely

Ich habe (in diesem Hotel)
    übernachtet.
Das Zimmer war …
    klein
    groß
    (un)bequem
    schmutzig
Es gab …
    kein WLAN
    viel Lärm
Es waren Haare in der Dusche.
Ich habe eine Maus … gesehen.
    unter dem Bett
    im Restaurant
Jede Nacht habe ich die
    Discomusik gehört.
Ich werde (nie) wieder hier
    übernachten.

I stayed (in this hotel).

The room was …
    small
    big
    (un)comfortable
    dirty
There was …
    no Wi-Fi
    a lot of noise
There were hairs in the shower.
I saw a mouse …
    under the bed
    in the restaurant
I heard the disco music every night.

I will (never) stay here again.

Wegbeschreibungen — Directions

Entschuldige, bitte. / Entschuldigen Sie, bitte.	Excuse me, please.
Wo ist der / die / das …?	Where is the …?
Wie komme ich zu …?	How do I get to …?
Fahr / Fahren Sie …	Go … [using a vehicle]
mit dem Bus	by bus
mit der U-Bahn-Linie 1	by underground line 1
Geh … / Gehen Sie …	Go … [walking]
rechts / links / geradeaus	right / left / straight on
bis (zum Dom) …	until (the cathedral) …
über …	over …
an der Ecke rechts	right at the corner
an der Kreuzung links	left at the crossroads
Nimm / Nehmen Sie …	Take …
die erste / zweite Straße links	the first / second road on the left
Überquer / Überqueren Sie …	Cross …
die Ampel(n)	the traffic lights
die Kreuzung	the crossroads
den Platz	the square
Es ist auf der (rechten) Seite.	It's on the (right).
das Museum (Museen)	museum
das Rathaus(–häuser)	town hall
das Theater(–)	theatre
der Dom	cathedral
der Rathausplatz(–plätze)	town hall square
die Oper(n)	opera house

Essen — Eating

die Kneipe(n)	pub, bar
das Café(s)	café
das Restaurant(s)	restaurant
der Schnellimbiss(e)	snack bar
die Vorspeise(n)	starter
die Hauptspeise(n)	main course
die Nachspeise(n)	dessert
das Tagesgericht	daily special
die Beilage(n)	side dish
das Getränk(e)	drink
die Champignons	mushrooms
der Gemüsestrudel	vegetable strudel
die Kartoffelsuppe	potato soup
der Lammrücken	rump of lamb
die Rindsuppe	consommé / beef soup
das Sauerkraut	sauerkraut (pickled cabbage)
der Wursteller	cold sausage platter
das Wiener Schnitzel	breaded schnitzel / escalope
der Apfelstrudel	apple strudel
die Eissorte	ice cream flavour
die Sachertorte	Sacher torte
das Bier (vom Fass)	(draught) beer
der Fruchtsaft	fruit juice
der Wein	wine

Im Restaurant — In the restaurant

Wir möchten bitte einen Tisch für vier Personen.	We would like a table for four people.
Der Tisch …	The table …
hat keine Aussicht	doesn't have a view
ist in der Ecke	is in the corner
ist zu klein	is too small
Dieser Löffel ist sehr schmutzig.	This spoon is very dirty.
Es ist ein Haar in diesem Salat.	There is a hair in this salad.
Dieser Wursteller war sehr fettig.	This sausage platter was very fatty.
Das war …	That was …
unappetitlich	unappetising
zu würzig / salzig	too spicy / salty
Ich möchte mich beschweren.	I would like to complain.
Ich werde (die Suppe) nicht bezahlen.	I won't pay for (the soup).
Wir werden in ein anderes Restaurant gehen.	We will go to another restaurant.
Ich werde dieses Restaurant nicht empfehlen.	I will not recommend this restaurant.

Einkaufen — Shopping

der Kuli(s)	ballpoint pen
der Schmuck	jewellery
die Brieftasche(n)	wallet
die Tasse(n)	mug / cup
das Tischtuch(–tücher)	table cloth
die Kekse (pl)	biscuits
der Markt (Märkte)	market
der Souvenirladen(–läden)	souvenir shop
der Andenkenladen(–läden)	souvenir shop
das Kaufhaus(–häuser)	department store
das Einkaufszentrum(–zentren)	shopping centre
Ich suche ein Geschenk.	I'm looking for a present.
Welche Größe?	What size?
klein / mittel / groß	small / medium / large
Welche Farbe mag er?	Which colour does he like?
Seine Lieblingsfarbe ist (rot).	His favourite colour is (red).
bunt	multi-coloured
(grün-weiß) gestreift	(green and white) striped
preiswert	inexpensive
teuer	expensive
altmodisch	old-fashioned
beliebt	popular
kaputt	broken
kurz	short
lang	long
schmutzig	dirty
im Sonderangebot	on special offer
… funktioniert nicht	… doesn't work
… hat ein Loch	… has a hole

Probleme unterwegs — Problems out and about

Mir ist schlecht.	I feel ill.
Mir ist schwindelig.	I feel dizzy.
Mir ist kalt / heiß.	I feel cold / hot.
Der Arm tut mir weh.	My arm hurts.
Mir geht es gut.	I'm well.
Ich bin gefallen.	I fell over.
Ich habe meine Schlüssel verloren.	I have lost my keys.
Ich habe kein Geld.	I don't have any money.
Ich möchte einen Handy-Diebstahl melden.	I'd like to report a mobile phone theft.
Sie müssen / Du musst …	You must …
zum Restaurant gehen	go to the restaurant
zum Fundbüro gehen	go to the lost property office
zum Geldautomaten gehen	go to the cash point
zur Polizeiwache gehen	go to the police station
zur Apotheke gehen	go to the chemist's
ins Krankenhaus gehen	go to hospital

- *Talking about popular holiday destinations*
- *Using* nach, in *and* an *to say where you are going to*

1 lesen Sieh dir die Wörter und den Kompass an.
Füll die Lücken aus.

der Süden	der Nordwesten
der Nordosten	der Osten
der Westen	der Norden
der Südosten	der Südwesten

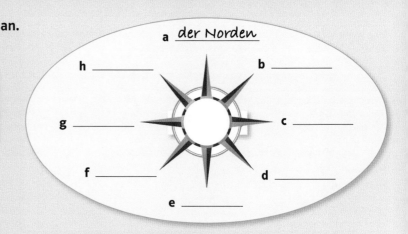

a *der Norden*
b _____
c _____
d _____
e _____
f _____
g _____
h _____

2 lesen Sieh dir die Grafik an. Wie heißen die beliebten Reiseziele auf Englisch?
Wo sind sie auf den Landkarten? (a–i)

Beispiel: Ostsee – Baltic Sea = d

Ziele im Inland   **Ziele im Ausland**

Die beliebtesten Reiseziele
Wohin fahren die Deutschen in Urlaub?

37% ins Inland   63% ins Ausland

Ziele im Inland:		Ziele im Ausland:	
8,1%	Ostsee	14,4%	Spanien
7,1	Bayern	6,9	Italien
6,2	Nordsee	6,7	Türkei
3,0	Baden-Württemberg	4,0	Österreich
		3,0	Kroatien

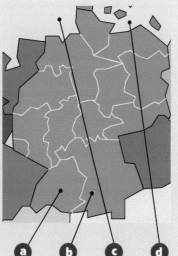
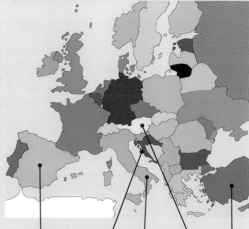

a b c d   e f g h i

3 hören Hör zu und überprüfe deine Antworten aus Aufgabe 2. (1–9)

4 sprechen Gruppenarbeit. Sieh dir die Landkarten in Aufgabe 2 an.
Wo ist das?

- *Wo ist Bayern?*
- *Bayern ist im Südosten von Deutschland.*
- *Wo ist Italien?*
- *Italien ist im Süden von Europa.*

⭐ The points of the compass are masculine in German. The definite article (*der*) changes to *dem* when it is used with *in* to say where something is located: *in dem (im) Norden*.

If you want to say 'in the middle', it's *in der Mitte*; for example, *in der Mitte von Deutschland*.

5 lesen **Lies den Bericht. Wie heißen die fett gedruckten Wörter auf Englisch?**

Urlaubsziele: Wohin fahren die Deutschen dieses Jahr?

Reiseexpertin Petra Hendricks schreibt …

Jedes Jahr machen Millionen von Deutschen Urlaub. Die Ostsee ist ein sehr beliebtes Reiseziel, denn viele Menschen fahren gern **ans Meer**. Bayern ist aber auch beliebt. In Bayern kann man **in den Wald** oder **in die Berge** fahren, oder vielleicht **an einen See**.

Sehr viele Menschen fahren gern ins Ausland, vor allem **nach Spanien** oder **nach Italien**. Die Deutschen fahren dort gern **an die Küste** und gehen **an den Strand**. Viele Leute fahren gern **in die Türkei**. Auch Österreich und Kroatien sind beliebt.

die Ostsee = Baltic Sea
beliebt = popular

6 lesen **Lies den Bericht noch mal. Beantworte die Fragen auf Englisch.**

1 Why is the Baltic Sea a popular holiday destination?
2 What is on offer in Bavaria? (<u>three</u> details)
3 Which <u>two</u> foreign countries are particularly popular destinations?
4 What attracts German tourists to foreign countries? (<u>two</u> details)
5 Which other <u>three</u> countries are popular?

7 hören **Hör zu und beantworte die Fragen auf Englisch.**

1 Which of the following places is <u>not</u> mentioned?
  a sea   b forest   c mountains   d beach   e Italy
2 Where is a good place to visit if you like the sea?
3 Where is a good place to visit if you like the forest?
4 Why is Austria the perfect destination for the speaker? (<u>two</u> details)

8 schreiben **Schreib eine E-Mail über dein Lieblingsurlaubsziel.**

- Wohin fährst du gern in Urlaub? *Ich fahre sehr gern (nach Italien / an die Küste / …).*
- Wo ist das? *Das ist im (Nordosten) von (England).*
- Wohin bist du letztes Jahr gefahren? *Ich bin letztes Jahr (in die Türkei / in die Berge / …) gefahren.*
- Wohin möchtest du in Zukunft fahren? *Ich möchte in Zukunft (an die Ostsee / …) fahren.*

---

 nach, in and an > Page 207

In German there are several different ways of saying 'to'.

- For countries, federal states, cities and towns, use **nach**:
  *Ich fahre **nach** Deutschland, er fährt **nach** Bayern, wir fahren **nach** Berlin.*
  Be careful of these common exceptions:
  *Ich fahre **in die** Türkei, sie fahren **in die** USA.*

- For lakes, rivers and seas, use **an** plus the accusative form of the definite article:
  *Ich fahre **an den** Bodensee, **an den** Rhein, **an die** Ostsee, **an das (ans)** Meer.*

⭐ As well as for lakes, rivers and seas, **an** is also used when saying 'to the beach' or 'to the coast': *an den Strand, an die Küste*. Note that in German, to say 'to the mountains' or 'to the woods', you use **in**: *in die Berge, in den Wald.*

⭐ Look up the names of any countries or tourist destinations you don't know.

1 Das Wetter

Kulturzone

Hitzefrei

In Deutschland ist es im Sommer oft heiß, besonders in den Großstädten und im Süden. Wenn es morgens sehr heiß ist (>28°C), dürfen die Schülerinnen und Schüler nach Hause gehen.

Schneefrei

Im Osten und im Süden von Deutschland kann es im Winter extrem kalt sein. Schülerinnen und Schüler dürfen zu Hause bleiben, wenn es viel Schnee und Eis gibt.

1 | **hören** **Hör zu, lies die Wetterberichte und sieh dir die Bilder (a–i) an. Wie ist das Wetter heute? (1–6)**

Beispiel: **1** Hamburg – c, b

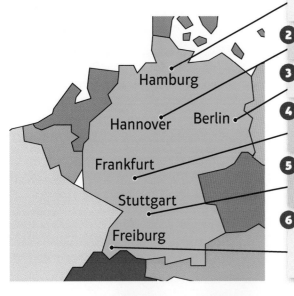
Hamburg
Hannover Berlin
Frankfurt
Stuttgart
Freiburg

1 Ich bin in Hamburg, im Norden von Deutschland. Es gibt hier ein Gewitter und es hagelt.

2 Hier in Hannover ist es sonnig und die Temperatur ist 21 Grad.

3 Ich bin in Berlin im Osten, wo es heute sehr neblig ist.

4 In Frankfurt ist es nicht so schön; der Himmel ist grau, es ist wolkig und ziemlich kalt. Die Temperatur ist 11 Grad.

5 Im Süden von Deutschland, in Stuttgart, ist es windig und es regnet auch. Das ist nicht schön.

6 Im Südwesten von Deutschland ist es immer warm, oder? Nein, heute nicht! In Freiburg ist es frostig und es schneit auch! Ich hoffe, es wird morgen sonnig sein.

a die Wolken   **b** der Hagel   **c** das Gewitter   **d** die Sonne   **e** der Schnee

f der Regen   **g** der Wind   **h** der Nebel   **i** der Frost

2 | **hören** **Hör die Wettervorhersage an und sieh dir die Bilder noch mal an. Füll die Tabelle auf Deutsch aus. (1–5)**

	Wo?	Wetter heute?	Wetter morgen?
1	Bayern	a	

Heute	ist es heiß / kalt / sonnig / windig / wolkig / neblig / frostig.	
	hagelt / regnet / schneit	es.
	gibt es ein Gewitter.	
Die Temperatur ist (15) Grad.		

Morgen	wird es heiß / windig / neblig	sein.
	wird es hageln / regnen / schneien.	
	wird es ein Gewitter geben.	
Die Temperatur wird (11) Grad sein.		

3 **Partnerarbeit. Diskussion: Das Wetter**

- ● *Wie ist das Wetter heute?*
- ■ *Heute ist es sonnig, aber ziemlich windig.*
- ● *Wie wird das Wetter morgen sein?*
- ■ *Morgen wird es neblig sein.*

4 **Lies die Blogs. Welche Jahreszeit ist das?**

 1 Meine Lieblingsjahreszeit ist der ▯▯▯▯▯. Ich finde Schnee und Frost sehr schön. Die Nächte werden kalt, aber meine Wohnung ist warm.

 2 Ich habe im März Geburtstag. Ich liebe den ▯▯▯▯▯, denn das Wetter wird besser und die Tage werden länger. Ab und zu scheint die Sonne.

 3 Meine Lieblingsjahreszeit ist der ▯▯▯▯▯, weil ich die Sonne mag. Die Tagen werden sehr heiß und die Blumen sind so schön.

 4 Ich liebe den ▯▯▯▯▯. Die Blätter sind rot und orange. Die Tage werden kürzer, aber das ist kein Problem. Wind und Nebel sind OK.

Frühling

Sommer

Herbst

Winter

5 **Wähl einen Text aus Aufgabe 4 aus und übersetze ihn ins Englische.**

6 **Hör zu und füll die Tabelle auf Englisch aus. (1–4)**

Carolin   Lara   Eduard   Julius

	name	favourite season?	why?	weather?
1	Lara	spring		

7 **Partnerarbeit. Diskussion: Deine Lieblingsjahreszeit.**

- ● *Was ist deine Lieblingsjahreszeit?*
- ■ *Meine Lieblingsjahreszeit ist der …, denn …*
- ● *Wie ist das Wetter?*
- ■ *Das Wetter ist oft … Die Tage werden (länger / …).*

8 **Beschreib deine Lieblingsjahreszeit. Benutze zur Hilfe Aufgabe 4.**

> **G** **werden *in the present tense***
>
> As well as being used with the infinitive of another verb to form the future tense (e.g. es **wird** regnen (it **will** rain)), **werden** can be used in the present tense to mean 'to become':
>
> *Das Wetter **wird** besser.*
> The weather **is becoming** better.
>
> *Die Tage **werden** länger.*
> The days **are becoming** longer.

> ☆ Try to use *werden* in the present tense in your answer:
>
> *Das Wetter wird heiß / kalt / sonnig / windig / frostig / besser / …*
>
> *Die Tage / Nächte werden länger / kürzer / …*

2 Dein Urlaubsstil

- *Discussing different types of holidays*
- *Developing an awareness of genitive prepositions*

1 hören **Hör zu. Welcher Urlaub gefällt den Jugendlichen? (1–6)**

> ⭐ Break compound nouns up into their component parts to help you work out their meaning.
>
> *Winter|urlaub = Winter + Urlaub* (winter holiday)

Ich mache gern …

Ich gehe gern …

a Strandurlaub **c** Abenteuerurlaub **e** Urlaub auf Balkonien

b Winterurlaub **d** Aktivurlaub **f** zelten

2 lesen **Lies und mach das Quiz.**

Was ist dein idealer Urlaub? Bist du im Urlaub gern aktiv oder chillst du lieber?

1
- **a** Ich mache gern Strandurlaub.
- **b** Ich mache lieber Winterurlaub.
- **c** Ich mache am liebsten Urlaub auf Balkonien.

2
- **a** Ich liege gern in der Sonne.
- **b** Ich bin sehr aktiv und sportlich.
- **c** Ich will nichts tun.

3
- **a** Ich schwimme sehr gern.
- **b** Ich langweile mich schnell.
- **c** Ich verbringe gern Zeit mit meinen Freunden.

Meistens a: Ein Strandurlaub in Südfrankreich ist für dich perfekt. Heißes Wetter, sonnige Tage und viel Zeit fürs Schwimmen!

Meistens b: Ein Winterurlaub in den Alpen ist optimal für dich. Dort kannst du Ski fahren und Snowboard fahren und vielleicht auch rodeln!

Meistens c: Ein Urlaub auf Balkonien macht auch Spaß. Du kannst Familie und Freunde besuchen und du wirst auch Zeit zum Chillen haben.

3 sprechen **Partnerarbeit. Diskussion: Dein Urlaubsstil.**

- ● *Was ist dein idealer Urlaub?*
- ■ *Ich mache sehr gern Strandurlaub.*
- ● *Warum?*
- ■ *Weil ich gern in der Sonne liege. Ich schwimme auch gern!*
- ● *Was für einen Urlaub machst du nicht gern?*

> ⭐ Adapt language to suit yourself:
> *Ich mache <u>nicht</u> gern Aktivurlaub, weil ich <u>nicht</u> sportlich bin.*

Ich mache (nicht) gern	Aktivurlaub Abenteuerurlaub Strandurlaub Sommerurlaub Winterurlaub Sightseeingurlaub Urlaub auf Balkonien	…, weil ich	(nicht) abenteuerlustig / sportlich / aktiv bin. (nicht) gern schwimme. (nicht) gern in der Sonne liege. (nicht) gern draußen bin. (nicht) gern Zeit mit der Familie / mit Freunden verbringe. mich schnell langweile. nichts tun will.
Ich gehe (nicht) gern	zelten		

4 lesen Lies die Werbungen. Was bedeuten die fett gedruckten Wörter?

1

Abenteuerurlaub in
Tirol

Während deines Urlaubs in den Bergen gibt es jeden Tag eine neue Aktivität. Du kannst:
- eine Raftingtour machen
- eine Canyoningtour machen
- **Achterbahn fahren**
- draußen grillen.

Alter: 14–21 Jahre

Übernachtung im Zelt oder **in einer Hütte**

Preis: ab €350 (**Voll- oder Halbpension**) 5 Tage

2

Strandurlaub und Party in
Bulgarien

Idealer Strandurlaub für junge Leute. **Wegen des schönen Wetters** könnt ihr:
- **im Meer** baden
- in der Sonne liegen
- abends am Strand tanzen.

Alter: 18+ Jahre

Preis: ab €390 (Übernachtung **im Zweibettzimmer**, ohne Frühstück)

3

Yoga am Meer

Machen Sie Yoga an einem schönen Naturstrand an der Ostsee. Allein oder mit Familie oder Freunden können Sie:
- einen Yogakurs machen
- **Wanderungen** am Strand machen
- **Fahrräder mieten**.

Preis: €400 (3 Tage)

Übernachtung in einem Luxushotel **außerhalb der Stadt**, inkl. **Frühstück**

5 lesen Lies die Werbungen noch mal. Welcher Urlaub ist das? Schreib 1, 2 oder 3.

1 You will combine relaxation with gentle exercise.
2 You can enjoy the local nightlife.
3 There is a choice of accommodation.
4 Breakfast is not included.
5 You can have a barbecue.
6 The holiday is suitable for single travellers.

G Genitive prepositions ⟩ Page 207

The following prepositions are used with the genitive case, which changes the form of the article (*a*, *the*, etc.):
außerhalb (outside), **innerhalb** (inside), **statt** (instead of), **trotz** (despite), **während** (during), **wegen** (because of).

masc.	während **des** Urlaubs* (during the holiday)
fem.	außerhalb **der** Stadt (outside the town)
neut.	wegen **des** Wetters* (because of the weather)
pl.	trotz **der** Touristen (despite the tourists)

*Note that masculine and neuter nouns end in **–s** (or **–es**) in the genitive case.

6 hören Hör zu. Welchen Urlaub haben sie gemacht und wie war er? Füll die Tabelle auf Deutsch aus. (1–3)

	Urlaub	🙂	🙁
1	Abenteuerurlaub in Tirol	Jugendliche waren aktiv und freundlich, …	

7 schreiben Schreib einen Blog und erzähl von einem Urlaub, den du gemacht hast.

Ich habe (im Juni) einen (Strandurlaub) in (Portugal) gemacht, weil ich …
Der Urlaub war (toll), denn (das Wetter / das Essen / der Strand) war … Ich habe jeden Tag …
Leider war … nicht so gut, denn …

Kulturzone

Sylt ist eine Insel in der Nordsee und ein beliebtes Urlaubsziel. Man kann nicht mit dem Auto hinfahren, aber man kann mit dem Auto auf einen Zug (den Sylt-Shuttle) fahren. Westerland ist ein Badeort und die größte Stadt auf der Insel. Am Strand kann man einen Strandkorb mieten.

***der Badeort** = seaside resort*

ein Strandkorb

1 Hör Max zu. Was gibt es auf Sylt (✓) und was gibt es nicht (X)?

Beispiel: a ✓, …

***das Festland** = mainland*

 a

 b

 c

 d

 e

 f

 g

 h

2 Hör noch mal zu. Finde die richtige Antwort.

1 Max geht in die Schule / zur Universität / zur Arbeit.
2 Auf Sylt gibt es nicht viel / nichts / viel zu tun.
3 Es gibt ein Stadion / ein Kino / eine Kirche.
4 Touristen kommen wegen der Berge / der Stadt / der Strände.
5 Es gibt keine / eine kleine / eine große Straße vom Festland bis auf die Insel.

3 Partnerarbeit. Sylt: Richtig oder falsch?
Benutze *ein* und *kein*. Sieh dir deine Antworten (Aufgabe 1) an.

● *Es gibt einen Flughafen auf Sylt.*
■ *Richtig. Es gibt keine Schule auf Sylt.*
● *Falsch! …*

G es gibt

Use *es gibt* with *ein* or *kein* (+ accusative case) to say what there is or isn't.

Es gibt	ein**en** kein**en**	*Flughafen / Bahnhof.*
	ein**e** kein**e**	*Autobahn / Schule / Universität.*
	ein kein	*Fußballstadion / Kino.*
	– kein**e**	*Touristen / Geschäfte / Strände.*

G es gab, es wird … geben

- The past tense of *es gibt* is *es gab*.
  Es gab einen Bahnhof. **There was** a train station.
  Es gab keine Autobahn. **There was** no motorway.

- The future tense of *es gibt* is *es wird geben*.
  Es wird ein Fußballstadion geben.
  There will be a football stadium.

4 lesen **Lies die Kommentare über Sylt. Wer erwähnt das (a–h)?**

❶ Meine Familie fährt jeden Sommer nach Sylt. Sylt ist ja schön, aber ich bin jetzt fünfzehn Jahre alt und ich möchte mehr erleben. Auf Sylt gibt es eine große Fußgängerzone mit vielen Geschäften, aber Einkaufen interessiert mich gar nicht. **Patrick, 15 Jahre alt**

eine Fußgängerzone = pedestrianised area

❷ Ich habe früher auf Sylt gewohnt. Als Kind war das Leben auf Sylt total gut. In Westerland gab es einen kleinen Kindergarten und eine Grundschule. Es gab auch ein Eiscafé mit leckerem Eis! Es gab aber im Winter nicht viel zu tun und das war ein bisschen langweilig. **Franziska, 23 Jahre alt**

❸ Mein Freund und ich haben letzten Sommer auf Sylt Urlaub gemacht. Es gab viele interessante Sehenswürdigkeiten und ein tolles Freibad. Es gab auch einen sehr guten Campingplatz. Die Insel war sehr ruhig, denn es gab nicht viele Autos und es gab auch keine großen Diskos! **Anna, 18 Jahre alt**

❹ Ich werde nächsten Sommer mit Freunden nach Sylt fahren. Wir werden mit dem Flugzeug fliegen, weil es auf der Insel einen Flughafen gibt. Es wird dort viele schöne Strände geben und in Zukunft wird es mehr Aktivitäten und gute Restaurants für Touristen geben. Ich hoffe aber, es wird keine neue Industrie geben. **Frank, 17 Jahre alt**

a   b   c   d   e   f   g   h

5 lesen **Lies die Kommentare und sieh dir die Bilder noch mal an. Schreib zu jedem Bild Vergangenheit (V), Gegenwart (G) oder Zukunft (Z).**

Beispiel: **a** V

6 hören **Hör zu. Man beschreibt eine Stadt in England. Welche <u>drei</u> Sätze sind richtig?**

Sportanlagen = sports facilities

1 The town is located in the centre of England.
2 The town offers good sports facilities.
3 The town has a new cinema.
4 The town is growing.
5 In the future there will be more shops.
6 Previously there was little industry in the town.

7 schreiben **Übersetze die Sätze ins Deutsche.**

Make sure you use the correct form of *ein / kein*.

This refers to the past, so is it *es gibt, es gab* or *es wird … geben*?

1 There is a school and a cinema.
2 In my town there is no train station.
3 There was a small airport.
4 There were no shops.
5 There will be a new stadium next year.

No change in German – *es gab* means 'there was' and 'there were'.

Be careful with word order – in German, the infinitive goes to the end of the sentence.

⭐ Use the correct endings for adjectives with *es gibt*:

masc.	*groß**en***	neut.	*groß**es***
fem.	*groß**e***	pl.	*groß**e***

*Es gibt **einen** neu**en** Bahnhof.*
*Es gab **kein** groß**es** Fußballstadion.*

- Assessing the advantages and disadvantages of where you live
- Using man sollte

1 lesen **Lies die Texte. Wie heißt das auf Deutsch? (1–6)**

Ich wohne auf einem Bauernhof. Der Vorteil ist die schöne Landschaft, aber der Nachteil ist, es gibt keine Buslinie bis in die Stadt. Man sollte mehr Busse außerhalb der Stadt haben.
Marie

Früher habe ich mit meinem Vater in einer Kleinstadt gewohnt. Ein großer Vorteil für mich: Es gab einen tollen Park mit Tennisplätzen. Es gab aber kein modernes Sportzentrum und das war ein Nachteil. Man sollte moderne Sportanlagen in einer Kleinstadt haben.
Eymen

Ich wohne in einem Dorf auf dem Land, aber in Zukunft werde ich in einer Hauptstadt oder einer Großstadt wohnen. Es wird viele Cafés und Kinos geben – so viele Vorteile! Es wird aber auch Nachteile geben, zum Beispiel den Lärm. Man sollte aber einmal im Leben in einer Hauptstadt leben!
Florian

der Lärm = noise

1 on a farm	**3** in a village
2 in a small town	**4** in the countryside

5 in a capital city
6 in a city

2 lesen **Lies die Texte (Aufgabe 1) noch mal. Schreib den richtigen Namen auf.**

Who thinks that …
1 towns should offer up-to-date sports facilities?
2 an attractive landscape is an advantage?
3 everyone should experience living in a capital city?
4 noise is a disadvantage?
5 rural areas should have better transport links?

G **man sollte**

To say what we (or 'one' or 'you') should do, use **man sollte** + infinitive:

Man **sollte** moderne Sportanlagen haben.
We **should** have modern sports facilities.

Man **sollte** in einer Hauptstadt leben.
One/You **should** live in a capital city.

---

3 hören **Hör zu. Mach Notizen für Niklas und Sarah. (1–2)**

	1 Niklas	2 Sarah
1 Where does he/she live?		
2 What are the advantages?		
3 What are the disadvantages?		
4 How should it be improved?		

⭐ Listen carefully for the key words: *Vorteil* (advantage), *Nachteil* (disadvantage) and *man sollte* …

4 lesen **Sieh dir die Poster an. Was passt zusammen?**

> You can use
> *man sollte* with a wide
> range of infinitive verbs.
> For example:
>
> *Man sollte ... **verbessern**.*
> We/You should **improve** ...
>
> *Man sollte ... **bauen**.*
> We/You should **build** ...
>
> *Man sollte ... **verbieten**.*
> We/You should **ban** ...

1 Man sollte Aktivitäten für Jugendliche haben, z. B. Kinos und Jugendklubs.

2 Man sollte Parkplätze am Stadtrand bauen.

3 Man sollte die öffentlichen Verkehrsmittel verbessern.

4 Man sollte mehr Fahrradwege haben.

5 Man sollte Autos in der Innenstadt verbieten.

6 Man sollte die Straßen sauber halten.

5 hören **Hör zu. Beantworte die Fragen für Pellworm und Tübingen auf Englisch. (1–2)**

1 What are the advantages of living here?
2 What are the disadvantages of living here?
3 How should life be improved?
4 Which photo is it?

6 sprechen **Partnerarbeit. Diskussion: Wo wohnst du?**

- Wo wohnst du? *(Ich wohne in einer Stadt / in einem Dorf / ...)*
- Gibt es Vorteile / Nachteile?
- Wie sollte man das Leben dort verbessern?

> Try to vary your language when talking about advantages and disadvantages:
>
> *Der Vorteil / Nachteil ist ...*
> *Ein großer Vorteil / Nachteil ist ...*
> *Es gibt viele Vorteile / Nachteile, zum Beispiel ...*

7 schreiben **Beschreib den Ort, wo du wohnst. Beantworte die Fragen in Aufgabe 6.**

Beispiel: Ich wohne in einem kleinen Dorf. Meiner Meinung nach ist ein großer Vorteil ..., aber ich finde ... Man sollte ...

1   **Read this email from Karl.**

> Ich mache diesen Winter Skiurlaub, weil ich gern draußen Sport treibe und aktiv bin. Ein Strandurlaub ist auch nichts für meinen Bruder! Das kalte Wetter und viel Schnee findet er echt toll. Im Februar fliegen wir nach Österreich und wohnen dort in einer kleinen Pension. Das findet mein Bruder bequemer als eine Jugendherberge.
>
> Normalerweise fahren wir mit dem Zug in Urlaub, also freue ich mich sehr auf diese Reise, denn ich fliege sehr gern.

Complete the gap in each sentence using a word from the box.
There are more words than gaps.

Example: Karl is ___sporty___ .

a   Karl prefers … holidays.
b   The … weather doesn't bother his brother.
c   They will stay in a …
d   They will travel by …
e   Karl will … the journey.

active	dislike	enjoy
lazy	guest house	plane
beach	~~sporty~~	summer
youth hostel	train	winter

2   **Lies diesen Artikel über Urlaubspläne.**

Umfrage: Was machst du in den Sommerferien?

Jenny (17) – Wentzinger-Gymnasium
Sie arbeitet drei Wochen, um ihren Urlaub zu bezahlen. Danach fährt sie für drei Wochen nach Spanien. Sie freut sich schon darauf.

Fabio (16) – Hans-Jakob-Realschule
Er fährt eine Woche mit Freunden nach Bayern. Er will sich entspannen und nicht an die Schule denken. Im September geht es natürlich wieder los!

Marta (13) – Hans-Jakob-Realschule
Sie fährt mit ihren Eltern in die Schweiz, um Urlaub zu machen. Sonst hat sie nicht viel vor, vielleicht etwas mit Freunden machen.

Semih (17) – Goethe-Gymnasium
Er tut auf jeden Fall erstmal nichts. Im Prinzip sollte er für sein Abi lernen, zuerst geht's aber vier Wochen in die Türkei. Meer, Sonne, Strand – es gibt nichts Besseres …

Wer macht was? Trag entweder Jenny, Fabio, Marta oder Semih ein.
Du kannst jeden Namen mehr als einmal verwenden.

Beispiel: ___Jenny___ hat einen Sommerjob.

a   … fährt mit seiner/ihrer Familie in Urlaub.
b   … sollte Schularbeit machen.
c   … will das Schuljahr vergessen.
d   … muss Geld verdienen.
e   … mag heißes Wetter.

3 lesen **Read the extract from the text. Two girls are discussing a possible holiday.**

Kein Wort zu Papa by Dora Heldt

»Komm. Nur zwei Wochen.« […]

»Nein. Ich habe keine Lust, und ich habe kein Geld […]«

»[…] Christine, jetzt sag Ja. Dänemark ist ganz toll im September. Das Haus ist riesig, mit Sauna […] und offener Küche. Wir nehmen […] Krimis mit, gehen jeden Tag am Strand spazieren, […] schlafen aus, essen sooft wir wollen rote Würstchen und Backfisch, das wird super.«

»Nein.« Ich hatte momentan keine gute Zeit und wollte einfach meine Ruhe. Ferien mit meiner kleinen Schwester standen […] ganz unten auf meiner Liste.

Answer the following questions in English. You do not need to write in full sentences.

a Why doesn't Christine want to go to Denmark? (one reason)
b What can they do in Denmark? (one detail)
c How does Christine feel at the moment? (one detail)
d What is the relationship between the two girls?

> The answers won't always be immediately obvious from the text. Think about the meaning of the text and then work out how that relates to the questions.

4 hören **Simon is talking about where he lives. What does he say? Listen to the recording and write down the letter (A, B, C or D) of the correct answer.**

Example: **1** C

1 Simon lives …
  A on a farm
  B in a village
  C in a city
  D in the country

2 Where Simon lives, …
  A it is never boring
  B there is not much to do
  C there is a lively atmosphere
  D the town centre is quiet

3 Yesterday Simon …
  A ate out
  B watched a film
  C went to a friend's
  D watched TV

4 Simon likes …
  A relaxing
  B walking
  C playing football
  D watching sport

5 hören **Du hörst einen Podcast über Antjes Besuch in Zürich. Wie war es in der Schweiz? Trag entweder super, langweilig, interessant oder aktiv ein. Du kannst jedes Wort mehr als einmal verwenden.**

Beispiel: Antjes Besuch war ___super___ .

a Die Reise nach Zürich war …
b Das Museum war …
c Der Urlaub in Italien wird … sein.
d Antje findet Sehenswürdigkeiten …
e Für Antje muss der Urlaub in Italien … sein.

> Listen out for synonyms and alternative meanings when deciding which adjective to use. What might *faszinierend* suggest? And *ich freue mich sehr darauf*?

A – Role play

 1 Look at this role play card and prepare what you are going to say.

Topic: Travel and tourist transactions

You are at the tourist office on Sylt and would like some information. The teacher will play the role of the assistant and will speak first.

You must address the assistant as *Sie*.

You will talk to the teacher using the five prompts below.

- where you see – **?** – you must ask a question
- where you see – **!** – you must respond to something you have not prepared

> **Sie sind in der Touristeninformation auf der Insel Sylt. Sie sprechen mit dem/der Angestellten.**
> 1. Sie auf Sylt – warum
> 2. Urlaubsaktivitäten
> 3. **!**
> 4. Übernachtung – wo
> 5. **?** Einkaufen – wo

Why might you be on Sylt? Choose something you know how to say.

What might the unexpected question be? Think about possible questions and prepare answers to them.

How will you say what you like to do on holiday? You could use a verb + gern.

Use the correct intonation for asking a question.

Remember to use the dative case after in.

 2 Practise what you have prepared. Take care with pronunciation and intonation.

> ⭐ Your responses in the role play can be short and simple. Stick to what you know how to say and remember that you can make things up.

 3 Using your notes, listen and respond to the teacher.

> ⭐ Remember to listen to the teacher carefully so that you answer the right questions.

 4 Now listen to Maya performing the role play task.

B – Picture-based task

Topic: Holidays

Schau dir das Foto an und sei bereit, über Folgendes zu sprechen:

- Beschreibung des Fotos
- Deine Meinung zu Aktivurlauben
- Urlaub letztes Jahr
- Deine nächsten Sommerferien
- Lieblingsurlaubsart

1 hören Look at the picture and read the task. Then listen to Barney's answer to the first bullet point.

1   What three things does Barney focus his description on initially?
2   What does he say about where the beach might be?
3   What phrases does he use to express what he thinks?

2 hören Listen to and read how Barney answers the second bullet point.

1   Fill in the gaps.
2   Look at the Answer Booster on page 122. Note down <u>three</u> examples of what Barney does to produce a well-developed answer.

> Ich bin gern **1** _____ und ich bin auch sehr gern **2** _____ . Wir gehen oft **3** _____ . Das ist ganz toll.
> Ich finde es schön, auf dem **4** _____ zu sein. Es gibt dort immer freundliche **5** _____ . Letztes Jahr
> haben wir einen **6** _____ gemacht, aber der Urlaub war **7** _____ . Es **8** _____ nicht viel zu tun.

3 hören Listen to how Barney answers the third bullet point and look again at the Answer Booster. Note down examples of how he gives reasons for what he says.

4 hören Listen to Barney's answer to the fourth bullet point.

1   What reason does he give for staying at home this summer?
2   Note down examples of the <u>three</u> tenses he uses.

5 hören Listen to Barney's answer to the fifth bullet point and note down examples of how he gives his opinion.

6 sprechen Prepare your own answers to the five bullet points. Then take part in the full picture-based discussion with the teacher.

C – General conversation

1 hören Listen to Leila introducing her chosen topic. Which of the following does she mention?

a   meeting friends
b   facilities for the elderly
c   location of her town
d   sports facilities
e   shopping facilities
f   going to a concert

2 hören The teacher then asks Leila: *Welche Vorteile hat deine Stadt?* Listen to how she develops her answer. What 'hidden questions' does she also answer?

> ⭐ Try to build a range of adjectives and adverbs into your answer to make it more interesting. Doing this also shows that you have a good range of vocabulary.

3 hören Listen to how Leila answers the next question: *Welche Nachteile hat deine Stadt?* Look at the Answer Booster on page 122 and write down <u>three</u> examples of what she does to produce an impressive answer.

4 sprechen Prepare your own answers to Chapter 6 questions 1–6 on page 183, then practise with your partner.

Answer Booster	Aiming for a solid level	Aiming higher	Aiming for the top
Verbs	**Different tenses**: present, past (imperfect and perfect), future	**Different persons of the verb** **Modal verbs**: *können, müssen, dürfen, wollen*	**Two tenses to talk about the past** (perfect and imperfect) ***Es gibt** in the past*: *Es gab …*
Opinions and reasons	*gern / lieber / am liebsten wahrscheinlich, vielleicht*	**Add more variety:** *das Beste (hier)* *Ich glaube / denke / finde, …*	**Expressions:** *(Meine Stadt hat) viele Vorteile.* *Das war toll!* *Meiner Meinung nach …*
Conjunctions	*und, oder, aber, denn, also*	*weil, wenn*	*dass*
Other features	**Negatives**: *nicht, kein(e)* **Qualifiers**: *sehr, fast, total, ziemlich*	**Adjectives**: *ruhig, windig, aufregend* **Time phrases**: *abends, letztes Jahr, meistens*	**Declined adjectives**: *ein großes Haus, in einer kleinen Pension, freundliche Menschen* **Prepositions**: *auf einer Insel, um die Insel, ins Sportzentrum* ***wo** used as a relative pronoun*: *…, wo man gut einkaufen kann*

A – Picture-based task

1 Look at the picture and the task. Write your answer, checking carefully what you have written.

> Du bist mit deiner Schulklasse in Deutschland. Du postest dieses Foto online für deine Freunde.
>
> Beschreib das Foto **und** schreib deine Meinung über einen Sightseeingurlaub.
>
> Schreib ungefähr 20–30 Wörter **auf Deutsch**.

> ⭐ Think about how you could describe the location, what the people are doing and the weather or time of year. Remember to give your opinion of this holiday type too.

B – Translation

 Übersetze ins Deutsche.

> Which gender is the weather in German?

> In German you need to say 'many shops' – don't try to translate 'of'.

> Can you remember the word for 'small town'? If not, you can use an adjective and a noun, but make sure you use the correct ending on the adjective.

1 The weather is very bad.
2 I live in a small town.
3 My town has a sports centre and lots of shops.
4 I travelled to Berlin last year.
5 The journey was boring because it lasted six hours.

> It's a good idea to start with the time phrase. Remember that the verb comes next.

> Use *nach* to say you are going to a town or city.

> Use the perfect tense of *dauern* (to last) here.

C – Extended writing task

 Look at the task and answer these questions.

- What is each bullet point asking you to do?
- Which tense(s) will you need to use to answer each bullet point?

Read Emma's answer to the task. What do the underlined phrases mean?

> Dein Freund Karlos schickt dir Fragen über deinen Urlaub.
> Schreib eine Antwort an Karlos.
> Du **musst** diese Punkte einschließen:
> - wo du im Urlaub bist
> - wie du hingefahren bist
> - wie du das Wetter dort findest und warum
> - Pläne für den Rest des Urlaubs.
>
> Schreib ungefähr 80–90 Wörter **auf Deutsch**.

Wir sind im Urlaub auf einer Insel in Schottland. Die Landschaft ist sehr schön und es ist total ruhig hier.

Wir sind mit dem Auto gefahren, aber die Reise war sehr lang – fast acht Stunden! Wir wohnen hier in einer kleinen Pension und wir essen abends in einem Restaurant.

Die Sonne scheint jeden Tag, aber es ist ziemlich kalt und meistens windig. Das finde ich toll, weil ich gern windsurfe.

Das Beste hier ist, dass es keine Autos gibt. Morgen werde ich ein Fahrrad mieten und eine Tour um die Insel machen. Am Abend werden wir Karten spielen.

 Look at the Answer Booster. Note down <u>six</u> examples of language which Emma uses to write a well-developed answer.

Now write your own answer to the task. Use ideas from Emma's answer, and from the Answer Booster, to help you.

> ⭐ Make sure that you answer all of the bullet points and expand on them, using a good range of relevant vocabulary. You also need to demonstrate that you can use different tenses.

Wörter

Himmelsrichtungen — Points of the compass

der Kompass	compass	der Westen	west
der Norden	north	der Nordwesten	north west
der Nordosten	north east	im Norden	in the north
der Osten	east	im Osten	in the east
der Südosten	south east	im Süden	in the south
der Süden	south	im Westen	in the west
der Südwesten	south west	in der Mitte	in the middle

Länder und Orte — Countries and places

das Reiseziel	travel destination	die Türkei	Turkey
das Urlaubsziel	holiday destination	Ich fahre …	I am going …
im Ausland	abroad	nach Spanien	to Spain
im Inland	at home / inland	nach Italien	to Italy
Europa	Europe	in die Türkei	to Turkey
Bayern	Bavaria	ans Meer	to the sea
die Nordsee	the North Sea	an einen See	to a lake
die Ostsee	the Baltic Sea	an den Strand	to the beach
Spanien	Spain	an die Küste	to the coast
Kroatien	Croatia	in den Wald	to a forest
Italien	Italy	in die Berge	to the mountains
Österreich	Austria		

Das Wetter — The weather

der Frost	frost	Es gibt …	There is / are …
das Gewitter	thunderstorm	Nebel	fog
der Hagel	hail	ein Gewitter	a thunderstorm
der Nebel	fog	Wolken	clouds
der Regen	rain	Es wird (heiß) sein.	It will be (hot).
der Schnee	snow	Es wird hageln.	It will hail.
die Sonne	sun	Es wird regnen.	It will rain.
der Wind	wind	Es wird schneien.	It will snow.
die Wolken (pl)	clouds	Es wird ein Gewitter geben.	There will be a thunderstorm.
Es ist …	It is …	Die Temperatur wird (11) Grad sein.	The temperature will be (11) degrees.
frostig	frosty	die Jahreszeit	season
heiß	hot	meine Lieblingsjahreszeit	my favourite season
kalt	cold	der Frühling	spring
neblig	foggy	der Sommer	summer
sonnig	sunny	der Herbst	autumn
windig	windy	der Winter	winter
wolkig	cloudy	Die Nächte werden kalt.	The nights become / are becoming cold.
Es …	It is …		
friert	freezing	Die Tage werden länger.	The days become / are becoming longer.
hagelt	hailing		
regnet	raining	Die Tage werden kürzer.	The days become / are becoming shorter.
schneit	snowing		
		Das Wetter wird besser.	The weather becomes / is becoming better.

Urlaubsarten — Types of holidays

Ich mache (nicht) gern …	I (don't) like going on a …	abenteuerlustig bin	am adventurous
Abenteuerurlaub	adventure holiday	sportlich bin	am sporty
Aktivurlaub	active holiday	aktiv bin	am active
Sightseeingurlaub	sightseeing holiday	gern schwimme	like swimming
Sommerurlaub	summer holiday	gern in der Sonne liege	like sunbathing
Strandurlaub	beach holiday	gern draußen bin	like being outdoors
Urlaub auf Balkonien	staycation / a holiday at home	gern Zeit mit Familie verbringe	enjoy spending time with family
Winterurlaub	winter holiday	gern Zeit mit Freunden verbringe	enjoy spending time with friends
Ich gehe (nicht) gern zelten.	I (don't) like going camping.	mich schnell langweile	get bored easily
Ich gehe (nicht) gern …, weil ich …	I (don't) like going … because I …	nichts tun will	don't want to do anything

Urlaubsaktivitäten — *Holiday activities*

während des Urlaubs	*during the holiday*
außerhalb der Stadt	*outside the town*
innerhalb der Stadt	*inside the town*
wegen des Wetters	*because of the weather*
trotz der Touristen	*despite the tourists*
eine neue / aufregende Aktivität	*a new / exciting activity*
Achterbahn fahren	*to go on a rollercoaster*
Wanderungen machen	*to go hiking*
Fahrräder mieten	*to rent / hire bicycles*
eine Raftingtour machen	*to go on a rafting trip*
eine Canyoningtour machen	*to go on a canyoning trip*
die Übernachtung	*overnight stay*
im Zelt übernachten	*to spend the night in a tent*
in einer Hütte übernachten	*to spend the night in a hut / cabin*
im Luxushotel übernachten	*to spend the night in a luxury hotel*
Vollpension	*full board*
Halbpension	*half board*
das Zweibettzimmer	*twin room*

In der Stadt — *In town*

Es gibt …	*There is …*
eine Autobahn	*a motorway*
einen Bahnhof	*a station*
einen Campingplatz	*a campsite*
ein Eiscafé	*an ice cream café*
ein Freibad	*an open-air pool*
ein Fußballstadion	*a football stadium*
eine Fußgängerzone	*a pedestrianised area*
eine Grundschule	*a primary school*
einen Kindergarten	*a nursery*
eine Schule	*a school*
Es gibt …	*There are …*
viele Touristen	*lots of tourists*
viele Geschäfte	*lots of shops*
viele Sehenswürdigkeiten	*lots of sights*
gute Restaurants	*good restaurants*
viele Vorteile	*lots of advantages*
viele Nachteile	*lots of disadvantages*
Es gibt …	*There is …*
keinen Flughafen	*no airport*
keine Universität	*no university*
kein Kino	*no cinema*
Es gibt keine Strände.	*There are no beaches.*

Meine Stadt: Vor- und Nachteile — *My town: advantages and disadvantages*

Ich wohne …	*I live …*
auf einem Bauernhof	*on a farm*
auf dem Land	*in the countryside*
in einem Dorf	*in a village*
in einer Kleinstadt	*in a small town*
in einer Großstadt	*in a city*
in einer Hauptstadt	*in a capital city*
in der Nähe von …	*near …*
Es gibt …	*There is …*
viel zu tun	*a lot to do*
viel Lärm	*a lot of noise*
viel Verkehr	*a lot of traffic*
Es gibt nicht viele Autos.	*There aren't many cars.*
Es gibt nicht viel für Jugendliche zu tun.	*There's not much for young people to do.*
Es gibt keine Buslinie.	*There is no bus route.*
Es gab …	*There was …*
einen tollen Park	*a great park*
ein modernes Sportzentrum	*a modern sports centre*
Es gab keine großen Diskos.	*There were no big discos.*
Es wird keine neue Industrie geben.	*There will not be any new industry.*
Es wird ein Fußballstadion geben.	*There will be a football stadium.*
Man sollte …	*We should …*
mehr Busse haben	*have more buses*
moderne Sportanlagen haben	*have modern sports facilities*
mehr Aktivitäten für Jugendliche haben	*have more activities for young people*
Parkplätze am Stadtrand bauen	*build car parks on the outskirts of town*
die öffentlichen Verkehrsmittel verbessern	*improve public transport*
mehr Fahrradwege haben	*have more cycle paths*
Autos in der Innenstadt verbieten	*ban cars from the town centre*
die Straßen sauber halten	*keep the roads clean*
Der Vorteil / Nachteil ist …	*The advantage / disadvantage is …*
Ein großer Vorteil / Nachteil ist …	*A big advantage / disadvantage is …*
Es gibt viele Vorteile / Nachteile.	*There are lots of advantages / disadvantages.*

7 Rund um die Arbeit

Startpunkt Arbeiterinnen und Arbeiter

- *Describing jobs and places of work*
- *Using masculine and feminine nouns*

1 lesen **Lies und vervollständige die Sätze. Welcher Arbeitsplatz bleibt übrig?**

1
Ich bin Schauspielerin und ich arbeite im ...

2
Ich bin Bäcker und ich arbeite in der ...

3
Ich bin Ärztin und ich arbeite im ...

4
Ich bin Verkäufer und ich arbeite im ...

5
Ich bin Metzger und ich arbeite ...

6
Ich bin Beamtin und ich arbeite ...

7
Ich bin Klempner und ich arbeite ...

> der Keller / Laden
> die Bäckerei / Metzgerei / Schule
> das Büro / Krankenhaus / Theater

⭐ Use *in* + the dative case to describe where you do something:
in + *der* → *in dem (im)*
in + *die* → *in der*
in + *das* → *in dem (im)*

2 hören **Hör zu. Welchen Job machen sie? Hör dann noch mal zu.
Wo arbeiten sie? (1–8)**

Beispiel: **1** d (teacher) – school

Ich bin ...
a Apotheker(in)	**e** Mechaniker(in)
b Informatiker(in)	**f** Arzt/Ärztin
c Kellner(in)	**g** Koch/Köchin
d Lehrer(in)	**h** Beamter/Beamtin

⭐ Don't use the indefinite article to describe the job someone does:
Er ist Mechaniker. He is **a** mechanic.
Use the indefinite article with an adjective to describe the person specifically:
*Er ist **ein guter** Mechaniker.* He is **a good** mechanic.

G **Masculine and feminine nouns** > Page 203

It's not just *der* that changes to *die*. Most feminine jobs also end with *–in*:

masculine	feminine
der Lehrer	die Lehrer**in**
der Bäcker	die Bäcker**in**

There are some exceptions, for example:

der Arzt	die **Ä**rzt**in**
der Koch	die **K**öch**in**

Note: The word for 'apprentice' is *always* masculine, regardless of whether the person is male or female: **der** Lehrling. Alternatively you could say *Ich mache eine Lehre* (I am doing an apprenticeship).

Ich bin Kellner.

Ich bin ein guter Kellner!

3 **Übersetze die Sätze ins Deutsche.**

Beispiel: **1** Meine Mutter ist Lehrerin.

1 My mother is a teacher.
2 My brother is a doctor.
3 Josh is a waiter.
4 My aunt is a civil servant.
5 My sister is a computer scientist.
6 My father is a good actor.

⭐ When you look up a job in a dictionary, you will find the masculine noun listed first, and the feminine ending afterwards:

Lehrer(in)   teacher
Arzt/Ärztin   doctor

4 **Gruppenarbeit. Wie viele Jobs und Arbeitsplätze kannst du in fünf Minuten sammeln?**

● *Was macht deine Mutter / dein Onkel als Beruf?*
▪ *Er/Sie ist Lehrer(in).*
● *Wo arbeitet er/sie?*
▪ *Er/Sie arbeitet in der Schule.*

der Keller / Laden / Supermarkt
die Apotheke / Autowerkstatt / Bäckerei / Küche /
  Metzgerei / Schule
das Büro / Krankenhaus / Labor / Restaurant / Theater

5 **Lies die Texte. Wer ist das (a–d)?**

❶ Mein Beruf ist spannend, aber manchmal gefährlich. Man muss fit und stark sein, um diesen Job zu machen, weil **er** sehr anstrengend ist.

❸ Ich arbeite vielleicht in einem Krankenhaus oder in einem Altenheim. Ich muss viele Stunden arbeiten, aber ich bin sehr geduldig und ich verstehe mich sehr gut mit den Leuten.

❷ Meine Stelle ist gut bezahlt und interessant, weil **sie** auch kreativ ist. Man ist bei dieser Arbeit gar nicht aktiv, denn man sitzt den ganzen Tag vor dem Bildschirm.

❹ Ich mache meinen Job sehr gern, weil ich dabei um die Welt reise! Es gibt aber einen Nachteil – ich muss eine schreckliche Uniform tragen. Das Hemd hasse ich, weil **es** so unbequem ist.

a Programmierer(in)

b Pilot(in)

c Krankenpfleger/Krankenschwester

d Feuerwehrmann/Feuerwehrfrau

⭐ Look at the highlighted words for 'it': *er*, *sie* and *es*.

er for masculine nouns:
text 1 – *der Job* → *er*

sie for feminine nouns:
text 2 – *die Stelle* → *sie*

es for neuter nouns:
text 4 – *das Hemd* → *es*

6 **Lies die Texte noch mal. Finde eine positive und eine negative Meinung zu jedem Job und schreib sie auf Englisch auf.**

Partnerarbeit. Wie heißen die Berufe auf Englisch?

● *Was bedeutet „Übersetzer"?*
■ *Ich denke, „Übersetzer" bedeutet „translator". Was bedeutet …?*

1 Übersetzer(in)	**5** Journalist(in)
2 Fahrer(in)	**6** Krankenpfleger/Krankenschwester
3 Arzt/Ärztin	**7** Tierarzt/Tierärztin
4 Elektriker(in)	**8** Architekt(in)

> architect   doctor
> driver   electrician
> journalist   nurse
> translator   vet

 Lies die Berufsbilder und finde den passenden Jobtitel aus der Liste in Aufgabe 1.

BERUFSBILDER

a Er oder sie plant den Hausbau. Er/Sie interessiert sich für die technischen Aspekte und muss eine gute Ausbildung haben. Das Gehalt ist großzügig.

c Er oder sie arbeitet mit Strom und arbeitet oft in privaten Häusern. Er/Sie kann gut kommunizieren. Er/Sie verdient ein niedriges Gehalt.

b Er oder sie schreibt Reportagen und macht Interviews mit Stars. Er/Sie berichtet über aktuelle Themen. Ein Hochschulabschluss ist nicht notwendig.

d Er oder sie hat ausgezeichnete Sprachkenntnisse und ist fließend in Deutsch und andere Sprachen. Er/Sie ist zuverlässig und macht seine/ihre Arbeit pünktlich. Man sagt, dies ist der beste Job in Deutschland!

der Strom = *electricity*
fließend = *fluent*

 Lies die Berufsbilder in Aufgabe 2 noch mal. Finde das Deutsche. (1–9)

1 excellent knowledge of languages	**6** a low salary
2 a good education	**7** he/she is reliable
3 he/she is interested in the technical aspects	**8** a degree is not necessary
4 he/she can communicate well	**9** he/she reports on current issues
5 the salary is generous	

 Hör zu. Was ist sein/ihr Traumberuf? Hör noch mal zu. Warum? (1–8)

Beispiel: **1** translator – excellent knowledge of languages

 Schreib ein Berufsbild mithilfe der Texte in Aufgabe 2. Kennt dein(e) Partner(in) den Jobtitel?

Beispiel: Er/Sie muss eine gute Ausbildung haben, aber ein Hochschulabschluss ist nicht notwendig. Er/Sie hat ein niedriges Gehalt. Er/Sie kann gut kommunizieren. Er/Sie arbeitet vielleicht in einem Krankenhaus.
(Krankenpfleger/Krankenschwester)

6 lesen **Lies das Interview mit Ben, einem Engländer in der Schweiz. Beantworte die Fragen auf Englisch.**

DIESEN MONAT:

Ben aus Großbritannien, Informatiker und DJ

Interviewer:	Was haben Sie **zuerst** gemacht, Ben?
Ben:	**Zuerst** habe ich zwei Jahre Deutsch, Physik und Werken in der Oberstufe in England gelernt.
Interviewer:	Was haben Sie **dann** gemacht?
Ben:	**Dann** habe ich den Hochschulabschluss an der Uni gemacht. Ich habe Informatik und Wirtschaft mit Französisch studiert.
Interviewer:	War das in England?
Ben:	Ja, aber ich habe auch zwei Praktikumsjahre gemacht. Ich habe ein Jahr in der Schweiz verbracht. **Danach** habe ich meinen ersten Job als Informatiker bekommen.
Interviewer:	Was machen Sie jetzt als Beruf?
Ben:	Ich arbeite jetzt als Informatiker in der Schweiz. Ich arbeite auch nachts als DJ. Das ist mein Lieblingsjob.
Interviewer:	Was sind Ihre Zukunftsziele?
Ben:	Ich werde weniger im Büro arbeiten und mehr Zeit mit der Musik verbringen. Ich werde ein kreativeres Leben führen.
Interviewer:	Was möchten Sie **schließlich** machen?
Ben:	Ich möchte in einer Hütte in den Schweizer Alpen wohnen. Ich möchte dort ein Musikstudio haben – und viele Tiere. Das ist mein Traumleben!

1 What did Ben study in the sixth form?
2 What did Ben then study at university?
3 What did Ben spend two years doing?
4 What was Ben's first job?
5 Where does Ben work now?
6 What other job does Ben do?
7 What are Ben's future goals?
8 What would Ben like to do eventually?

> If you don't know *Werken*, type it into an online dictionary to give yourself a good chance of finding out the meaning of this word.

7 sprechen **Gruppenarbeit. Du bist Ben. Deine Gruppe stellt dir Fragen. Mach dein Buch zu und beantworte die Fragen.**

● *Ben, was haben Sie zuerst gemacht?*
■ *Zuerst habe ich Deutsch, Physik und Werken gelernt.*
▲ *Und was haben Sie dann gemacht?*
■ *Dann habe ich …*

G Sequencers

Sequencers help writing and speaking passages flow:
zuerst (firstly)
dann (then)
danach (after that)
schließlich (finally).

As with other expressions of time, sequencers are followed by the verb if they start the sentence:

***Zuerst** habe ich Deutsch, Physik und Werken in der Oberstufe gelernt.*

8 hören **Hör zu. Tanja beschreibt ihren Weg ins Berufsleben. Was passt zusammen?**

1	firstly	a	animal surgery
2	then	b	supermarket
3	finally	c	bank
4	now	d	travel agency
5	future goal	e	primary school

> Look at the places of work in the second column – what are they in German?

● *Preparing a personal profile for job applications*
● *Using verbs with prepositions*

1 lesen **Lies die Profile auf der Jobsuche-Webseite und sieh dir die Fotos an. Was passt zusammen?**

1 Ich bekomme ausgezeichnete Noten, denn ich konzentriere mich gut auf den Schulunterricht. Ich arbeite jedes Wochenende als Freiwillige im Altenheim und letzten Sommer habe ich als Assistentin bei einer Sprachschule gearbeitet. Ich interessiere mich fürs Skifahren und ich bin Mitglied im Orchester. **Zehra**

der/die Freiwillige = volunteer

2 Ich bin sehr fleißig und ich liebe Mathe. Ich nehme immer an der Mathe-Olympiade teil und letztes Jahr habe ich den ersten Preis gewonnen. In den letzten Ferien habe ich als Touristenführer in der Stadt gearbeitet. Schließlich hoffe ich auf eine Karriere in der Touristik. **Kai**

3 Meine Sprachkenntnisse sind OK und sie helfen mir, im Urlaub neue Leute kennenzulernen. Ich freue mich immer auf den Strandurlaub, denn ich kann dann Spanisch mit neuen Freunden sprechen. Seit der 7. Klasse spiele ich in einer Rockband. Ich möchte jetzt eine gute Stelle mit einem großzügigen Gehalt finden. **Aloisa**

4 Ich bin zuverlässig und ich habe einen Teilzeitjob als Babysitter. Ich habe viel Arbeitserfahrung gesammelt, weil ich viele Arbeitsplätze gehabt habe. Zuerst habe ich in einer Bäckerei gearbeitet und danach habe ich als Trainer im Sportverein gearbeitet. **Matthäus**

a

b

c

d

G Verbs with prepositions + noun ❯ *Page 207*

*Ich konzentriere mich **auf** den Schulunterricht.* I concentrate on school lessons.
*Ich interessiere mich **fürs** (**für** + **das**) Skifahren.* I am interested in skiing.
*Ich nehme **an** der Mathe-Olympiade teil.* I take part in the maths olympics.
*Ich hoffe **auf** eine Karriere in der Touristik.* I am hoping for a career in tourism.
*Ich freue mich **auf** den Strandurlaub.* I am looking forward to the beach holiday.

⭐ Remember your separable verbs: *teil|nehmen* (to take part) and *kennen|lernen* (to get to know).

2 lesen **Lies die Profile noch mal. Wer ist das?**

Who …
1 has experience of working with languages?
2 would like a well-paid job?
3 worked as a tour guide?
4 helps the elderly?
5 looks after children?
6 has the most work experience?
7 thinks his/her language skills are acceptable?
8 has a paid part-time job?

⭐ Don't be daunted by having to identify information in a longer reading passage, as you can rely on your strategies and existing knowledge to help:
• look for cognates, or near-cognates to identify the German
• relate your knowledge of English to the German words
• concentrate on the words you are looking for – is it possibly a compound word, made up of two or more smaller words?

3 hören **Hör zu. Luca ist im Arbeitsamt. Wähl die richtige Antwort aus.**

1 Luca is interested in buildings / catering / nature.
2 Luca is weak / average / strong in German.
3 Last year Luca worked as a holiday guide / waiter / hotel porter.
4 Luca demonstrates leadership / organisational / theatrical qualities.

4 **lesen**

Lies die Titel (1–9) und die Informationen (a–i).
Was passt zusammen?

Lebenslauf

Adresse: Deuts...

Telefonnummer: 0727...

E-Mail: adm...

d in der Natur sein, Wandern, klassische Musik, besonders Opern

1 Name: ....

2 Vorname: ....

a 1978 Mitarbeiterin im Zentralinstitut für Physikalische Chemie in Berlin; 1991 Bundesministerin für Frauen und Jugend

e 17. Juli 1954, Hamburg

3 Geburtsdatum und Geburtsort: ....

f Angela Dorothea

4 Schulbildung: ....

5 Schulabschluss: ....

b 1978 Hochschulabschluss als Physikerin

g begabt in Russisch, Mathematik and Naturwissenschaften; Gewinnerin Russisch-Olympiade

6 Schulerfolge: ....

7 Universität: ....

8 Arbeitserfahrung: ....

c Goethe-Schule Templin (1967–69), Oberschule Templin Klasse 8–12 (1969–1973)

h 1973 Abitur (Durchschnittsnote: 1,0)

9 Hobbys: ....

i Kasner

> **Schulerfolg(–e)** = school success / achievement

 5 **lesen**

Lies den Lebenslauf noch mal und mach Notizen auf Englisch.

1 Date of birth
2 Languages
3 Grade achieved in Abitur
4 Degree
5 Hobbies (<u>two</u> details)

Was ist diese Person geworden?

a Übersetzerin   **b** Bundeskanzlerin   **c** Sekretärin

> **ist ... geworden** = became ...

 6 **schreiben**

Schreib dein eigenes Profil für die Jobsuche-Webseite (Aufgabe 1).

- Schulerfolge: In der (sechsten) Klasse habe ich ... Im Moment bekomme ich ...
- Arbeitserfahrung: Letzten Sommer habe ich als / in ... gearbeitet.
- Deine Interessen und Hobbys: Ich interessiere mich für ... Mein Lieblingshobby ist ...

7 **sprechen**

Partnerarbeit. Partner A stellt Fragen zum Berufsprofil; Partner B beantwortet die Fragen.

- *Haben Sie ein gutes Zeugnis?*   ■ *Ich bekomme / hoffe auf (gute) Noten. / Meine Noten sind leider nicht so gut, aber ...*

- *Haben Sie einen Ferienjob?*   ■ *Ich habe einen Job als (Touristenführer(in)).*

- *Haben Sie schon mal gearbeitet?*   ■ *Letzten Sommer habe ich als (Kellner(in)) gearbeitet.*

- *Was für Interessen / Hobbys haben Sie?*   ■ *Ich interessiere mich für ... Ich bin Mitglied (im Orchester) / Kapitän der (Handball-)Mannschaft.*

1 hören **Hör zu. Was wollten sie als Kind werden? (1–4)**

G *The imperfect tense of* wollen 〉 *Page 199*

You have already met modal verbs in the imperfect tense: *durfte* (was allowed to), *musste* (had to), *konnte* (was able to). To say 'wanted to', use *wollte*, from the modal verb *wollen* (to want to).

Ich wollte … werden. I wanted to become …

Was wolltest du werden? / Was wollten Sie werden? What did you want to become?

---

2 hören **Hör zu. Robert, Özge, Alexa und Lutz besprechen ihre Kinderträume und die Wirklichkeit. Füll die Tabelle aus. (1–4)**

	dream job	problem?	actual job	☺ / ☹
1 Robert	firefighter	he is too short		

⭐ When listening to German extracts, think about where you might have heard language in different contexts: e.g. *Abitur bestanden* in Chapter 1. Language is constantly recycled, so make sure you are ready to recognise it wherever it appears!

---

3 sprechen **Partnerarbeit. Träume und Pläne.**

noch = still

● *Was wolltest du als Kind werden?*
■ *Als Kind wollte ich Tierarzt werden. Ich habe mich sehr für Tiere interessiert.*
● *Und möchtest du noch Tierarzt werden?*
■ *Nein, ich interessiere mich nicht mehr für Tiere. Ich möchte gern in Zukunft als Feuerwehrmann arbeiten.*

Als Kind wollte ich … werden.
  Feuerwehrmann/Feuerwehrfrau / Tierarzt/Tierärztin / Pilot(in) / Elektriker(in) / Manager(in) / Übersetzer(in) / Clown

Ich möchte in Zukunft … arbeiten.
  als Manager(in) / im Ausland / in (Australien) / bei einer (internationalen) Firma / beim Zirkus

---

G *Using a variety of tenses*

Present
*Das Gehalt **ist** sehr niedrig.*
The salary is very low.

Perfect
*Ich **habe** das Abitur nicht **bestanden**.*
I didn't pass the Abitur.

Past modals
*Als Kind **wolltest** du Feuerwehrmann **werden**.*
As a child you wanted to become a firefighter.

Conditional
*Ich **möchte** im Ausland **arbeiten**.*
I would like to work abroad.

4 lesen **Lies den Text und beantworte die Fragen auf Englisch.**

This literally means 'no worries'.

Notwendig = nötig (necessary).

This is the imperfect tense of *tragen* (to wear) and means 'wore'.

What might be on Lukas's hands, along with oil?

This is the imperfect tense of *sich waschen* (to wash).

Zahnarzt means dentist, so what are *weiße Zähne*?

In this extract taken from *Jim Knopf und Lukas der Lokomotivführer* by Michael Ende, Lukas's job in the magical country of Lummerland is being described.

Lukas der Lokomotivführer war ein kleiner, etwas rundlicher Mann, der sich gar keine Sorgen darüber machte, ob jemand eine Lokomotive notwendig fand oder nicht. Er trug eine Schirmmütze und einen Arbeitsanzug. Seine Augen waren so blau wie der Himmel über Lummerland bei Schönwetter. Aber sein Gesicht und seine Hände waren fast ganz schwarz von Öl und Ruß. Und obwohl er sich jeden Tag mit einer besonderen Lokomotivführer-Seife wusch, ging der Ruß doch nicht mehr ab. Lukas musste sich seit vielen Jahren jeden Tag bei seiner Arbeit wieder schwarz machen. Wenn er lachte – und das tat er oft –, sah man in seinem Mund weiße Zähne blitzen […]

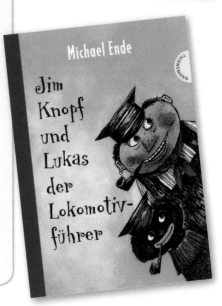

1 What job did Lukas do?
2 What didn't Lukas worry about?
3 Name one item of clothing he wore.
4 How did his eye colour compare to his hand colour?
5 What did Lukas use to try to clean himself up?
6 How do you know Lukas enjoyed his job?

G *The imperfect tense* 〉 Page 219

The imperfect tense is often used in story-telling. Regular verbs end in *–te*: mach**te** (I used to do / I did). Irregular verbs don't follow a pattern, so you need to try to recognise them: *fand* (used to find / found), *ging* (used to go / went), *tat* (used to do / did), *sah* (used to see / saw).

5 hören **Hör zu. Welchen Job erwähnen sie? Welche Zeitform benutzen sie? (1–6)**

Beispiel: **1** f – Vergangenheit

die Vergangenheit (past)   **die Gegenwart (present)**   **das Konditional (perhaps in the future)**

a Verkäufer(in) (*sales person*)
b Zahnarzt/Zahnärztin (*dentist*)
c Bibliothekar(in) (*librarian*)

d Freiwillige(r) (*volunteer*)
e Sozialarbeiter(in) (*social worker*)
f Friseur/Friseuse (*hairdresser*)

6 schreiben **Schreib über deine Träume und Pläne für die Arbeitswelt.**

- Was wolltest du als Kind werden? Warum? *In der Grundschule wollte ich …, weil …*
- Was für Arbeitserfahrung hast du gesammelt? Wie war das? *Letztes Jahr habe ich als … gearbeitet. Das war …*
- Arbeitest du im Moment? *Im Moment arbeite ich als / in …*
- Was möchtest du in Zukunft als Beruf machen? *Ich möchte … Ich hoffe auf eine Karriere als …*

1 **Hör zu. Warum lernen sie Deutsch? (1–4)**

Ich lerne Deutsch, **um**…

a in Deutschland **zu** arbeiten.

c mit Leuten in ihrer Muttersprache **zu** kommunizieren.

b nach Deutschland aus**zu**wandern.

d das Land besser kennen**zu**lernen.

Kulturzone

Es gibt 100 Millionen Menschen mit Deutsch als Muttersprache und es gibt rund 60 Millionen Menschen mit Deutsch als zweite Sprache. Wenn man in Deutschland, Österreich oder der Schweiz arbeiten oder studieren will, ist es eine gute Idee, Deutsch zu lernen.

G um … zu … *(in order to …)* ❯ *Page 218*

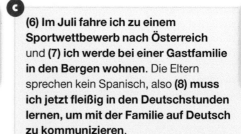

Ich lerne Deutsch, **um** *in Deutschland* **zu** *arbeiten.*
I am learning German **in order to** work in Germany.

With separable verbs, place *zu* between the prefix and the stem of the verb:

Ich lerne Deutsch, **um** *das Land besser kennen***zu***lernen.*
I am learning German **in order to** get to know the country better.

2 **Lies die Texte und beantworte die Fragen auf Englisch.**

a

(1) Nächstes Jahr möchte ich gern an die Heidelberger Uni gehen, um einen Kurs zu machen. Ich weiß, dass viele Menschen an der Uni Englisch sprechen, aber ich interessiere mich für Fremdsprachen und **(2) möchte meine Deutschkenntnisse verbessern. (3) In Zukunft möchte ich in Frankfurt arbeiten** und deshalb ist mir Deutsch wichtig.

Lewis Walker, Glasgow, Schottland

c

(6) Im Juli fahre ich zu einem Sportwettbewerb nach Österreich und **(7) ich werde bei einer Gastfamilie in den Bergen wohnen.** Die Eltern sprechen kein Spanisch, also **(8) muss ich jetzt fleißig in den Deutschstunden lernen, um mit der Familie auf Deutsch zu kommunizieren.**

Silvana Gómez Garrido, Barcelona, Spanien

b

Ich bin Mathematiklehrerin in China und **(4) letztes Jahr habe ich ein Jahr als Austauschlehrerin an einem deutschen Gymnasium verbracht.** Ich habe auf Englisch unterrichtet, aber **(5) ich habe auch Deutsch gelernt, um die Leute und die Kultur besser kennenzulernen.**

Lin Shi, Hangzhou, China

d

(9) Mein Bruder ist vor drei Jahren nach Deutschland ausgewandert und **(10) er hat sich dort integriert.** Er hat Deutsch an einer Sprachschule gelernt. **(11) Das ist nötig, um sich um einen Job zu bewerben,** sagt er. Ich hoffe, in Zukunft bei ihm zu leben, also lerne ich jetzt Deutsch online.

Kevin Mbida, Yaoundé, Kamerun

sich bewerben um = *to apply for*

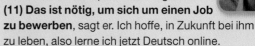

1 Why might Lewis not get much opportunity to use his German?
2 Why is German important to Lewis?
3 Why did Lin spend time in Germany?
4 What language did Lin use in the German classroom?

5 Where will Silvana stay for her Austrian sports tournament?
6 What challenge will Silvana face there?
7 How did Kevin's brother learn German?
8 What does Kevin hope to do in the future?

3 **Übersetze die fett gedruckten Phrasen in Aufgabe 2 ins Englische.**

4 hören

Welche Sprache lernen sie und warum? Hör zu und mach Notizen auf Englisch. (1–6)

Beispiel: **1** French – compulsory school subject

5 sprechen

Gruppenarbeit. Klassenumfrage.

- ● *Entschuldigung, was ist deine Muttersprache?*
- ▪ *Meine Muttersprache ist (Französisch).*
- ● *Welche Fremdsprache lernst du? Warum?*
- ▪ *Ich lerne (Deutsch), um … zu … Und du?*

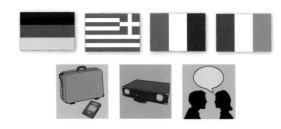

Im Moment lerne ich (Italienisch), um …
  (in China) zu arbeiten
  nach (Spanien) auszuwandern
  mit (der Familie) zu kommunizieren
  das Land / die Leute / die Kultur / die Sprache
    besser kennenzulernen
  meine (Deutsch-)Kenntnisse zu verbessern
  mich um einen guten Job zu bewerben
  mich zu amüsieren
Im Moment lerne ich (Englisch), weil es Pflichtfach /
nötig / wichtig ist.

G *Word order with* **um … zu …, denn, weil**   ❯ *Pages 216, 218*

Add variety to your speaking and writing by varying your conjunctions:

Ich lerne Deutsch, …
  um *in Deutschland* **zu arbeiten**.
  denn *ich* **möchte** *in Deutschland arbeiten*.
  weil *ich in Deutschland arbeiten* **möchte**.

- *um … zu* is always used with an infinitive verb.
- Don't forget that after *weil*, the verb always goes to the end of the clause.

6 lesen

Übersetze den Absatz ins Englische.

Note the imperative form here – this is an instruction! You don't need to translate *Sie* separately.

This preposition means 'with' in this context.

Seit is used with the present tense to indicate the length of time something has been going on for.

These two verbs work together – they form the perfect tense.

Möchten Sie Deutsch lernen?

Besuchen Sie unseren Sprachkurs, um Deutsch zu lernen! Seit zehn Jahren unterrichten wir Fremdsprachen. Bei uns macht das Lernen Spaß. Letztes Jahr haben wir erfolgreiche Austausche für unsere Studenten organisiert.

Lese- und Hörtest

1 lesen **a   Read Maja's blog about jobs.**

> Meine kleine Schwester hilft gern zu Hause. Sie verdient dabei jede Woche Taschengeld.
>
> Im Moment arbeite ich samstags im Schwimmbad, aber das finde ich nervig. Also suche ich einen Job im Kino.
>
> Meine Mutter arbeitet bei der Bank und mein Vater ist Beamter im Rathaus. Ich finde es interessanter, in einem Krankenhaus oder in einem Geschäft zu arbeiten.

Answer the following questions in English. You do not need to write in full sentences.

1 How does Maja's sister earn her pocket money?
2 Where does Maja work?
3 Name <u>one</u> place where Maja's parents work.

b   The blog continues.

> Dieses Jahr mache ich ein Arbeitspraktikum entweder beim Arzt oder in der Bibliothek. Ich will definitiv nicht in der Schule arbeiten!
>
> Ich freue mich auf das Praktikum. Ich lerne gern neue Leute kennen. Ich komme besonders gut mit Erwachsenen aus.

1 Name <u>one</u> place where Maja might do her work experience.
2 Why is Maja not worried about her work experience?

> ⭐ Watch out for negatives when working out your answers.

2 lesen **Read the extract from the play. A doctor is examining a patient.**

Andorra by Max Frisch

> *Andri sitzt und wird vom Doktor untersucht, der ihm einen Löffel in den Hals hält, die Mutter daneben.*
>
> [...]
>
> DOKTOR: Wie alt bist du?
> ANDRI: Zwanzig.
> DOKTOR: *zündet sich einen Zigarillo an.*
> ANDRI: Ich bin noch nie krank gewesen.
> DOKTOR: Du bist ein strammer Bursch, das seh' ich, ein braver Bursch, ein gesunder Bursch, das gefällt mir, mens sana in corpore sano*, wenn du weißt, was das heißt.
> ANDRI: Nein.
> DOKTOR: Was ist dein Beruf?
> ANDRI: Ich wollte Tischler werden.
>
> [...]
>
> DOKTOR: Tischler ist ein schöner Beruf, ein andorranischer Beruf, nirgends in der Welt gibt es so gute Tischler wie in Andorra, das ist bekannt.
>
> * (Latin for:) A healthy mind in a healthy body.
>
> **der Bursch** = boy

Answer the following questions in English. You do not need to write in full sentences.

a How old is the patient?
b How often has the patient been unwell in the past?
c Why is the doctor pleased with him?
d What is the doctor's opinion of Andri's chosen profession?

> ⭐ *Tischler* is an unfamiliar word, but you do know part of the word already: *der Tisch* (table).
> A *Tischler* is somebody who works with tables (i.e. wood).

3 lesen **Translate this passage into English.**

> Lernst du gern Fremdsprachen? Du kannst dann um die Welt reisen. Ich bin oft im Ausland, weil ich Pilot bin. Letzte Woche habe ich freiwillig in einem Tierheim gearbeitet. Morgen werde ich nach Deutschland zurückfliegen.

⭐ Watch out for words like *gern* and *dann*. They may be small but they need translating!

4 hören **Your Austrian exchange partner is talking about her friends' work experience placements. What does she say about them? Listen to the recording and select the appropriate name for the <u>three</u> correct statements.**

	Daniela	Josef	Ruth
Example: likes working in an office	✗		
A spent a week on a farm			
B worked in a school			
C did not enjoy work experience			
D is working in a travel agency			
E has worked for two weeks			
F can't swim			
G doesn't like the weather			

⭐ Look carefully at the three names you need to listen for – they come in the same order on the audio, so make sure you notice when the speaker starts talking about the next person.

5 hören **Du besuchst das Arbeitsamt mit deiner Austauschpartnerin, Hedda, die einen Job sucht. Füll die Lücke in jedem Satz mit einem Wort aus dem Kasten. Es gibt mehr Wörter als Lücken.**

> nicht wichtig   Stelle   Erwachsenen   Restaurant   ~~arbeiten~~
> 12:30   reisen   Kaffee   wichtig   Schloss   11:30   Kindern

Beispiel: Hedda möchte __arbeiten__ .

a Hedda will mit … arbeiten.
b Hedda hat bis jetzt keine … gehabt.
c Hedda findet das Geld …
d Hedda kann in einem … arbeiten.
e Die Arbeit fängt um … Uhr an.

⭐ Work out which type of word you are listening for in each statement, then narrow your options from the choices in the box.

6 hören **Your exchange partner, Keno, has sent you a podcast about his job. Listen to the podcast and answer the following questions in English.**

a How do we know the job is a change from Keno's routine?
b Name <u>two</u> methods of transport Keno has to use.
c How is the employer generous?

A – Role play

 1 **lesen** Look at this role play card and prepare what you are going to say.

Topic: Work

You need to give a reason here – why do you want the job?

You are telephoning about a job at a ski school. Your teacher will play the role of the manager and will speak first.

You must address the manager as *Sie*.

You will talk to the teacher using the five prompts below.

- where you see – ? – you must ask a question
- where you see – ! – you must respond to something you have not prepared

What might the unexpected question be? Experience would be likely here. This is a key word to do with work, so make sure you learn your vocabulary well as you go through the book.

Sie möchten als Assistent(in) an der Skischule arbeiten. Sie haben ein Interview am Telefon mit dem Manager/der Managerin.

1. Job – Grund
2. Charaktereigenschaften
3. !
4. Sprachen – welche
5. ? Arbeitsstunden

Any characteristic will do here, but try to use a verb with it, such as *Ich bin …*

Here you need to say which languages you can speak.

Phrase your question as a question! Questions require different intonation to statements, so practise before the exam.

 2 **sprechen** Practise what you have prepared. Take care with pronunciation and intonation.

⭐ Get yourself into the mode of 'ski school' and 'job interview' – think about the sort of dialogue which could come up.

 3 **hören** Using your notes, listen and respond to the teacher.

4 **hören** Now listen to Ian performing the role play task.

⭐ Look carefully at the questions which accompany the photo in the picture-based task – which questions do you feel prepared to answer straight away? Which ones will take a bit more time to prepare? Think of words and phrases which you could apply to this picture.

B – Picture-based task

Topic: Using languages beyond the classroom

Schau dir das Foto an und sei bereit, über Folgendes zu sprechen:

- Beschreibung des Fotos
- Deine Meinung zum Sprachenlernen
- Ein Arbeitspraktikum, das du gemacht hast
- Ob du im Ausland arbeiten möchtest
- Für welchen Beruf du dich interessierst

1 hören

Look at the picture and read the task. Then listen to Amy's answer to the first bullet point.

1 How does Amy describe the person?
2 How does she expand her answer?
3 How does she include a tense other than the present?
4 What do you think *Notizblock* means in this context?

2 hören

Listen to and read how Amy answers the second bullet point.

1 Fill in the gaps.
2 Look at the Answer Booster on page 140. Note down <u>three</u> examples of what Amy does to produce a well-developed answer.

> Tja, ich lerne schon **1** _____ fünf Jahren Deutsch und Französisch in der Schule, weil es mir ziemlich **2** _____ ist. Ich finde Sprachen **3** _____ und praktischer **4** _____ die Naturwissenschaften. Mit Sprachen kann man neue **5** _____ und Menschen **6** _____ .

3 hören

Listen to Amy's answer to the third bullet point.

1 Make a note in English of <u>three</u> details that she gives.
2 Can you work out the meaning of *Telefonanrufe* from the context and your prior knowledge?

4 hören

Listen to how Amy answers the fourth bullet point. Why is she keen to use her languages at work?

5 hören

Listen to Amy's answer to the fifth bullet point and note down why she sees herself working for a bank in the future.

6 sprechen

Prepare your own answers to the five bullet points. Then take part in the full picture-based discussion with the teacher.

> ⭐ Be aware of time passing in your exam! You have approximately 2.5 to 3 minutes for the picture-based task, and you need to respond to all five bullet points on the card, so make good use of your preparation time to help yourself with the task.

C – General conversation

1 hören

Listen to George introducing his chosen topic. Which of the following does he mention?

a living at home
b working abroad
c father's name
d mother's job
e teaching maths
f his chosen profession

2 hören

**The teacher then asks George: *Warum findest du es positiv, im Ausland zu arbeiten?*
Listen to how he develops his answer. What 'hidden questions' does he also answer?**

3 hören

Listen to how George answers the next question: *Was willst du nach den Prüfungen machen?* Look at the Answer Booster on page 140 and write down <u>three</u> examples of what George does to produce an impressive answer.

> ⭐ If you are prompted by a question with a modal verb, reply with the same verb + infinitive at the end.

4 sprechen

Prepare your own answers to Chapter 7 questions 1–6 on page 183, then practise with your partner.

Answer Booster	Aiming for a solid level	Aiming higher	Aiming for the top
Verbs	**Different tenses**: past (imperfect and perfect), present and future	**Different persons of the verb** **Modal verbs**: *können, müssen, wollen* **Reflexive verbs**: *sich bewerben (um)* **Separable verbs**: *kennenlernen*	**Two tenses to talk about the past** (perfect and imperfect) **Conditional**: *Ich möchte …* **Imperfect of modal verbs**: *Ich musste …* **Verbs with dative case**: *Ich helfe (den Kunden).* ***seit* + present tense**: *Ich lerne seit drei Jahren Deutsch.*
Opinions and reasons	*gern / lieber / am liebsten*	**Add more variety**: *besser* *Ich glaube / denke / finde, …*	**Expressions** *Meiner Meinung nach …* *Das war eine tolle Erfahrung.* *Es ist mir wichtig.*
Conjunctions	*und, oder, auch, denn*	*weil, wenn*	*dass* ***um … zu***: *um meine Sprachkenntnisse zu verbessern* **Different tenses**: *…, weil ich jeden Tag Spanisch gesprochen habe.*
Other features	**Negatives**: *nicht, nichts* **Qualifiers**: *sehr, echt, ziemlich* **Adjectives**: *anstrengend, nervös, stressig*	**Comparative and superlative adjectives**: *nützlicher, am interessantesten* **Time phrases**: *nach dem Abitur, zuerst, später, letzten März*	**Declined adjectives**: *eine tolle Erfahrung, gute Noten* **Genitive prepositions**: *außerhalb (der Stadt)*

A – Short writing task

1 Look at the task and answer these questions:

- What type of text are you asked to write?
- What information do you need to give for each bullet point?

2 Look at how Matt has responded to this task. Put the paragraphs in the order of the bullet points.

> Sie schicken Ihren Lebenslauf an ein deutsches Arbeitsamt.
>
> Schreiben Sie einen formellen Brief mit diesen Informationen:
>
> - Ihre Ausbildung
> - Ihre Sprachkenntnisse
> - Ihre Charaktereigenschaften
> - Ihre Pläne für Arbeitserfahrung.
>
> Schreiben Sie ungefähr 40–50 Wörter **auf Deutsch**.

a Ich lerne seit drei Jahren. Deutsch und meine Muttersprache ist Französisch.

b Ich will samstags in einem Laden arbeiten, weil ich gern den Kunden helfe.

c Ich besuche eine Realschule und ich bekomme oft gute Noten.

d Ich bin fleißig und hilfsbereit und ich bin sehr intelligent.

⭐ You can stick to the present tense for this short writing task, but try to join ideas with *und*, *aber*, *oder* and vary your word order by using a conjunction such as *weil* (with the verb at the end of the clause).

3 Look at the Answer Booster. Note down <u>four</u> examples of language which Matt uses to develop his answer.

 4 Now write your own answer to the task.

- Look at the Answer Booster and Matt's text for ideas.
- Aim to write just over 10 words for each bullet point.
- Write your answer and then check carefully what you have written.

> ⭐ Be accurate rather than over-ambitious in your writing – and make sure you answer each bullet point with a relevant piece of information.

B – Extended writing task

1 Look at the task and answer these questions:

- What is each bullet point asking you to do?
- Which tense(s) will you need to use to answer each one?

> ⭐ When you are writing about which languages you know, make sure you include details of <u>how</u> you know them. That way, a simple sentence can be expanded with the extra details.

> Deine Freundin Eva schickt dir Fragen über Sprachen.
>
> Schreib eine Antwort an Eva.
>
> Du **musst** diese Punkte einschließen:
> - welche Sprachen du sprichst
> - warum Fremdsprachen wichtig sind oder nicht
> - wie du letztes Jahr eine Fremdsprache benutzt hast
> - Pläne für Fremdsprachen in Zukunft.
>
> Schreib ungefähr 80–90 Wörter **auf Deutsch**.

2 Read Robyn's answer to the task. What do the underlined phrases mean?

> In der Schule lerne ich Spanisch und Französisch und <u>das macht viel Spaß</u>, weil wir oft Rollenspiele machen und lustige Lieder singen.
>
> <u>Meiner Meinung nach</u> ist es nützlich, Fremdsprachen zu lernen. Man kann dann später im Leben <u>ins Ausland reisen</u>, um sich dort um einen Job zu bewerben.
>
> Letzten Sommer bin ich eine Woche auf Austausch nach Madrid gefahren. Das war <u>eine tolle Erfahrung</u>, weil ich jeden Tag Spanisch gesprochen habe.
>
> Nach dem Studium will ich zuerst <u>ein Jahr im Ausland verbringen</u>, <u>um meine Sprachkenntnisse zu verbessern</u>. Dann werde ich eine Stelle dort suchen.

 3 Look at the Answer Booster. Note down <u>six</u> examples of language which Robyn uses to write a well-developed answer.

 4 Now write your own answer to the task in exercise 1. You can use ideas from Robyn's answer, and from the Answer Booster, to help you.

> Make sure that you:
> - answer the question properly, keeping to the word limit
> - vary your tenses according to the time frame you are writing about
> - write an essay which flows well and makes sense.
> How well does Robyn's answer meet each of these criteria?

Berufe — Jobs

Berufe	Jobs
der/die Apotheker(in)	chemist
der/die Architekt(in)	architect
der/die Arzt/Ärztin	doctor
der/die Bäcker(in)	baker
der/die Beamte/Beamtin	civil servant
der/die Bibliothekar(in)	librarian
der/die Elektriker(in)	electrician
der/die Fahrer(in)	driver
der/die Feuerwehrmann/–frau	firefighter
der/die Freiwillige	volunteer
der/die Friseur/Friseuse	hairdresser
der/die Informatiker(in)	computer scientist
der/die Journalist(in)	journalist
der/die Kellner(in)	waiter/waitress
der/die Klempner(in)	plumber
der/die Koch/Köchin	cook
der/die Krankenpfleger/ Krankenschwester	nurse
der/die Lehrer(in)	teacher
der/die Manager(in)	manager
der/die Mechaniker(in)	mechanic
der/die Metzger(in)	butcher
der/die Pilot(in)	pilot
der/die Programmierer(in)	computer programmer
der/die Schauspieler(in)	actor/actress
der/die Sozialarbeiter(in)	social worker
der/die Tierarzt/Tierärztin	vet
der/die Verkäufer(in)	sales assistant
der/die Übersetzer(in)	translator
der/die Zahnarzt/Zahnärztin	dentist

Arbeitsorte — Places of work

Arbeitsorte	Places of work
der Keller(–)	cellar
der Laden (Läden)	shop
die Apotheke(n)	chemist's
die Autowerkstatt(–stätten)	garage
die Bäckerei(en)	bakery
die Bank(en)	bank
die Metzgerei(en)	butcher's
das Büro(s)	office
das Geschäft(e)	shop
der Supermarkt(–märkte)	supermarket
das Krankenhaus(–häuser)	hospital
das Altenheim(e)	elderly care home
das Labor(s)	laboratory
das Reisebüro(s)	travel agency
das Restaurant(s)	restaurant
die Schule(n)	school
das Theater(–)	theatre
die Tierklinik(en)	animal surgery

Berufsbilder — Job descriptions

Berufsbilder	Job descriptions
Er/Sie hat ausgezeichnete … Deutschkenntnisse Sprachkenntnisse	He/She has an excellent … knowledge of German knowledge of languages
Er/Sie ist in (Deutsch) fließend.	He/She is fluent in (German).
Er/Sie kann gut kommunizieren.	He/She can communicate well.
Er/Sie interessiert sich für die technischen Aspekte.	He/She is interested in the technical aspects.
Er/Sie … schreibt Reportagen berichtet über aktuelle Themen macht Interviews mit (Stars) ist zuverlässig ist pünktlich	He/She … writes reports reports on current issues interviews (stars) is reliable is punctual
Er/Sie hat eine gute Ausbildung.	He/She has a good education.
Ein Hochschulabschluss / Praktikum ist nicht notwendig.	A degree / work experience is not necessary.
Das Gehalt ist niedrig / großzügig.	The salary is low / generous.
Er/Sie arbeitet … bei einer Firma in einem Geschäft in einem Altenheim in einem Krankenhaus in privaten Häusern	He/She works … for a company in a shop in an elderly care home in a hospital in private houses
zuerst	first(ly)
danach	after that
dann	then
schließlich	finally

Berufsprofile — Job profiles

Berufsprofile	Job profiles
Ich interessiere mich für den Job als …, weil … ich (in Mathe) begabt bin ich (in der Touristik) arbeiten möchte	I'm interested in the job as … because … I'm good at / gifted in (maths) I would like to work in (tourism)
Seit drei Jahren … bin ich Mitglied im Orchester bin ich Kapitän der (Handball-)Mannschaft gehe ich zum Sportverein	For three years … I have been a member of an orchestra I have been captain of the (handball) team I have been going to a sports club
Ich bekomme gute Noten.	I get good grades.
Meine Noten sind nicht so gut.	My grades are not so good.
Meine Durchschnittsnote ist …	My average grade is …
Ich habe einen Teilzeitjob als (Touristenführer(in)).	I have a part-time job as (a tour guide).
Ich habe einen Ferienjob als …	I have a holiday job as a …
Letzten Sommer habe ich als (Freiwillige(r)) gearbeitet.	Last summer I worked as (a volunteer).
Ich bin … kreativ geduldig fleißig pünktlich	I am … creative patient hard-working punctual
Ich konzentriere mich auf den Schulunterricht.	I concentrate on school lessons.
Ich interessiere mich für (das Skifahren).	I am interested in (skiing).
Ich nehme an (der Mathe-Olympiade) teil.	I take part in (the maths olympics).
Ich hoffe auf eine Karriere (in der Touristik).	I am hoping for a career (in tourism).
Ich freue mich auf (den Strandurlaub).	I am looking forward to (the beach holiday).

Mein Lebenslauf / My CV

die Schulbildung	school education
der Schulabschluss	school-leaving qualification
der Schulerfolg	school achievement / success
der Hochschulabschluss	degree
die Arbeitserfahrung	work experience
das Hobby(s)	hobby
das Interesse(n)	interest

Traumberufe / Dream jobs

Als Kind wollte ich (Feuerwehrmann / Clown) werden.	As a child, I wanted to become (a firefighter / a clown).
Ich interessiere mich nicht mehr für ...	I am no longer interested in ...
Ich möchte ... arbeiten.	I would like to work ...
als (Manager(in))	as a (manager)
im Ausland	abroad
in (den USA)	in (the USA)
freiwillig	voluntarily
bei einer (internationalen) Firma	for an (international) company
beim Zirkus	for a circus
Ich möchte ...	I would like ...
in einer Hütte in den Alpen wohnen	to live in a hut / cabin in the Alps
nach (Thailand) reisen	to travel to (Thailand)
ein Jahr in (Thailand) verbringen	to spend a year in (Thailand)
eine Lehre machen	to do an apprenticeship
Marketing machen	to do marketing
Ich habe das Abitur (nicht) bestanden.	I passed (did not pass) my A levels.

Sprachen öffnen Türen / Languages open doors

Im Moment lerne ich (Mandarin), um ...	At the moment I'm learning (Mandarin) in order to ...
Ich möchte (Griechisch) lernen, um ...	I would like to learn (Greek) in order to ...
mich um einen guten Job zu bewerben	apply for a good job
(in China) zu arbeiten	work (in China)
meine (Deutsch-)Kenntnisse zu verbessern	improve my knowledge of (German)
die Leute besser kennenzulernen	get to know the people better
die Kultur besser kennenzulernen	get to know the culture better
die Sprache besser kennenzulernen	get to know the language better
(die Opern) richtig zu verstehen	understand (the operas) properly
durch das Land zu reisen	travel around the country
mit Leuten in ihrer Muttersprache zu kommunizieren	communicate with people in their native language
nach (Spanien) auszuwandern	emigrate to (Spain)
mich zu amüsieren	have fun
Im Moment lerne ich (Mandarin), weil es ... ist.	At the moment I'm learning (Mandarin) because it is ...
Pflichtfach	a compulsory subject
nötig / notwendig	necessary, essential
wichtig	important

Startpunkt Festivals und Events

- Describing international festivals and events
- Forming questions

1 sprechen **Partnerarbeit. Beschreib das Foto.**

- Welche Personen sind auf dem Foto?
- Was machen die Personen auf dem Foto?
- Was kann man sonst auf dem Foto sehen?
- Deine Meinung: Macht Rockmusik gute Laune?
- Welches Musikfestival willst du sehen? Warum?

2 lesen **Lies die Texte. Welches internationale Festival oder Event ist das?**

1
Das ist ein Turnier für Nationalmannschaften. Zweiunddreißig Mannschaften kämpfen im Turnier. Das findet alle vier Jahre statt. Die deutsche Nationalmannschaft hat viermal gewonnen.

2
Das ist ein berühmtes europäisches Musikfestival. Normalerweise hört man Sänger und Komponisten aus ungefähr 52 europäischen Ländern.

3
Es ist das größte Volksfest in der ganzen Welt. Jedes Jahr kommen Millionen von Besuchern aus aller Welt nach München. Man kann spezielle Biere trinken.

4
Zweimal im Jahr, im Februar und September, kann man die neuesten Kollektionen sehen. Während der Woche gibt es ungefähr neunzig Modenschauen.

5
Diese Wettkämpfe sind die wichtigsten internationalen Spiele. Athleten und Mannschaften aus jedem Land spielen und kämpfen, um Gold-, Silber- oder Bronzemedaillen zu gewinnen.

6
Jeden Mai kommen die Stars in diese Kleinstadt im Süden von Frankreich. Eine internationale Jury wählt den besten Film und dieser Film bekommt einen Preis, die ‚Goldene Palme'.

> **stattfinden** = to take place
> **ungefähr** = approximately

a die Olympischen Spiele	**d** die Pariser Modewoche
b das Oktoberfest	**e** der Eurovision Song Contest
c die Filmfestspiele von Cannes	**f** die Fußballweltmeisterschaft

3 hören **Hör zu. Vier junge Leute sprechen über Festivals und Events. Füll die Tabelle auf Deutsch aus. (1–4)**

	Wie heißt das Festival / Event?	Wann findet es statt?	Wie ist das?	Wo hat es 2015 stattgefunden?	Andere Informationen?
1	Rugby-Union-Weltmeisterschaft				

G *Asking questions with question words*   **❯** *Page 214*

Was machen die Personen auf dem Foto?
What are the people in the photo doing?

Wann findet das Musikfestival statt?
When does the music festival take place?

Wo findet es statt?
Where does it take place?

Warum ist Rock deine Lieblingsmusik?
Why is rock music your favourite music?

Wie fährst du zum Musikfestival?
How are you travelling to the music festival?

The question word *wer* (who) changes depending on its case, e.g. whether it is nominative or accusative.

Nominative: *Wer ist auf dem Foto?*
Who is in the photo?

Accusative: *Wen hast du beim Musikfestival gesehen?*
Who did you see at the music festival?

The question word *welch–* (which) follows the same pattern as the definite article (*der, die, das, die*).

	nominative	**accusative**
masc.	*welcher*	*welchen*
fem.	*welche*	*welche*
neut.	*welches*	*welches*
pl.	*welche*	*welche*

Nominative: *Welche Bands spielen?*
Which bands are playing?

Accusative: *Welchen Sänger hast du gesehen?*
Which singer have you seen?

 4 **Übersetze die Fragen ins Deutsche.**

1 When do you listen to music?
2 Where do you play football?
3 Why is tennis your favourite sport?
4 How are you travelling to Munich?
5 Who won the prize?
6 Which bands have you heard?

 Pay attention to the tense and take care to use the correct tense in German translations.

And don't forget that in German the verb comes second, after the question word.

 5 **Partnerarbeit. Diskussion: Ein Musikfestival / ein sportliches Event.**

• Was ist dein Lieblingsfestival / dein Lieblingsevent?
• Wo findet es statt?
• Wann findet es statt?
• Hast du schon ein Festival oder ein Event besucht? Welches?
• Wie war es?

 6 **Du warst auf einem Musikfestival oder einem sportlichen Event. Schreib eine E-Mail.**

• Use the questions from exercise 5 to help you structure your writing.
• Remember to use the present and past tenses.
• Add opinions, with reasons.

Mein ... Lieblingsmusikfestival Lieblingsevent	ist	die Pariser Modewoche. der Eurovision Song Contest. die Fußballweltmeisterschaft.	
	sind	die Filmfestspiele von Cannes. die Olympischen Winterspiele / Sommerspiele.	
Das Festival / Event	findet	in Deutschland / England / ...	statt.
Es	findet	jeden Sommer / Winter jedes Jahr alle vier Jahre im Mai	statt.
Ich habe		die Fußballweltmeisterschaft das Glastonbury Festival	gesehen / besucht.
Das Festival / Event	war	sehr total ziemlich	spannend. toll. laut. langweilig.

1 Der Berlin-Marathon

1 lesen

Sieh dir die Berlin-Marathon-Strecke an. Wo liegt das auf dem Plan? Wie heißt das auf Englisch?

Beispiel: **1** b information stand

1 der Informationskiosk
2 die Ziellinie
3 das Souvenirgeschäft
4 der Massageraum
5 die Kleiderabgabe
6 die Kinderkrippe

⭐ Use what you know about compound nouns to work out what the component parts of each word mean: e.g. *die Ziellinie → Ziel + Linie* = goal + line (finish line).

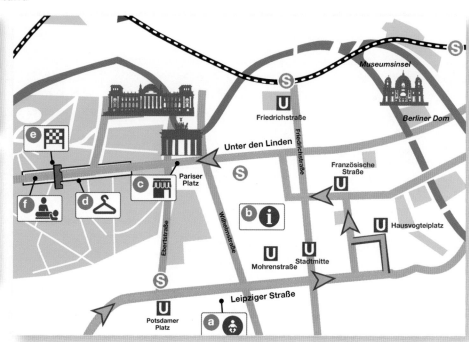

2 hören

Hör zu und sieh dir den Plan noch mal an. Wo helfen sie beim Berlin-Marathon? (1–6)

Beispiel: **1** c

3 lesen

Lies den Text über Volunteering beim Berlin-Marathon. Sind die Sätze richtig oder falsch?

Mein Lieblingshobby ist Inlineskating. Ich muss sehr fit bleiben und gehe oft trainieren. Jedes Jahr helfe ich beim Berlin-Marathon. **Für** mich ist das anstrengend, aber es macht auch viel Spaß.

Ich muss die Straßen **entlang** skaten und den Läuferinnen und Läufern helfen. Ich helfe an der Startlinie und an der Ziellinie. Ich skate auch **durch** die Stadt. **Ohne** die Inlineskater gibt es keinen Marathon!

Es gibt auch einen Marathon für Inlineskater. Man skatet **um** das Stadtzentrum und läuft **gegen** Teilnehmer aus aller Welt. Letztes Jahr habe ich bei diesem Marathon die Silbermedaille gewonnen!

Anni

1 Anni muss oft trainieren.
2 Sie hilft gern beim Marathon.
3 Beim Marathon ist sie nicht sehr aktiv.
4 Die Arbeit ist nicht wichtig.
5 Sie hat am Inlineskater-Marathon teilgenommen.

4 lesen **Lies den Text (Aufgabe 3) noch mal und sieh dir die blauen Wörter an. Was passt zusammen?**

Beispiel: für – for

~~for~~   against   around   without   along   through

G *Prepositions taking the accusative* ❯ *Page 207*

These prepositions are always followed by the accusative case:

für   ohne   entlang   um   durch   gegen

Here is a reminder of the definite and indefinite articles in the accusative case:

	masc.	fem.	neut.	pl.
def. article	*den*	*die*	*das*	*die*
indef. article	*einen*	*eine*	*ein*	*–*

Ich skate durch **die** *Stadt.* I skate through the city.

Man skatet um **das** *Stadtzentrum.* You skate around the city centre.

Don't forget that subject pronouns also change in the accusative case: *ich → **mich**.*
Für **mich** *ist das anstrengend.* For **me** it is tiring.

---

5 schreiben **Beschreib das Foto. Schreib einen kurzen Text.**

- Welche Personen sind auf dem Foto?
- Was machen die Personen auf dem Foto?
- Was kann man sonst auf dem Foto sehen?
- Deine Meinung: Macht Sport Spaß?
- An welchem sportlichen Event willst du teilnehmen? Warum?

⭐ How many of the prepositions did you use to answer the questions? Did you remember to use the accusative after each preposition?

Auf dem Foto	sind	zwei Personen / drei Athleten.	
Die Personen / Die Athleten	laufen skaten	um das Stadtzentrum. durch die Stadt.	
	spielen	bei der Fußballweltmeisterschaft.	
	nehmen	an den Olympischen Spielen / an einem sportlichen Event	teil.
Man kann	viele Athleten / Teilnehmer / Zuschauer	sehen.	
Ich finde,	Sport macht (keinen) Spaß, weil	Sport gut für die Fitness ist. ich (nicht) sportlich / aktiv bin.	
Ich will	am Marathon an den Olympischen Spielen an der Fußballweltmeisterschaft	teilnehmen, denn	ich interessiere mich für … mein Lieblingshobby ist … ich möchte eine Medaille gewinnen!

---

6 sprechen **Partnerarbeit. Diskussion: An welchem sportlichen Event willst du teilnehmen? Warum?**

⭐ Use your written work from exercise 5 and refer to the key language box for support.

1 sprechen

Partnerarbeit. Sieh dir die Statistik an und beantworte die Fragen.

Die besten Nationen bei den Olympischen Winterspielen (bis 2014)			
Land	Gold-medaillen	Silber-medaillen	Bronze-medaillen
1 Deutschland	136	135	106
2 Russland	136	103	102
3 Norwegen	118	111	100
4 USA	96	102	83
5 Kanada	62	55	53

1 Welche Nation hat sechsundneunzig Goldmedaillen gewonnen?
2 Welche Nation hat die meisten Bronzemedaillen gewonnen?
3 Welche Nationen haben mehr Silbermedaillen als Russland gewonnen?
4 Welche Nation ist die erfolgreichste Nation?

2 hören

Hör zu und lies. Schreib den Text ab und vervollständige den Text.

Im Jahr **1** ▨▨▨ haben die 22. Olympischen Winterspiele stattgefunden.
Sie haben vom **2** ▨▨▨ bis 23. Februar in Sotschi, Russland, stattgefunden.
Im Jahr **3** ▨▨▨ haben die Olympischen Sommerspiele in Moskau stattgefunden. Das Olympiastadion hatte eine Kapazität von **4** ▨▨▨ Zuschauern. 2.861 Sportler aus **5** ▨▨▨ Ländern haben an den Olympischen Winterspielen teilgenommen. Die Athleten haben insgesamt 1.300 Medaillen gewonnen und die Russen haben **6** ▨▨▨ Medaillen gewonnen.

7.	2014
40.000	88
33	1980

haben ... stattgefunden (stattfinden) = ... took place (to take place)
der Zuschauer = spectator
insgesamt = in total

3 sprechen

Partnerarbeit. Wähl einen Text (a oder b) aus und lies ihn vor. Dein(e) Partner(in) macht das Buch zu und schreibt die Zahlen auf.

a

Im Jahr 1928 haben die 2. Olympischen Winterspiele in St. Moritz in der Schweiz stattgefunden. Die Winterspiele haben vom 11. bis 19. Februar stattgefunden.

b

464 Sportler aus 25 Ländern haben an den Winterspielen teilgenommen. Es gab Wettbewerbe in 4 Sportarten. 20 Jahre später haben die Winterspiele wieder in St. Moritz stattgefunden.

G *Numbers and dates*

Remember that numbers in the 20s, 30s, 40s, 50s, 60s, 70s, 80s and 90s are always said smaller number first and larger number second.
33 *drei*und*dreißig* (three and thirty)
88 *acht*und*achtzig* (eight and eighty)

Numbers in the hundreds and thousands work in a similar way to English but you can leave out 'one' when you say 'one hundred' or 'one thousand':
124 *hundertvierundzwanzig* (hundred twenty-four)
1.300 *tausenddreihundert* (thousand three hundred)
40.000 *vierzigtausend*

Years starting with 19– are always said in hundreds, and years starting with 20– are usually said in thousands:
1980 *neunzehnhundertachtzig* (nineteen hundred eighty)
2016 *zweitausendsechzehn* (two thousand sixteen)

Ordinal numbers add –*ten* to the number for dates up to 20, and –*sten* from 20 onwards.
7. *sieb**ten*** (seventh)
23. *dreiundzwanzig**sten*** (twenty-third)

4 Lies die Texte. Wie heißt das auf Deutsch? (1–9)

a

Die Olympischen Spiele bringen **viel Geld** in die **Gastgeberstadt**. Im Jahr 2012 sind viele Touristen nach London gekommen. Diese Touristen haben Souvenirs gekauft, haben in Restaurants gegessen und haben in Hotels übernachtet.

Klara

c

Die Spiele in Vancouver waren ein spannendes Event für Sportler und Zuschauer, und auch die Einwohner haben die Spiele toll gefunden. Meiner Meinung nach sind die Olympischen Spiele sehr wichtig, weil sie Kulturen und **Sprachen** zusammenbringen.

Zoe

b

Im Jahr 2004 in Athen gab es viele **Baustellen** und es war sehr schmutzig. Es gab viel **Stau** und das war nicht gut. Es gab auch mehr **Luftverschmutzung**. Schrecklich!

es gab = there was / there were

Martin

d

Ich finde, das größte Problem ist **der Zeitdruck**. Es gibt oft nicht genug Zeit, neue Stadien und Infrastruktur aufzubauen. Manchmal sind die Stadien **unsicher** und es gibt **Unfälle**.

Leo

1 host city	**4** building works	**7** time pressure
2 accidents	**5** languages	**8** traffic jams
3 lots of money	**6** air pollution	**9** unsafe

5 Lies die Texte noch mal. Wer ist für und wer ist gegen die Olympischen Spiele? Warum? Füll die Tabelle auf Englisch aus.

	for or against?	why?
Klara	for	lots of tourists, …
Martin		
Zoe		
Leo		
Sara		

6 Hör zu und füll die Tabelle (Aufgabe 5) für Sara aus.

7 Bist du für oder gegen die Olympischen Spiele? Warum? Mach Notizen.

> Look again at the texts in exercise 4 for ideas.

8 Gruppenarbeit. Diskussion: Olympische Spiele – dafür oder dagegen?

● *Meiner Meinung nach sind die Olympischen Spiele nicht gut, weil es Luftverschmutzung gibt.*
■ *Ich finde, die Olympischen Spiele sind wichtig, weil sie viele Touristen und viel Geld bringen.*
▲ *Auf der einen Seite …*

> Meiner Meinung nach sind die Olympischen Spiele gut / nicht gut, weil …
> Ich finde, die Olympischen Spiele sind wichtig / nicht wichtig, weil …
> Auf der einen Seite …, aber auf der anderen Seite …

- *Discussing a global music event*
- *Developing an awareness of adjectival nouns*

1 hören

Hör zu. Wie viele Punkte haben diese Länder von der deutschen Jury bekommen? Füll die Lücken aus.

Albanien	Georgien	Montenegro	Serbien
Armenien	Griechenland	Norwegen 7	Slowenien
Australien 1	Großbritannien	Österreich	Spanien
Belgien 2	Israel 4	Polen	Ungarn 10
Deutschland	Italien 5	Rumänien	Zypern
Estland 3	Lettland 6	Russland 8	
Frankreich	Litauen	Schweden 9	

2 sprechen

Sieh dir die Punkte an. Wie viele Punkte hat jedes Land bekommen? Stell deinem Partner/deiner Partnerin Fragen.

- *Wie viele Punkte hat Australien bekommen?*
- *Australien hat … Punkte bekommen.*

If you don't know the answer to a question you are asked, use one of these simple phrases:
Ich weiß nicht. I don't know.
Ich bin mir nicht sicher. Was denkst du?
I'm not sure. What do you think?

3 lesen

Lies den Text. Wie heißt das auf Deutsch?

Der Eurovision Song Contest ist das größte Musikfest in Europa, aber wie hat das angefangen?

Am ersten Eurovision Song Contest im Jahr 1956 haben sieben Länder teilgenommen: die Schweiz, die Niederlande, Belgien, Deutschland, Frankreich, Luxemburg und Italien. Heute nehmen alle **EU-Mitglieder** und Israel teil. Fünf Länder (Deutschland, Frankreich, Spanien, Italien und Großbritannien) nehmen automatisch teil, weil sie **die größten Kosten** bezahlen.

Im Jahr 2015 ist etwas Neues passiert: Australien hat sich als **Jubiläumsgast** direkt für das Finale qualifiziert.

Eine Deutsche hat den Contest zum letzten Mal im Jahr 2010 gewonnen, aber 2016 hat die Deutsche Jamie-Lee Kriewitz nur elf Punkte bekommen. Der Ire Johnny Logan hat zweimal als Sänger und einmal als **Komponist** gewonnen.

Wer gewinnt, muss im folgenden Jahr **Gastgeberland** werden. Es gibt oft viele Nachteile für das Gastgeberland, zum Beispiel ist der Contest sehr teuer. Der Contest ist auch oft ein Fokus für Konflikte oder politische Probleme. Aber das Gute ist: Er bringt europäische Nationen zusammen.

1 EU members **2** jubilee guest **3** the highest costs **4** host country **5** composer

4 lesen

Lies den Text noch mal. Vervollständige die Sätze.

1 _____ countries took part in the first Eurovision song contest.
2 _____ countries automatically take part because they pay the highest costs.
3 In _____, Australia automatically qualified for the final as a jubilee guest.
4 In _____, a German competitor won.
5 In 2016, the German competitor was awarded only _____ points.
6 The Irish competitor, Johnny Logan, has won _____ times in total.

5 hören

Hör zu und mach Notizen auf Deutsch über die Sängerin Conchita Wurst.

Nachname (*surname*):   Neuwirth

Vorname (*first name*):

Geburtsjahr (*year of birth*):

Land (*country*):

Künstlername (*stage name*):

> *Page 221*

G *Adjectival nouns*

In German, adjectives can often be used as nouns. They begin with a capital letter and are used with the correct article (*der, die, das* or *ein, eine*). They have the same endings as if they were adjectives:

deutsch → **der D**eutsche / **die D**eutsche   the German (person)
           ein Deutscher / **eine D**eutsche   a German (person)

They are often used with a neuter article to convey an idea or concept:

interessant → **das I**nteressante   the interesting thing
gut   → **das G**ute   the good thing

They are also frequently used after **etwas** (something), **nichts** (nothing), **viel** (much) or **wenig** (little):

etwas **I**nteressant**es**   something interesting
nichts **I**nteressant**es**   nothing interesting
viel **G**ut**es**   much good
wenig **G**ut**es**   little good

Look again at the text in exercise 3. Can you identify the adjectives that are used as nouns?

---

6 hören

Hör zu und beantworte die Fragen auf Englisch.

1 In which year did Conchita Wurst win the Eurovision song contest?
2 In which countries was she unpopular? (<u>two</u> countries)
3 How did the Austrians feel about her?
4 What happened at the airport after she won the contest?

 Kulturzone

Conchita sang her winning song *Rise Like a Phoenix* in English. Search for the lyrics online and then look for the German version. How do the lyrics compare?

---

7 schreiben

Übersetze die Sätze ins Deutsche.

> This is an adjectival noun – refer to the grammar box for support.

1 Conchita Wurst is my role model.
2 She comes from Austria.
3 The good thing is, she can sing in German and English.
4 She won the Eurovision Song Contest in 2014.
5 I want to take part in the Eurovision Song Contest because it is great.

> In German, you don't say 'in'. You can say *2014 hat sie …* or alternatively, *Im Jahr 2014 …*

> Make sure you use this modal verb correctly. What will happen to the position of the next verb (to take part)?

---

8 schreiben

Du interessierst dich für den Eurovision Song Contest. Schreib einen Artikel für eine deutsche Zeitschrift.

> Ich interessiere mich für den Eurovision Song Contest, weil …
> Für mich sind die Vorteile …
> Ich finde, die Nachteile sind …
> Ich will (nicht) am Contest teilnehmen, weil …

- *Explaining what a school does to be environmentally friendly*
- *Using adverbs*

1 hören Hör zu. Würde man diese Umweltaktionen in der Schule bestimmt (✓✓), vielleicht (?) oder nie (✗) machen? (1–8)

Beispiel: **1** ✗

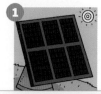

1 eine Solaranlage installieren

2 den Müll trennen (die Müllscouts)

3 Druckerpatronen und Kopierkartuschen recyceln

4 eine Fahrradwoche organisieren

5 Energie sparen

6 Nistkästen für Vögel bauen

7 Obst und Gemüse kompostieren

8 Bienenvölker im Schulgarten halten

2 sprechen Partnerarbeit. Diskussion: Umweltaktionen in der Schule.

- *Welche Umweltaktionen sollte man in der Schule machen?*
- *Meiner Meinung nach sollte man bestimmt den Müll trennen, weil das einfach ist.*

 To talk generally about what you **should** do, **can** do or **want to** do, remember to use these useful verb forms:

Man **sollte**	eine	You / We **should**	install
Man **kann**	Solaranlage	You / We **can**	solar
Man **will**	installieren.	You / We **want to**	panels.

3 hören Hör zu. Die Umweltsprecher von jeder Klasse besprechen Umweltschutz für das Schuljahr. Was wollen sie machen? Mach Notizen auf Englisch. (1–5)

Beispiel: **1** Katja: sort rubbish more often

1 Katja   2 Thomas   3 Marlene

4 Chris   5 Sofie

G Adverbs ⟩ Page 213

Adverbs are words that decribe verbs. Common adverbs include *leicht* (easily), *billig* (cheaply), *effektiv* (effectively), *schnell* (quickly), *oft* (often), *gut* (well).

*Man sollte **schnell** Energie sparen.*
We should **quickly** save energy.

Comparative adverbs
Add **–er** to the adverb to form the comparative:

*Man will **effektiver** recyceln.*
We want to recycle **more effectively**.

Some adverbs have irregular comparative forms:

*Man sollte **öfter** den Müll trennen.*
We should sort the rubbish **more often**.

*Man kann **besser** kompostieren.* We can compost **better**.

Superlative adverbs
Adverbs can also be used in the superlative:

*Man kann **am schnellsten** den Müll trennen.*
We can sort rubbish **the most quickly**.

4 schreiben Übersetze die Sätze ins Deutsche.

1 We can <u>easily</u> build bird boxes.
2 We should compost fruit and vegetables <u>more often</u>.
3 We want to install a solar panel <u>more effectively</u>.
4 We want to sort the rubbish <u>better</u>.
5 We can recycle printer cartridges <u>the most quickly</u>.

5 lesen

Lies den Text. Welches Bild passt zu welchem Absatz?

1 Ich besuche die Schule am Waldblick in Mahlow. Letztes Jahr hat meine Schule einen deutschen Klimapreis gewonnen. Das Preisgeld war 10.000 Euro! Meine Klasse hat das Projekt „Schule spart Energie – Schüler unterrichten Schüler" gemacht.

2 Zuerst sind wir zum Institut für Umweltfragen gegangen und haben gelernt, wie man in der Schule besser Energie sparen kann. Wir haben Informationen über Lüften und Raumtemperaturen bekommen.

3 Das war sehr interessant und wir haben entschieden, eine Unterrichtsstunde für die vierten und fünften Klassen der Herbert-Tschäpe-Grundschule zu planen. Wir haben diese Unterrichtsstunde unterrichtet. Es war oft schwierig und anstrengend, aber es hat trotzdem sehr viel Spaß gemacht.

4 Seit dem Projekt bin ich Umweltsprecher für meine Klasse geworden und ich mache in der Schule viele Umweltaktionen. Wir schalten das Licht öfter aus und trennen effektiver den Müll.

Stefan

eine Unterrichtsstunde = *a lesson*
ein Umweltsprecher =
  an environmental representative

   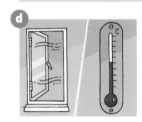

6 lesen

Lies den Text noch mal. Wähl die richtige Antwort aus.

1 The school won the Lottery / a prize / a song contest.
2 Stefan's class created a picture / an exchange / an environmental project.
3 They learned how to save energy / water / animals.
4 They taught teenagers / primary school children / adults about the environment.
5 It was great fun but at times boring / difficult / impossible.
6 Since the project, Stefan has been happier / more environmentally active / less environmentally active.

7 schreiben

Schreib einen Text über Umweltaktionen.

• Welche Umweltaktionen sollte man in der Schule machen?
• Welche Umweltaktionen hast du schon in der Schule gemacht?
• Was willst du in Zukunft machen, um der Umwelt zu helfen? Warum?

Man sollte bestimmt … und effektiver …
Wir haben schon … recycelt / organisiert / …
In Zukunft will ich …

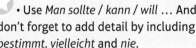

• Use *Man sollte / kann / will* … And don't forget to add detail by including *bestimmt, vielleicht* and *nie*.

• Make sure you know the past participles of the verbs in exercise 1 and use them correctly. E.g. *Ich habe / Wir haben* … (*recycelt, organisiert, gespart, gebaut*).

• Include comparative and superlative adverbs to give more complex opinions and reasons.

- Explaining what a country can do to be environmentally friendly
- Revising adjectives (comparative and superlative forms)

1 Hör zu. Welches Land ist das? Was ist das größte Umweltproblem? (1–6)

Beispiel: **1** Österreich b

die Dürre

die Luftverschmutzung

der saure Regen

die Wasserverschmutzung

die globale Erwärmung

die Abholzung

Deutschland   **Luxemburg**   **die Schweiz**

Österreich   **Namibia**   **Brasilien**

2 Was ist das größte Problem in jedem Land? Schreib Sätze.

Beispiel: In Österreich ist das größte Problem die Luftverschmutzung.

3 Lies den Text und beantworte die Fragen auf Deutsch.

Laura

Ich wohne in Bern, in der Schweiz. Ich interessiere mich sehr für den Umweltschutz, weil die Schweiz viele Umweltprobleme hat.

Die globale Erwärmung hat große Konsequenzen hier in der Schweiz. Viele Gletscher schmelzen in den Bergen und das finde ich sehr traurig. Man sollte effektiver Energie sparen (zum Beispiel mehr Solaranlagen installieren), um die Gletscher zu schützen.

Meiner Meinung nach ist das größte Problem in der Schweiz das Aussterben von Tierarten. Hier sind der Luchs, der Biber und mehrere Vogelarten vom Aussterben bedroht. Die Abholzung zerstört die Wälder, wo diese schönen Tiere wohnen. Wenn man Nistkästen für die Vögel in den Wäldern baut, kann man die Vögel vielleicht schützen. Man sollte mehr Bäume pflanzen und weniger abholzen.

der Umweltschutz = environmental protection
der Gletscher(–) = glacier
vom Aussterben bedroht = threatened with extinction

1 Was ist die Konsequenz der globalen Erwärmung in den schweizerischen Bergen?

2 Was sollte man machen, um dieses Problem zu lösen?

3 Was ist für Laura das größte Problem in der Schweiz?

4 Welche Tierarten sind bedroht? (drei Details)

5 Was sollte man machen, um die Vögel zu schützen? (zwei Details)

> **G** *Comparative and superlative adjectives* > Page 211

Don't forget that adjectives can be used in a variety of ways:

(adj.)	(comparative adj.)	(superlative adj.)
*ein **großes** Problem* (a big problem)	*ein **größeres** Problem* (a bigger problem)	***das größte** Problem* (the biggest problem)

You can also use **mehr** and **weniger** with a noun to express **more** or **less**:

*Man sollte **mehr** Bäume pflanzen.* We should plant **more** trees.
*Man sollte **weniger** Bäume fällen.* We should cut down **fewer** trees.

4 **Hör zu. Sind die Deutschen umweltbewusster als wir? Wähl die richtige Antwort aus.**

1 In 2015 / 2005 / 2010, the German environment ministry conducted a study into environmental attitudes.
2 71% / 91% / 81% of Germans find environmental protection important.
3 80% / 60% / 40% think that global warming is the biggest problem.
4 The German population finds it quite / very / not very important to invest in solar energy.
5 The German population thinks people should travel more often by car / on foot / by bike.
6 They will / will not spend more money on environmentally friendly appliances.

⭐ Use logic to work out the meaning of new vocabulary in listening passages:
• Can you work out the meaning from the gist of the passage?
• Can you use your knowledge of linked vocabulary?
• Can you spot any cognates?

das Gerät(–e) = machine, appliance

 5 **Lies den Auszug aus dem Roman *Somniavero*. Wie heißt das auf Deutsch? (1–6)**

In Anja Stürzer's novel *Somniavero*, Jochanan is a boy living in 2121. He and his parents take a holiday back to 2031 to see what the world was like.

Dort, wo er herkam, gab es keine **Mücken**. Auch keinen **Wald** und keine **Wölfe** oder irgendwelche anderen **Raubtiere**. Eben überhaupt keine **wilden Tiere** mehr. Darum musste man in **die Vergangenheit** reisen, wenn man welche sehen wollte. Jochanan grinste. Das würde er aufschreiben! [...] „Wenn man Natur erleben will, dann muss man in der Zeit zurückreisen."

erleben = to experience
zurückreisen = to travel back

1 wolves	4 wild animals
2 mosquitoes	5 the past
3 forest	6 predators

 6 **Lies den Text noch mal. Beantworte die Fragen auf Englisch.**

1 Which insects don't exist in 2121?
2 What type of landscape doesn't exist in 2121?
3 What type of creature must you travel back in time to see?
4 What does Jochanan write down?

⭐ This text uses the imperfect tense. Find the following phrases to help you to read it:
• *er herkam* (he came from)
• *gab es* (there were)
• *musste man* (you had to)
• *man ... wollte* (you wanted to ...)
• *... grinste* (... grinned)

 7 **Schreib einen Artikel: Deine Meinungen zu Umweltproblemen.**

• Was ist das größte Umweltproblem in deinem Land?
  Das größte Problem ist ...
• Warum ist das ein großes Problem?
  Das ist ein großes Problem, weil ...
• Wie kann man die Umwelt schützen?
  Man sollte ... / Man kann mehr / weniger ...

1 sprechen **Gruppenarbeit. Diskussion: Welche Arbeit willst du machen?**

● *Welche Arbeit willst du machen?*
■ *Ich will bestimmt Kindern helfen. Und du?*
▲ *Ich will bestimmt ..., aber ich will nie ...*

⭐ Try to use *bestimmt, vielleicht* and *nie* to express your preferences.

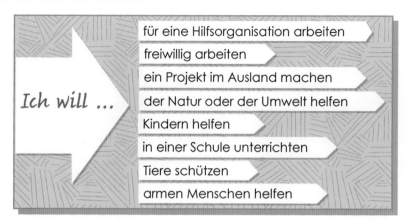

Ich will ...

für eine Hilfsorganisation arbeiten

freiwillig arbeiten

ein Projekt im Ausland machen

der Natur oder der Umwelt helfen

Kindern helfen

in einer Schule unterrichten

Tiere schützen

armen Menschen helfen

2 lesen **Lies den Text und die Sätze (1–6). Füll die Lücken auf Englisch aus.**

Was willst du in den Sommerferien machen? Interessierst du dich für freiwillige Arbeit? Hier kannst du mehr herausfinden.

a mit blinden Kindern in Nepal arbeiten ▶

b Deutsch an einer Schule in Bali unterrichten ▶

c bei einer Schildkröten-Schutzorganisation auf den Malediven arbeiten ▶

d bei einer Umweltschutzorganisation in Costa Rica arbeiten ▶

e bei einer Hilfsorganisation für Straßenkinder in Namibia arbeiten ▶

f Fußball mit armen Kindern in Südafrika spielen ▶

1 In Nepal you can work with ▭ children.
2 You can teach ▭ in Bali.
3 If you want to work with animals, you can ▭ turtles in the Maldives.
4 In Costa Rica you can work for an ▭ organisation.
5 You can work with an aid organisation to help street children in ▭.
6 You can play football with ▭ children in South Africa.

3 hören **Hör zu und sieh dir Aufgabe 2 noch mal an. Was wollen sie machen? Schreib den richtigen Buchstaben auf. (1–6)**

Beispiel: **1** Karla – f

Karla

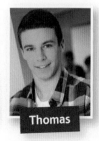
Thomas

Sara

Finn

Pia

Dano

4 lesen **Lies das Interview mit Roland Gramling. Sind die Sätze richtig oder falsch?**

Im Jahr 2013 hat der WWF seinen 50. Geburtstag gefeiert. Roland Gramling ist Pressesprecher bei der Organisation.

Jugend-Magazin:	*Roland, wie hat die Organisation diesen Geburtstag gefeiert?*
Roland:	Man hat mit kleineren und größeren Aktionen gefeiert.
Jugend-Magazin:	*Was hat die Organisation gemacht?*
Roland:	Die Organisation hat eine tolle Reise ,Pandas on Tour' durch 25 deutsche Städte gemacht, um die Menschen auf der Straße über Umwelt- und Naturschutz aufzuklären.
Jugend-Magazin:	*Wie hat sich die Organisation auf die Tour vorbereitet?*
Roland:	Vor der Reise hatten die Freiwilligen 1.600 Pandaskulpturen und ein interaktives Pandahaus eingepackt.
Jugend-Magazin:	*Und war die Tour sehr populär?*
Roland:	Die Tour war sehr populär; sie hatte 750.000 Besucher.

1 Der WWF hat seinen fünfundzwanzigsten Geburtstag gefeiert.
2 Die Organisation hat nur mit kleineren Aktionen gefeiert.
3 Der Titel der Reise war ,Pandas on Tour'.
4 Vor der Reise hatten die Freiwilligen ein interaktives Pandahaus eingepackt.
5 Es gab auch fünfhundert Pandaskulpturen.
6 Viele Leute haben die Tour besucht.

> **G** *The pluperfect tense* **>** *Page 220*
>
> Some of the sentences in exercise 4 use the pluperfect tense. The pluperfect is used to describe an action that happened <u>before</u> another action in the past. You will need to be able to recognise it in a reading or listening exercise.
>
> *Vor der Reise **hatten** die Freiwilligen Pandaskulpturen **eingepackt**.*
> Before the tour, the volunteers **had packed** panda sculptures.

5 hören **Hör zu. Das Albert-Einstein-Gymnasium war zu Besuch bei der Partnerschule in Namibia. Welche vier Sätze sind richtig?**

1 The German school is smaller than the school in Namibia.
2 The Namibian pupils live in a small town.
3 The Namibian pupils are quite poor.
4 The German pupils didn't go to the Namibian school.
5 Today, they still communicate with the Namibian pupils.
6 In the future, they will do a sporting activity together.

6 sprechen **Partnerarbeit. Sieh dir das Foto an. Stell deinem Partner/deiner Partnerin Fragen.**

• Welche Personen sind auf dem Foto? *Auf dem Foto sind … / sieht man …*
• Hat deine Schule eine Partnerschule? *Ja, meine Schule hat eine Partnerschule in … / Nein, wir haben keine Partnerschule, aber ich will eine Schule in … besuchen.*
• Hast du eine Schule in einem anderen Land besucht? Was hast du gemacht?
  Ja, ich habe unsere Partnerschule in … besucht. Wir haben … / Nein, ich habe nie eine Partnerschule besucht, aber ich will nach … fahren.
• Ich denke, alle deutschen Schulen sollten eine Partnerschule in Namibia haben. Was meinst du?
  Ich denke, alle deutschen Schulen sollten eine Partnerschule haben, weil …
• Was willst du machen, um einer Partnerschule in Namibia zu helfen? *Ich will … machen.*

1 lesen **Read the posts from a music festival.**

Karola:	Ich bin seit gestern hier und ich finde es total unterhaltsam. Die Stimmung ist fantastisch!
Martin:	Das Festival findet in England statt und es ist mein Lieblingsmusikfestival.
Paula:	Es gibt hier nicht nur Sänger und Bands aus England, sondern auch aus anderen europäischen Ländern und aus den USA. Ich sehe so viele coole Bands.
Timo:	Ich höre die laute Musik die ganze Nacht und kann nicht schlafen!

Who says what? Enter Karola, Martin, Paula or Timo. You can use each person more than once.

Example: ___Karola___ has been there for a day.

a   … finds the music too loud.
b   … likes international music.
c   … loves the atmosphere.

d   … loves this festival more than any other.
e   … has problems sleeping.
f   … likes watching a range of bands.

2 lesen **Read this article from a German newspaper.**

Laut einer Studie sehen die meisten Teenager sehr gern Sport, finden aber, dass die Olympischen Spiele nicht nur Vorteile mitbringen. Die Mehrheit der Befragten glauben, die Spiele haben keinen positiven Einfluss auf die Umwelt. Hauptgrund: Zu viel Luftverschmutzung.

Es gibt aber doch mehrere Vorteile der Spiele. Die vielen Touristen bringen zum Beispiel viel Geld in die Gastgeberstadt. Dann gibt es aber auch zu viele Menschen in den öffentlichen Verkehrsmitteln, und das kann für die Einwohner des Gastgeberlandes nervig sein.

Die meisten Einwohner sind sich aber darüber einig: Den Olympischen Park zu besuchen lohnt sich einfach. Was für ein Erlebnis!

Answer the following questions in English.

a   In what way do teenagers feel that the Olympic Games affect the environment?
b   What advantage of the Olympic Games is mentioned?
c   What is the highlight for the residents of the host city?

3 lesen **Lies Alexandras Blog.**

Der Umweltschutz ist am wichtigsten. Alle müssen die Umwelt schützen. In meiner Schule bin ich Umweltsprecher und ich organisiere die Müllscouts. Wir trennen den Müll und recyceln Druckerpatronen und Kopierkartuschen.

Normalerweise spare ich Energie. Wenn ich aus dem Klassenzimmer gehe, schalte ich das Licht und den Computer aus. Meiner Meinung nach sollte man in den nächsten Jahren eine Solaranlage installieren, um effektiver Energie zu sparen. Das ist aber leider sehr teuer.

Diesen Sommer pflanzen wir neue Bäume im Park, und wir wollen auch eine Fahrradwoche in der Schule organisieren. Das ist einfach und umweltfreundlich.

Füll die Lücke in jedem Satz mit einem Wort aus dem Kasten.
Es gibt mehr Wörter als Lücken.

grüner	arbeitet	Energie	größer	Geld	Schule
~~Umweltschutz~~	helfen	Park	kostet	Umwelt	benutzen

Beispiel: _Umweltschutz_ ist etwas für alle.

a Die Müllscouts … der Umwelt.
b In der Schule kann man leicht … sparen.
c Eine Solaranlage … viel.
d Der Park wird …
e Die Radfahrer(innen) wollen der … helfen.

> Work out which words are definitely incorrect, and then focus on the options which might fit. Check carefully against the text to ensure you choose the correct word for each gap.

You hear an interview with a German athlete, Sascha. Listen to the recording and answer the following questions in English.

a What is Sascha training for?
b What is her ultimate aim?
c Who or what encourages her? (<u>one</u> detail)

Du hörst einen Bericht im deutschen Radio über Toms Arbeit in Nepal. Wie war es in Nepal? Trag entweder anstrengend, fantastisch, erfolgreich oder unterhaltsam ein. Du kannst jedes Wort mehr als einmal verwenden.

Beispiel: Die Arbeit als Freiwilliger war _fantastisch_ .

a Die Kinder waren …
b Die Arbeitsstunden waren …
c Das Zelt war …

d Die Nächte waren …
e Der Besuch war …

You hear this radio broadcast about an international film festival. What do you find out about the festival? Listen to the recording and write down the letter (A, B, C or D) of the correct answer.

Example: **1** D

1 In … Vienna hosted the 54ᵗʰ international film festival.
   A 2015
   B 2014
   C 2000
   D 2016

2 More than … visitors saw films from around the world.
   A 96,000
   B 9,600
   C 6,900
   D 69,000

3 The festival is the … in Austria.
   A smallest
   B largest
   C liveliest
   D loudest

4 The festival showcases … and short films.
   A cartoons
   B operas
   C documentaries
   D thrillers

5 Among other things, you can also go to … events and parties.
   A drama
   B sports
   C artistic
   D musical

> Before listening, read the statements carefully and think about which words you are likely to hear. Then when you listen, focus carefully on the answer options.

A – Role play

 1 Look at this role play card and prepare what you are going to say.

Topic: Bringing the world together

You are at the information kiosk at a sports event in Berlin. The teacher will play the role of the assistant and will speak first.

You must address the assistant as *Sie*.

You will talk to the teacher using the five prompts below.

- where you see – **?** – you must ask a question
- where you see – **!** – you must respond to something you have not prepared

> **Sie sind am Informationskiosk auf einem Sportevent in Berlin.**
> **Sie sprechen mit dem Assistent/der Assistentin.**
>
> 1. Eintrittskarte kaufen
> 2. Ihr Alter
> 3. !
> 4. Große Sportevents – Meinung
> 5. ? Eventzeiten

How will you ask for the ticket? You could say 'I would like …'

What might the unexpected question be? Try to anticipate some possible questions and think how you might answer them.

How could you ask for this information? You could say 'When does the event start / finish?'

Here you just need to give your age, but try to answer with a full sentence.

A simple opinion is all that you need here – it could be positive or negative, or both!

2 Practise what you have prepared. Take care with pronunciation and intonation.

3 Using your notes, listen and respond to the teacher.

4 Now listen to Emma performing the role play task.

⭐ Listen carefully to the register used throughout this speaking task. How do you know which register to use? What else will the register affect?

B – Picture-based task

Topic: Environmental issues

Schau dir das Foto an und sei bereit, über Folgendes zu sprechen:

- Beschreibung des Fotos
- Deine Meinung zu Recyceln
- Wie deine Schule der Umwelt geholfen hat
- Wie du die Umwelt schützen möchtest
- Deine Meinung zu den größten Umweltproblemen

1 *hören* **Look at the picture and read the task. Then listen to Andrew's answer to the first bullet point.**

1 What two aspects of the picture does he describe?
2 What details does he give about each of these aspects?

2 *hören* **Listen to and read how Andrew answers the second bullet point.**

1 Fill in the gaps.
2 Look at the Answer Booster on page 162. Note down <u>three</u> examples of what Andrew does to produce a well-developed answer.

> Recyceln ist **1**   wichtig. Man **2**   öfter Papier und Plastik recyceln.
>
> Plastikflaschen und Plastiktaschen sind oft **3**   für Tiere. Ich recycle **4**
>
> Plastik und Papier, aber ich sollte in Zukunft **5**   Metall und Glas recyceln.

3 *hören* **Listen to Andrew's answer to the third bullet point.**

1 Make a note in English of <u>three</u> details that he gives.
2 Which verbs does he use in the perfect tense?

4 *hören* **Listen to how Andrew answers the fourth bullet point and look again at the Answer Booster. Note down examples of how he gives reasons for what he says.**

5 *hören* **Listen to Andrew's answer to the fifth bullet point and note down examples of how he gives his opinion.**

6 *sprechen* **Prepare your own answers to the five bullet points. Then take part in the full picture-based discussion with the teacher.**

> ⭐ Remember to give full answers and to listen to what the teacher is saying to you. What question has been asked? Can you reuse any key language from the question in your answer?

C – General conversation

1 *hören* **Listen to Isabel introducing her chosen topic. Which of the following points does she mention?**

a a football match	**c** her gymnastics club	**e** athletics
b a party	**d** trampolining	**f** a trip to Scotland

2 *hören* **The teacher then asks Isabel: *Was sind deine Lieblingsevents?* Listen to how she develops her answer. What 'hidden questions' does she also answer?**

> ⭐ A good way of developing your answer is to use extended opinions. How does Isabel do this? How could you do this in your own answers?

3 *hören* **Listen to how Isabel answers the next question: *Sind große Events umweltfreundlich?* How does she include more than one tense in her answer? List some examples.**

4 *sprechen* **Prepare your own answers to Chapter 8 questions 1–6 on page 183, then practise with your partner.**

Answer Booster	Aiming for a solid level	Aiming higher	Aiming for the top
Verbs	**Different tenses**: past (imperfect and perfect), present and future	**Different persons of the verb** **Modal verbs**: *sollen, können, wollen* **Separable verbs**: *ausschalten, aussehen*	**Imperfect subjunctive**: *Man sollte …* **Separable verbs in the perfect tense**: *(Wir haben Lichter und Computer) ausgeschaltet.*
Opinions and reasons	*Ich finde / denke, …* *… ist sehr wichtig.*	**Add more variety!** *Das finde ich schade.* *… war sehr erfolgreich.*	**Expressions** *Meiner Meinung nach …* *Das habe ich toll gefunden.* *… das finde ich schade, aber man kann …*
Conjunctions	*und, aber, auch, denn*	*weil, wenn*	**Different tenses**: *… weil (die Kinder sehr lustig waren)*
Other features	**Negatives**: *nicht, nie* **Adjectives**: *wichtig, erfolgreich, gefährlich*	**Comparative adjectives**: *mehr* **Comparative adverbs**: *öfter, effektiver* **Superlative adjectives**: *das größte Problem*	**Adjectives as nouns**: *etwas Wichtiges* **Pronouns**: *(ich recycle) sie (nie)* **Genitive prepositions**: *während (der Umweltwoche)*

A – Picture-based task

1 Look at the picture and the task. Write your answer, checking carefully what you have written.

> Du arbeitest als Freiwilliger in Nepal. Du postest dieses Foto online für deine Freunde.
>
> Beschreib das Foto **und** schreib deine Meinung über freiwillige Arbeit.
>
> Schreib ungefähr 20–30 Wörter **auf Deutsch**.

B – Translation

1 Übersetze **ins Deutsche**.

> Use the correct form of *mögen*.
>
> **1** I like music festivals.
> **2** Air pollution is a big problem.
> **3** We often recycle at school .
> **4** We saved energy and water last year.
> **5** I learned a lot because the work was interesting.

> You need a nominative adjective ending.

> Use *in* + dative.

> Think about the tense.

> You need two different past tenses here.

> ⭐ Read the sentences carefully and make a note of which tense(s) and person(s) of the verb you need to use. Think about which adjectives and adverbs to use.

C – Extended writing task

1 lesen **Look at the task and answer these questions.**

- What is each bullet point asking you to do?
- Which tense(s) will you need to use to answer each one?

> Dein Freund Sven schickt dir Fragen über Umweltaktionen bei dir.
>
> Schreib eine Antwort an Sven.
>
> Du **musst** diese Punkte einschließen:
>
> - wie du Recycling findest
> - wie du der Umwelt in der Schule geholfen hast
> - Umweltaktionen zu Hause
> - deine Umweltpläne für die Zukunft.
>
> Schreib ungefähr 80–90 Wörter **auf Deutsch**.

2 lesen **Read James' answer to the task. What do the underlined phrases mean?**

> Recyceln ist etwas sehr Wichtiges. Ich trenne gern den Müll und recycle Papier, Plastik und Glas. Ich sollte aber öfter Druckerpatronen recyceln, denn ich recycle sie nie.
>
> In der Schule haben wir eine Fahrradwoche organisiert und das war sehr erfolgreich. Wir sparen Energie, zum Beispiel schalten wir das Licht aus.
>
> Zu Hause kompostieren wir immer Obst und Gemüse, aber wir sollten mehr kompostieren. Mein Vater will Nistkästen für Vögel bauen, weil wir einen großen Garten haben.
>
> Meiner Meinung nach ist das größte Umweltproblem die globale Erwärmung. In Zukunft werden wir hoffentlich eine Solaranlage in der Schule installieren, denn man kann effektiver Energie sparen.

3 lesen **Look at the Answer Booster. Note down <u>six</u> examples of language James uses to write an impressive answer.**

4 schreiben **Now write your own answer to the task in exercise 1. You can use ideas from James' answer, and from the Answer Booster, to help you.**

 Which linguistic features do you need to include to increase the level of your answer? Look at the Answer Booster, make a list and then, once you have written your text, go back through and tick off each item on your list. This will also help you check the accuracy of your written work.

Festivals und Events
Festivals and events

Mein Lieblingsmusikfestival ist ...	*My favourite music festival is ...*
Mein Lieblingsevent ist ...	*My favourite event is ...*
die Pariser Modewoche	*Paris fashion week*
der Eurovision Song Contest	*the Eurovision Song Contest*
die Fußballweltmeisterschaft	*the football World Cup*
Mein Lieblingsevent sind ...	*My favourite event is ...*
die Filmfestspiele von Cannes	*the Cannes Film Festival*
die Olympischen Winterspiele	*the Winter Olympic Games*
die Olympischen Sommerspiele	*the Summer Olympic Games*

Das Festival / Event findet ... statt.	*The festival / event takes place ...*
in Deutschland / England	*in Germany / England*
jeden Sommer / Winter	*every summer / winter*
jedes Jahr	*every year*
alle vier Jahre	*every four years*
Ich habe ... gesehen / besucht.	*I saw / visited ...*
Das Festival war ...	*The festival was ...*
sehr interessant / langweilig	*very interesting / boring*
total spannend / toll	*totally exciting / great*
ziemlich laut	*quite loud*

Ein sportliches Event
A sporting event

der Informationskiosk	*information stand*
die Ziellinie	*finish line*
das Souvenirgeschäft	*souvenir shop*
der Massageraum	*massage room*
die Kleiderabgabe	*cloakroom*
die Kinderkrippe	*crèche*
Auf dem Foto sind ...	*In the photo are ...*
zwei Personen	*two people*
drei Athleten	*three athletes*
Die Personen ...	*The people ...*
Die Athleten ...	*The athletes ...*
laufen um das Stadtzentrum	*are running around the town centre*
skaten durch die Stadt	*are skating through the town*
spielen bei der Fußballweltmeisterschaft	*are playing at the football World Cup*
nehmen an den Olympischen Spielen / an einem sportlichen Event teil	*are taking part in the Olympic Games / a sporting event*
Man kann viele ... sehen.	*You can see lots of ...*
Athleten	*athletes*
Teilnehmer	*participants*
Zuschauer	*spectators*

Ich finde, Sport macht Spaß, weil ...	*I find sport fun because ...*
Ich finde, Sport macht keinen Spaß, weil ...	*I don't find sport fun because ...*
Sport gut für die Fitness ist	*sport is good for fitness*
ich sportlich / aktiv bin	*I am sporty / active*
ich nicht sportlich / aktiv bin	*I am not sporty / active*
Ich will am Marathon / an den Olympischen Spielen / an der Fußballweltmeisterschaft teilnehmen, denn ...	*I want to take part in the marathon / Olympic Games / football World Cup because ...*
ich interessiere mich für ...	*I'm interested in ...*
mein Lieblingshobby ist ...	*my favourite hobby is ...*
ich möchte eine Medaille gewinnen	*I would like to win a medal*
für	*for*
ohne	*without*
entlang	*along*
um	*around*
durch	*through*
gegen	*against*

Die Olympischen Winterspiele
The Winter Olympics

Im Jahr (1976) haben die Olympischen Spiele in ... stattgefunden.	*In (1976) the Olympic Games took place in ...*
eine Bronzemedaille	*a bronze medal*
eine Silbermedaille	*a silver medal*
eine Goldmedaille	*a gold medal*
Die Athleten haben ... Medaillen gewonnen.	*The athletes won ... medals.*
die Baustelle(n)	*building / construction works*
die Gastgeberstadt (–städte)	*host city*
die Luftverschmutzung	*air pollution*

der Stau(s)	*traffic jam*
die Sprache	*language*
die Kultur(en)	*culture*
der Tourist(en)	*tourist*
der Zeitdruck	*time pressure*
der Unfall(–fälle)	*accident*
die Infrastruktur	*infrastructure*
schmutzig	*dirty*
unsicher	*unsafe*
der Einwohner(–)	*resident*

Eine Debatte
A debate

Meiner Meinung nach sind die Olympischen Spiele gut / nicht gut, weil ...	*In my opinion, the Olympic Games are good / not good because ...*
Ich finde, die Olympischen Spiele sind wichtig / nicht wichtig, weil ...	*I find the Olympic Games are important / not important because ...*

Auf der einen Seite ...	*On the one hand ...*
Auf der anderen Seite ...	*On the other hand ...*
Einerseits ...	*On the one hand ...*
Andererseits ...	*On the other hand ...*
Ich stimme zu.	*I agree.*
Ich stimme da nicht zu.	*I don't agree.*
Vielleicht ..., aber ...	*Perhaps ... but ...*

Die Länder — *Countries*

Albanien	*Albania*
Armenien	*Armenia*
Australien	*Australia*
Belgien	*Belgium*
Deutschland	*Germany*
Estland	*Estonia*
Frankreich	*France*
Georgien	*Georgia*
Griechenland	*Greece*
Großbritannien	*Great Britain*
Israel	*Israel*
Italien	*Italy*
Lettland	*Latvia*
Litauen	*Lithuania*
Luxemburg	*Luxembourg*
Montenegro	*Montenegro*
Norwegen	*Norway*
die Niederlande	*the Netherlands*
Österreich	*Austria*
Polen	*Poland*
Rumänien	*Romania*
Russland	*Russia*
Schweden	*Sweden*
die Schweiz	*Switzerland*
Serbien	*Serbia*
Slowenien	*Slovenia*
Spanien	*Spain*
Ungarn	*Hungary*
Zypern	*Cyprus*

Der Eurovision Song Contest — *The Eurovision Song Contest*

der Deutsche / die Deutsche	*the German person*
ein Deutscher / eine Deutsche	*a German person*
das Interessante	*the interesting thing*
das Gute	*the good thing*
etwas Interessantes	*something interesting*
nichts Interessantes	*nothing interesting*
viel Gutes	*much good*
wenig Gutes	*little good*
Ich interessiere mich für den Eurovision Song Contest, weil …	*I'm interested in the Eurovision Song Contest because …*
Für mich sind die Vorteile …	*The advantages for me are …*
Ich finde, die Nachteile sind …	*I find the disadvantages are …*
Ich will am Contest teilnehmen, weil …	*I want to take part in the Contest because …*
Ich will nicht am Contest teilnehmen, weil …	*I don't want to take part in the Contest because …*
der Contest europäische Nationen zusammen bringt	*the Contest brings European nations together*
der Contest sehr teuer ist	*the Contest is very expensive*
es oft politische Probleme gibt	*there are often political problems*
es oft viele Nachteile für das Gastgeberland gibt	*there are often many problems for the host country*

Umwelt macht Schule — *Setting environmental standards at school*

der Umweltschutz	*environmental protection*
die Umweltaktion(en)	*environmental action*
Man sollte …	*We should …*
eine Solaranlage installieren	*install solar panels*
den Müll trennen	*sort the rubbish*
Druckerpatronen / Kopierkartuschen recyceln	*recycle printer cartridges / copier cartridges*
eine Fahrradwoche organisieren	*organise a bike week*
Energie sparen	*save energy*
Nistkästen für Vögel bauen	*build bird boxes*
Obst und Gemüse kompostieren	*compost fruit and vegetables*
Bienenvölker im Schulgarten halten	*keep beehives in the school garden*
effektiver recyceln	*recycle more effectively*
oft	*often*
leicht	*easy*
effektiv	*effective*
schnell	*quick*
bestimmt	*definitely*
vielleicht	*maybe*
nie	*never*

Wie werden wir „grüner"? — *How do we become 'greener'?*

die Dürre	*drought*
die Luftverschmutzung	*air pollution*
der saure Regen	*acid rain*
die Wasserverschmutzung	*water pollution*
die globale Erwärmung	*global warming*
die Abholzung	*deforestation*
das Aussterben von Tierarten	*the extinction of animal species*
vom Aussterben bedroht	*threatened with extinction*
die Gletscher schmelzen	*the glaciers are melting*
Das ist ein großes Problem, weil …	*It's a big problem because …*
Das größte Problem ist …	*The biggest problem is …*
Man sollte …	*We should …*
die Tiere schützen	*protect animals*
die Wälder nicht zerstören	*not destroy forests*
mehr Bäume pflanzen	*plant more trees*
weniger Bäume fällen	*cut down fewer trees*
weniger abholzen	*deforest less*

Kampagnen und gute Zwecke — *Campaigns and good causes*

Ich will …	*I want to …*
mit blinden Kindern arbeiten	*work with blind children*
in einer Schule unterrichten	*teach in a school*
bei einer Schutzorganisation / Umweltschutzorganisation / Hilfsorganisation arbeiten	*work for a protection organisation / an environmental protection organisation / an aid organisation*
Fußball mit armen Kindern spielen	*play football with poor children*
freiwillig arbeiten	*work as a volunteer*
der Natur helfen	*help nature*
der Umwelt helfen	*help the environment*
Kindern helfen	*help children*
armen Menschen helfen	*help poor people*
ein Projekt im Ausland machen	*do a project abroad*
Straßenkinder	*street children*
die Partnerschule	*partner school*

1 sprechen

Refresh your memory! **Pairwork. How many school subjects can you name without pausing? If you need help, see *Wörter* on page 26.**

● *Deutsch …*
■ *Englisch …*

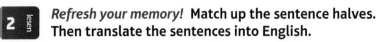

2 lesen

Refresh your memory! **Match up the sentence halves. Then translate the sentences into English.**

1 Peter
2 Wir dürfen
3 Silke und Jens
4 Ich
5 Du
6 Ihr

a habt Religion am Dienstag um elf Uhr.
b findet den Mathelehrer nervig.
c fahre auf Klassenfahrt.
d keine Jeans tragen.
e fährst dieses Jahr nach Spanien.
f machen die Hausaufgaben.

3 hören

Refresh your memory! **Listen to what the pupils say was good about primary school. Make notes in English. (1–6)**

Example: **1** no homework

4 schreiben

Complete the extended writing task.

> Deine Freundin Claudia aus der Schweiz möchte wissen, wie deine letzte Klassenfahrt war.
> Schreib eine Antwort an Claudia.
> Du **musst** diese Punkte einschließen:
> - wie die Reise war
> - was du auf der Klassenfahrt gemacht hast
> - warum Klassenfahrten wichtig sind oder nicht
> - Pläne für die nächste Klassenfahrt.
> Schreib ungefähr 80–90 Wörter **auf Deutsch**.

 What tense do you need to use for each of the bullet points? And which pronouns are you going to use? For example, try to use 'they' and 'we', rather than always referring to 'I'.

5 schreiben

Übersetze ins Deutsche.

a I like learning history.
b My teacher is friendly and quite funny.
c Our school has a good canteen.
d Yesterday I did homework in the library.
e We wore a grey uniform because it was practical.

 Get your verb forms right in a translation – check the endings of the present tense on page 6 if you are not sure.

6 hören Ben and his friends are talking about the class trip. What do they say? Listen to the recording and select the appropriate name for the three correct statements.

	Ben	Lana	Frank
Example: I like going on class trips.	X		
A I don't enjoy the sports.			
B I think class trips are fun.			
C I enjoy the bus journey.			
D Class trips are expensive.			
E I don't like seeing the sights.			
F We are going to the mountains.			
G I prefer staying at school.			

⭐ Listen carefully to make sure you don't miss the negative expression here – this will indicate an activity that a speaker does <u>not</u> enjoy.

7 lesen **Lies Rellas Blog.**

Heute ist mein erster Tag an meiner neuen Schule. Auf der Schulwebseite steht, dass die Schule keine strenge Schulordnung hat. Wir dürfen die Lehrerinnen und Lehrer z. B. „Irene" oder „Helmut" nennen.

Hier gibt es keine Zeugnisse und keine Noten. In der ersten Stunde habe ich amerikanische Geschichte mit Birgit (Lehrerin). Sie zeigt uns Bilder von der Eiszeit in Amerika.

Nach der Mittagspause gehe ich mit einer neuen Freundin zum Musikraum, um an der Chor-Gruppe teilzunehmen. Im Juli gibt es ein Konzert für die Eltern. Ich hoffe, ich kann mitmachen!

⭐ Read the whole blog through once to get the gist of it, then concentrate on the task.

⭐ Watch out for the *zu* in the middle of the verb *teil**zu**nehmen*. It is connected to the earlier *um*, i.e. *um … zu*, meaning 'in order to'. The verb here is *teilnehmen* (to take part).

Füll die Lücke in jedem Satz mit einem Wort aus dem Kasten. Es gibt mehr Wörter als Lücken.

oft	Nachmittag	Freundin	historische
nie	flexibel	Herbst	Vormittag	~~Schule~~
Sommer	streng	mathematische	

Beispiel: Rella besucht eine neue <u>Schule</u> .

a Die Schulordnung ist sehr …
b Die Schüler bekommen … Zeugnisse.
c In der ersten Stunde geht es um … Fakten.
d Die Chor-Gruppe findet am … statt.
e Rella möchte im … singen.

8 lesen **Translate the last paragraph of the blog into English.**

1 *schreiben*

Refresh your memory! Copy and complete the sentences. If you need help, see *Wörter* on page 44.

Example: **1** Ich höre jeden Tag Musik.

1 Ich höre ⬚⬚⬚⬚⬚⬚ Musik. ⬤ every day

2 Als Kind habe ich ⬚⬚⬚⬚⬚⬚ Comics gekauft. ⬤ never

3 Meine Geschwister gehen ⬚⬚⬚⬚⬚⬚ ins Konzert. ⬤ twice a year

4 Im Kindergarten haben wir ⬚⬚⬚⬚⬚⬚ klassische Musik gehört. ⬤ now and again

5 Ich muss ⬚⬚⬚⬚⬚⬚ Flöte spielen. ⬤ three times a week

6 Ich möchte ⬚⬚⬚⬚⬚⬚ Livemusik hören. ⬤ once a month

2 *hören*

Refresh your memory! What did these people do online yesterday and what did they think of it? Listen, identify the matching picture and make notes in English. (1–6)

> ⭐ Listen for cognates and key words here – you don't need to understand every word, but get the gist to identify the correct picture for each one. Then, on a second listening, concentrate on opinions to note down.

Example: **1** c – OK, but songs were a bit boring

3 *lesen*

Refresh your memory! Match up the sentence halves.

1 Ich habe Snowboarden noch nie ausprobiert,
2 Wir werden an Weihnachten eislaufen gehen,
3 Sie möchte nie in den Alpen klettern gehen,
4 Ich möchte unbedingt einen Marathon laufen,

a bevor ich dreißig werde.
b weil sie das gefährlich findet.
c denn man wird eine Eishalle in der Stadt bauen.
d weil ich Angst davor habe.

4 *sprechen*

Complete the picture-based task.

Topic: Cultural life

Schau dir das Foto an und sei bereit, über Folgendes zu sprechen:

- Beschreibung des Fotos
- Deine Meinung zu Weihnachtsmärkten
- Wie du deinen Geburtstag letztes Jahr gefeiert hast
- Ein Fest in deiner Stadt, das du besuchen möchtest
- Dein Lieblingsfest

> ⭐ Make notes of key words before you go into the exam. Don't narrow your words to just one topic. Here, for example, you can talk more generally about celebrations, so it might be a birthday, a New Year party or a festival.

5 Read the extract from a music blog. Oli is talking about his favourite band, *Die Toten Hosen*.

Die Toten Hosen – vor dreißig Jahren war ich ihr größter Fan. Ihre Musik war meine Lieblingsmusik. Meine Eltern waren nicht der gleichen Meinung! „Diese Band ist schrecklich", sagten sie immer. „Die Bandmitglieder sehen hässlich und wild aus und ihre Musik … ihre Musik … ist furchtbar."

Zuerst war diese Band eine kleine Punkband ohne viele Fans, aber sie ist langsam erfolgreicher geworden. Tausende Leute sind auf ihre Konzerte gegangen. Man hat ihre Musik auch weltweit gekauft.

Die Band hat sich in den letzten dreißig Jahren sehr verändert. Alle Mitglieder sind jetzt über fünfzig Jahre alt – aber ich höre ihre Musik immer noch gern live. **Oli**

Answer the following questions in English.

a What did Oli and his parents not agree on when Oli was younger?

b How do we know the *Toten Hosen* reached a wide audience?

c What is the main difference in the band now?

> There are three questions and three paragraphs in the text – each question is linked to a paragraph, so follow the same order when looking for the answers.

 6 Translate the second paragraph (*Zuerst …*) of the blog into **English**.

> Watch out for tenses when translating – this paragraph is all in the past tense. Make sure your translation is too. How will you translate *ist … geworden*? This is the perfect tense of *werden* (to become).

7 Du machst ein Berufspraktikum in einem Kino und hörst dieses Gespräch. Füll die Lücke in jedem Satz mit einem Wort aus dem Kasten. Es gibt mehr Wörter als Lücken.

| Zuschauer | unbedingt | Normales | ~~großen~~ | oft | langweilig |
| Spannendes | gut | nicht | beliebt | kleinen | Charaktere |

Beispiel: Victoria findet in einer _großen_ Stadt statt.

a Es passiert etwas …

b Der Film ist sehr …

c Filme wie *Victoria* sieht man nicht sehr …

d Man muss den Film … sehen.

e Die Kamera bleibt immer sehr nah an die …

> Use your knowledge of vocabulary from other topics to help you. *Klebstoff* is 'glue', so what do you think *klebt* means at the end of the recording?

 8 Übersetze ins Deutsche.

a I like reading books and comics.

b The cinema is good but too expensive.

c I go to the theatre sometimes.

d Last week I went to a concert in the town centre.

e My friends downloaded music because it was cheap.

> If you start with a time expression, make sure you place the main verb next, in second position.

1 *hören*

Refresh your memory! **Listen to the descriptions of Mila's friends. Who does she describe each time? What does she say about them? Make notes in English. (1–6)**

Example: **1** c – Vanessa, very sporty

 **a**  **b**  **c**  **d**  **e**  **f**

2 *lesen*

Refresh your memory! **Write the sentences in the correct order. Then translate them into English. If you need help, see *Wörter* on page 63.**

1 musste meinen besuchen Großvater Ich .
2 seine konnte Er nicht Hausaufgaben machen .
3 im gestern Park durften spielen Wir .
4 teilnehmen Wettbewerb einem konnte Ich an .
5 Ihr in musstet gehen die Kirche .
6 gehen du Durftest in Stadt die ?

> ⭐ Make sure you always place the modal verb in second place, unless you are asking a question. The infinitive verb (ending *–en*) goes at the end of the sentence.

3 *sprechen*

Refresh your memory! **Pairwork. Partner A makes a statement about something they do now. Partner B relates the statement to when they were younger.**

● *Jetzt schwimme ich jeden Tag.*
■ *Früher konnte ich nicht schwimmen.*

> fahren   trinken   spielen   lesen   hören   essen

4 *schreiben*

Complete the short writing task.

> Eine deutsche Freundschaftswebseite will persönliche Informationen über Sie sammeln.
>
> Schreiben Sie eine formelle Antwort mit diesen Informationen:
> - wie Sie aussehen
> - wie Ihre Familie ist
> - welche Charaktereigenschaften Sie haben
> - Pläne für Hobbys nächstes Jahr.
>
> Schreiben Sie ungefähr 40–50 Wörter **auf Deutsch**.

> ⭐ You can write in the present tense for this task – try to vary your sentences though and don't always start with *Ich* …

5 *schreiben*

Übersetze ins Deutsche.

a Mark is my best friend.
b He has blonde hair and blue eyes.
c I get on really well with him.
d Yesterday I visited my grandparents in London.
e When I was four years old I could not swim.

> ⭐ Remember the two words for 'friend' in German: *der Freund* for a male friend and *die Freundin* for a female friend. Also, it may seem obvious, but don't forget your capital letters for nouns!

6 lesen **Read Sabine's blog about what makes a good friend.**

> Meiner Meinung nach muss ein guter Freund immer Zeit für mich haben. Für mich ist es aber nicht wichtig, dass ein guter Freund viel Geduld hat. Geduld habe ich selber nicht!
>
> Das Aussehen war mir früher viel wichtiger, aber ich mag es immer noch, wenn der Freund gut aussieht und modische Kleider trägt.
>
> Es ist mir egal, ob meine Freunde und ich die gleichen Interessen haben, aber ich hasse es, wenn jemand nicht ehrlich ist. Gute Kommunikation ist sehr wichtig – sonst wird eine Freundschaft mit mir nicht lange dauern. Auch ist es wichtig, dass meine Freunde sich gut mit meinen Geschwistern verstehen.

Answer the following questions in English.

a Why does Sabine not mind if a friend is impatient?
b How has her attitide to appearance changed?
c What is the consequence of poor communication in a friendship?

7 lesen **Translate the first paragraph of the blog into English.**

> ⭐ Read German clauses right to the end, as there may well be a verb (*dass … hat*) lurking there, which can help you with your translation.

8 hören **Du hörst einen Bericht im Internet über die Organisation der modernen Familie. Wie ist die Situation in Deutschland? Trag entweder stressig, normal, nützlich oder wichtig ein. Du kannst jedes Wort mehr als einmal verwenden.**

Beispiel: Eltern finden das Berufsleben heute oft ~~stressig~~.

a Früher haben Mütter oft nicht gearbeitet und das war …
b Eltern finden ihr Gehalt sehr …
c Beide Eltern müssen oft bis spät arbeiten, aber das finden sie …
d Familienmitglieder, die in der Nähe wohnen, sind …
e Mit Hilfe wird das Leben weniger …

> ⭐ Listen for key words related to the adjectives: *Prioritäten* indicates the importance of something, whereas *kommt es oft vor* indicates something which is a common occurrence.

1 lesen

Refresh your memory! **Which is the odd one out? Why?**

1 Wohnzimmer / Lehrerzimmer / Küche / Schlafzimmer / Arbeitszimmer
2 Wurst / Torte / Schnitzel / Kino / Kuchen
3 Kartoffeln / Erbsen / Zwiebeln / Kirschen / Blumenkohl
4 Ananas / Knoblauch / Erdbeeren / Birnen / Pfirsiche
5 auswählen / vorbereiten / kochen / einkaufen / anklicken

2 sprechen

Refresh your memory! **Pairwork. Make a list in order of importance of five rooms / areas your dream house must have. Interview your partner to see if you have the same order of choices. If you need help, see *Wörter* on page 84.**

● *Nummer eins: Mein Haus hat eine Küche. Und was hast du als Nummer eins?*
■ *Ich habe einen Garten.*
● *Oh, ich habe keinen Garten, aber Nummer zwei: Ich habe einen Dachboden …*

3 lesen

Refresh your memory! **Choose the correct words to complete the poem.**

Ein Zuhause, was **1** ist / sind das bloß?
Mal ist es **2** klein / weiß, mal ist es groß
Eine **3** Wohnung / Person am Rande der Stadt
Eine Villa, die endlose **4** Straßen / Räume hat
Ein kleines Häuschen mitten im **5** Wald / Meer
Ein **6** Appartement / Auto in bescheidner Gestalt
Ein **7** Schloss / Geschäft, für einen Fürsten gebaut
Eine Hütte, **8** das / die jeder gerne anschaut.

> *mal* = at times, sometimes
> *das Häuschen* = little house
> *in bescheidner Gestalt* = of modest appearance
> *der Fürst* = prince

4 sprechen

Complete the role play task.

Topic: Daily life

You are at your Swiss exchange partner's home and are talking to his father/mother. Your teacher will play the role of the father/mother and will speak first.

You must address the father/mother as *Sie*.

- where you see – ? – you must ask a question
- where you see – ! – you must respond to something you have not prepared

> **Du bist bei deinem schweizerischen Austauschpartner zu Besuch und sprichst mit seinem Vater/seiner Mutter.**
>
> 1. Lieblingsessen
> 2. Frühstück – Meinung
> 3. !
> 4. Dein Zuhause – Beschreibung
> 5. ? Ein Getränk

Alarm bells should be ringing as you read the role play set-up. It is your exchange partner's parent you are speaking to. Which register must you use?

5 **Lies die Umfrageresultate über Technologie zu Hause.**

63%	Die Mehrheit der Befragten finden, dass ein Smart-TV im Wohnzimmer fantastisch ist. Insbesondere gefällt ihnen die Bildqualität der Videospiele am besten.
15%	Eine Minderheit meint, intelligente Lampen sind eine gute Idee. Das heißt, das Haus muss nicht dunkel sein, auch wenn niemand zu Hause ist.
10%	Noch weniger finden die neueste Technologie für Rasen und Grünflächen im Freien nützlich. Obwohl neue Produkte täglich auf den Markt kommen, sind sie nicht alle beliebt.
4%	Technologie wird immer besser und schneller, aber ein kleiner Anteil der Einwohner sind noch der Meinung, Technologie sollte keine Rolle im Haus spielen.

Welche Prozentzahl ist das? Trag entweder 63, 15, 10 oder 4 ein. Du kannst jede Zahl mehr als einmal verwenden.

Beispiel: _63_ % benutzen die neueste Technologie um fernzusehen.

a ... % sind gegen Technologie im Haushalt.
b ... % spielen gern Computerspiele auf dem Fernseher.
c ... % finden manche neuen Produkte keine gute Idee.
d ... % meinen, Technologie ist nötig im Bereich Sicherheit.
e ... % benutzen neue Technologie im Garten.

> ⭐ Scan the text for key words associated with each of the concepts you are looking for.

 6 **Translate the first two paragraphs of the text into English.**

> ⭐ Don't be thrown by verbs such as *gefallen* plus the dative pronoun *ihnen*. This means literally 'please to them' or, in other words, 'they like'.

7 **Your German friend, Anja, is talking about healthy lifestyles. What does Anja recommend for a healthy lifestyle? Listen to the recording and write the letter of the three correct statements.**

Example: A, ...

A healthy diet
B eating one main meal a day
C avoiding fast-food
D buying more expensive food

E eating less
F going to bed early
G avoiding too much fruit tea
H cutting down on coffee

 8 **Übersetze ins Deutsche.**

a My family lives in a block of flats.
b Our flat is on the third floor.
c We don't have a garden.
d I used to have a black cat.
e I ate biscuits this morning because I was hungry.

1 *sprechen*

Refresh your memory! **Groupwork. Give an alternative sentence each time. If you need help, see *Wörter* on page 106.**

bequemer besser billiger
langsamer praktischer
schneller teurer
umweltfreundlicher

● *Der Bus ist schneller als das Rad.*

■ *Ja, du hast recht, aber das Rad ist billiger als das Auto.*

▲ *Ja, das stimmt auch, aber das Auto ist bequemer als das Rad.*

2 *hören*

Refresh your memory! **Listen to people buying travel tickets. Complete the table in English. (1–4)**

	transport	to	departure	platform/stop
1	train			

3 *lesen*

Refresh your memory! **Write directions by reordering the words.**

Example: **1** Geh geradeaus.

1 geradeaus geh

2 Sie rechts gehen

3 Rathausplatz den überquer

4 links gehen Sie

5 der links Brücke geh an

6 links Straße Sie die nehmen zweite

4 *schreiben*

Complete the extended writing task.

Dein Freund Konrad möchte wissen, wie dein letzter Restaurantbesuch war. Schreib eine Antwort an Konrad.

Du **musst** diese Punkte einschließen:

- wo das Restaurant war
- was du gegessen hast
- ob du Restaurants magst oder nicht und warum
- Pläne für den nächsten Restaurantbesuch.

Schreib ungefähr 80–90 Wörter **auf Deutsch**.

⭐ You need to write 80–90 words here and you have four bullet points to address. Include descriptions as well as opinions, and make sure you use the past tense for the first and second bullet points, to explain where the restaurant was and what you ate.

5 Übersetze **ins Deutsche.**

> **a** I like travelling by train.
> **b** There are restaurants and cinemas in Berlin.
> **c** We are staying at a youth hostel.
> **d** The train left at eight o'clock.
> **e** Berlin was fun because the people were very friendly.

 6 You phone a restaurant and listen to this recorded message. Listen to the recording and answer the following questions **in English.**

> ⭐ Think <u>around</u> the questions here – the answers are not immediately spelled out for you.

a What happens at the restaurant on a Sunday?
b Why could the location be a disadvantage for some diners?
c Name <u>one</u> key attraction of the restaurant.

 7 Lies diesen Artikel über Reiseplanung.

Eine Städtereise richtig planen	
Lesematerial	Finden Sie zuerst einen Reiseführer: Lesen Sie lieber in traditioneller Buchform mit Bildern und Plänen oder lesen Sie solche Informationen lieber online?
Unterkunft	Vielleicht suchen Sie ein Hotel oder eine Jugendherberge mitten im Clubviertel, um ganz nah an der Action zu sein. Oder es kann sein, dass ein ruhiger Ort am Stadtrand Ihnen besser passt.
Reisen	Reisen Sie per Flugzeug, Bus, Bahn oder Auto? Vergessen Sie nicht, der Bus kann eine billigere Alternative zur Bahn sein, und eine Busfahrt ist überhaupt nicht so stressig wie eine Autofahrt.
Einpacken	Was nehmen Sie mit? Das hängt natürlich vom Wetter und von den geplanten Aktivitäten ab. Packen Sie bequeme Schuhe ein, um einen Stadtrundgang zu machen.

Welches Stichwort passt hier? Trag entweder Lesematerial, Unterkunft, Reisen oder Einpacken ein. Du kannst jedes Wort mehr als einmal verwenden.

Beispiel: <u>Lesematerial</u> kann man in Büchern oder am Bildschirm finden.

a Bei der ... kann man zwischen luxuriös oder billig wählen.
b Beim ... muss man an die richtige Kleidung denken.
c Beim ... gibt es eine Auswahl von Verkehrsmitteln.
d Beim ... muss man an Spaziergänge denken.
e Bei der ... muss man an das Nachtleben denken.

 8 Translate the first and third paragraphs (*Lesematerial* and *Reisen*) of the article into **English.**

1 lesen *Refresh your memory!* **Match the holiday reports to the holiday types.**

1 Ilka hat ihre Großeltern in London besucht und das war ein toller Urlaub. Sie hat die Stadt richtig gut kennengelernt.

2 Asim ist in die Alpen gefahren, um Snowboarden zu lernen. Leider ist er mit einem gebrochenen Arm nach Hause gekommen!

3 Emily hat die drei Wochen in Spanien total gut gefunden, weil sie jeden Tag im Meer geschwommen ist. Ihre Freunde zu Hause waren sehr eifersüchtig!

4 Mario ist nicht ins Ausland gefahren – er ist zu Hause geblieben, denn seine Eltern können sich keinen Urlaub leisten.

5 Franziskas Urlaub war sehr anstrengend. Sie hat neue Sportarten ausprobiert und an einem Tag hat sie eine lange Wanderung in den Bergen gemacht!

a Urlaub auf Balkonien   **b** Aktivurlaub

c Winterurlaub   **d** Abenteuerurlaub

e Strandurlaub   **f** Sightseeingurlaub

2 schreiben *Refresh your memory!* **Imagine you have been on the extra holiday in exercise 1. Write two sentences about it, using the texts in exercise 1 as a guide.**

Example: Ich bin in die Schweiz gefahren ...

3 hören *Refresh your memory!* **Listen. What would these people like in their ideal town? (1–6)**

a **b** **c** **d** **e** **f**

4 sprechen **Complete the role play task.**

Topic: Travel and tourist transactions

You are at the travel agent's in Germany and are asking about a holiday. The teacher will play the role of the assistant and will speak first.

You must address the assistant as *Sie*.

- where you see – ? – you must ask a question
- where you see – ! – you must respond to something you have not prepared

⭐ Work on your German pronunciation and intonation, taking particular care not to sound 'British' when using cognates such as months of the year.

Sie sind im Reisebüro in Deutschland und fragen nach einem Urlaub. Sie sprechen mit dem Assistenten/der Assistentin.

1. Urlaub – wohin
2. Urlaub – wann
3. !
4. Urlaub – Grund
5. ? was mitnehmen

5 Read the extract from the text. The author is describing the island of Sylt.

Sylt, Nordseeinsel by Hans-Jürgen Fründt

> Wind. Überall Wind! […] Der Wind bläst Abgase und schlechte Laune und den Alltagsstress weg. Auf die Frage, warum man gerade Sylt als Urlaubsziel wählt, kommt immer als Antwort: „Die Luft, das Klima".
>
> Sylt, das ist das Zusammenspiel von Wellen und Strand, Natur und Klima. Sylt, das bedeutet endlose Strandspaziergänge und Herumliegen im Strandkorb. Sylt heißt aber auch Scampi und Fischbrötchen, Radtouren und das Wetter genießen.

Answer the following questions in English. You do not need to write in full sentences.

a Why might Sylt be beneficial to vistors' well-being?

b Give <u>one</u> reason why tourists choose Sylt for a holiday.

c Name <u>one</u> activity you can do there.

d Name <u>one</u> food speciality on the island.

> ⭐ Where you are asked to name only <u>one</u> item, that usually means you have a choice of more than one in the text. So, if you don't understand one of the reasons or items, see if you can understand the other.

6 Translate the first paragraph of the extract into **English**.

> ⭐ When translating *man*, you have several options, including 'one', 'you' and 'people'. Make sure you choose the one which suits the passage best each time.

7 Du hörst einen Werbespot im Radio über die Stadt Bannewitz. Was sagt man über Bannewitz? Trag entweder **einfach, interessant, unbekannt** oder **entspannend** ein. Du kannst jedes Wort mehr als einmal verwenden.

Beispiel: Bannewitz ist _interessant_ .

a Als Urlaubsort ist Bannewitz …

b Die Reise nach Dresden ist …

c Die Aktivitäten in der Stadt sind …

d In Bannewitz unterwegs sein ist …

e Wenn man eine Wanderkarte hat, ist es …

8 Übersetze **ins Deutsche.**

a We like going on a beach holiday.

b My sister prefers to go walking.

c Our town has a pedestrian precinct.

d Last year we stayed at home in the summer.

e This hotel was great because it had a big pool.

1 schreiben

Refresh your memory! **Find ten jobs in the word snake. Then write a sentence for each one to describe the job.**

Example: Der Bäcker arbeitet in einer Bäckerei.

BäckerKellnerinKlempnerÄrztinArchitektinVerkäuferBeamtinInformatikerSchauspielerinKöchin

2 lesen

Refresh your memory! **Match the CV headings (1–4) to the relevant extracts (a–d).**

1 die Schulbildung   **2 die Schulerfolge**   **3 die Berufserfahrung**   **4 die Freizeitaktivitäten**

a
Letzten Sommer habe ich als Assistentin beim Sommersportclub in meiner Stadt gearbeitet.

c
Ich bin fleißig in der Schule und bekomme gute Noten. Ich nehme oft an den Sprachwettbewerben teil, weil Englisch mein Lieblingsfach ist.

b
Ich bin großer Sportfan und ich gehe dreimal pro Woche in den Sportverein, um mit der Handballmannschaft zu trainieren.

d
Ich besuche ein gemischtes Gymnasium in Köln und ich bin in der neunten Klasse.

3 sprechen

Refresh your memory! **Carry out a class survey to find out what jobs people wanted to do when they were younger and what jobs they want to do now. What are the top jobs?**

● *Was wolltest du als Kind werden?*
■ *Ich wollte Lehrer werden.*
● *Und was willst du jetzt werden?*
■ *Jetzt will ich Physiker werden. Was …?*

4 hören

You are working at a job agency in Austria and listen to a recorded message left at the weekend by a caller. Listen to the recording and answer the following questions in English.

a What job does this caller want?
b How old is she?
c Which is her weaker language?
d What characteristic does she have?

⭐ Precision is called for here – you need to listen really carefully to identify the answers. There is not much extra language to help you here!

5 **Lies die Beiträge auf der Jobswebseite.**

Tom:	Seit der Grundschule interessiere ich mich für Fremdsprachen. Ich will unbedingt eine Arbeitsstelle im Ausland finden und dort wohnen, weil das interessanter ist.
Mia:	Für mich ist ein gutes Gehalt sehr wichtig. Ich will keinen Job im Geschäft oder Schnellimbiss haben, weil das nichts für mich ist.
Raik:	Ich lerne gern mit anderen zusammen, und daher suche ich eine Arbeitsstelle in einem guten Team. Ich verstehe mich gut mit Leuten.
Selma:	Ich will in einem Büro arbeiten, aber der Arbeitstag darf nicht zu früh anfangen. Wie viel ich verdiene ist mir aber nicht so wichtig.

Wer sagt das? Trag entweder Tom, Mia, Raik oder Selma ein.
Du kannst jeden Namen mehr als einmal verwenden.

Beispiel: Tom findet Spanisch und Englisch interessant.

a ... möchte flexible Arbeitszeiten.
b ... will viel verdienen.
c ... freut sich auf Kooperation bei der Arbeit.

d ... will nicht in der Gastronomie arbeiten.
e ... will nicht in seinem/ihrem Heimatland arbeiten.

 6 **Translate Tom's and Mia's texts into English.**

7 **Complete the picture-based writing task.**

Du bist in Wien. Du postest dieses Foto online für deine Freunde.

Beschreib das Foto **und** schreib deine Meinung über Sommerjobs.

Schreib ungefähr 20–30 Wörter **auf Deutsch**.

This can all be in the present tense, but try to vary your sentences – you need both a description of the photo and your opinion on the topic of summer jobs.

 8 **Übersetze ins Deutsche.**

a I like French.
b Foreign languages are important.
c My sister works in an office in Ireland.
d Last year I worked as a waiter in the school holidays.
e The work was boring because there weren't many customers.

Don't miss out any words in a translation – leave yourself enough time to check you have included them all.

1 *hören*

Refresh your memory! **Listen and complete the missing numbers. (1–5)**

1 age of the oldest Olympian: _____ years
2 age of the youngest Olympian: _____ years _____ days
3 first TV broadcast of Olympic Games: _____
4 a year the Games were cancelled: _____
5 first Paralympic Games: _____

2 *hören*

Refresh your memory! **Listen again and note down an extra piece of information for each extract.**

3 *schreiben*

Refresh your memory! **Write out the environmental issues correctly. Then write a sentence, giving your opinion of each issue.**

Example: **1** die globale Erwärmung – Ich finde, die globale Erwärmung ist ein großes Problem.

1 die globale **wärrEnmug**
2 die **ughblAzon**
3 die **zestfuLtvchurnmug**
4 die **rüDer**
5 der saure **eenRg**
6 die **szutchremsasrevWnug**

4 *lesen*

Lies den Artikel aus einer Webseite.

> Wir haben doch nur eine Erde! Daher müssen wir zu Hause Müll trennen, so viel wie möglich recyceln und Energie sparen. Jeder kann mitmachen, und ein grüneres Leben führen.
>
> Für Erwachsene ist eine Reduzierung des Autofahrens höchst wichtig! Dabei können sie Geld sparen und gleichzeitig der Umwelt helfen. Alternativen dazu sind Radfahren, zu Fuß gehen oder die öffentlichen Verkehrsmittel benutzen.
>
> Viele Leute in Deutschland nehmen schon aktiv am Umweltschutz teil. Menschen auf der ganzen Welt sollten dabei mitmachen. Umweltschutz ist ein wichtiges Thema für alle Menschen in jedem Land, nicht nur in unserem Land.

Füll die Lücke in jedem Satz mit einem Wort aus dem Kasten. Es gibt mehr Wörter als Lücken.

> umweltfeindlich   wichtig   Geld   ganze   ~~Erde~~   Mofa
> umweltfreundlich   dritte   Bus   unnötig   Zeit   Stadt

Beispiel: Wir haben nur eine _Erde_ .

a Es ist …, umweltfreundlich zu sein.
b Weniger Auto zu fahren, spart …
c Statt mit dem Auto zu fahren, sollte man mit dem … fahren.
d Die Deutschen sind sehr …
e Die Umwelt ist wichtig für die … Welt.

> ⭐ You have a choice of more than one word which will fit each gap, so find these possibilities first and then narrow down your options by reading the text closely.

Kapitel
8

5 lesen Translate the final paragraph of the article (exercise 4) into **English**.

6 hören Your German friend sends you a link to a radio advert about volunteering holidays. What <u>three</u> pieces of information does it give? Listen to the recording and write down the letters of the <u>three</u> correct statements.

Example: A, …

A have an unforgettable experience
B fly to India
C do a cycle tour of Thailand
D work with animals
E work with elderly people
F spend the winter in Australia
G do environmental work at home
H get to know new people

 Make sure you are in the habit of learning vocabulary as you come across new topics. Often, words from one topic crop up in a completely different topic, so *je* more vocabulary you pick up, *desto* better!

7 sprechen Complete the picture-based task.

Topic: Bringing the world together

Schau dir das Foto an und sei bereit, über Folgendes zu sprechen:

- Beschreibung des Fotos
- Deine Meinung zu internationalen Sportevents
- Ein Sportevent, das du in letzter Zeit im Fernsehen oder live gesehen hast
- Pläne für einen Sporteventbesuch in Zukunft
- Ob Sportevents für die Einwohner negativ sind

 Have a good supply of useful words and expressions to use in your speaking exam: *wahrscheinlich* (probably), *vielleicht* (perhaps), *ich glaube, …* (I believe …).

8 schreiben Übersetze **ins Deutsche.**

a I find sports events really exciting.
b My family loves football and hockey.
c On Saturday we always go to the stadium.
d Last year I watched the Olympic Games on television.
e I could not go because the tickets were too expensive.

hunderteinundachtzig 181

General conversation questions

The Edexcel German course is made up of several topics (e.g. *holidays*, *cultural life*), which are grouped into five **themes**:

- Theme 1 – Identity and culture
- Theme 2 – Local area, holiday and travel
- Theme 3 – School
- Theme 4 – Future aspirations, study and work
- Theme 5 – International and global dimension

For the General Conversation, you can choose a **topic** (e.g. *school activities*) from **one** of the themes for your discussion. You will be allowed to speak about this for up to one minute at the start. After that you will be required to continue with the discussion on your chosen topic (or the wider theme). Your teacher will then ask you questions on a second theme. Here are some questions to show the kind of thing you might be asked.

Chapter 1

Theme: School (What school is like; School activities)

1 Wie findest du die Sekundarschule?
2 Wie hast du die Grundschule gefunden?
3 Welche Pläne hast du für nach den Prüfungen?
4 Machst du lieber Mathe oder Musik? Warum?
5 Was machst du gern in der Mittagspause?
6 Was wirst du heute nach der Schule machen?
7 Worauf freust du dich in der Schule?
8 Was wird in 20 Jahren an deiner Schule anders sein?
9 Was hast du auf deiner letzten Klassenfahrt gemacht?
10 Wie feiert man Erfolge an deiner Schule?

Chapter 2

Theme: Identity and culture (Cultural life)

1 Liest du gern?
2 Siehst du Filme lieber zu Hause oder im Kino?
3 Bist du sportlich?
4 Was wirst du am Wochenende machen?
5 Welches Fest hast du in letzter Zeit gefeiert?
6 Welchen Film-, Fernseh- oder Sportstar magst du?
7 Spielst du ein Instrument? Welches?
8 Wie oft siehst du fern? Warum?
9 Ist Sport wichtig? Warum oder warum nicht?
10 Welche Pläne hast du für deinen nächsten Geburtstag?

Chapter 3

Theme: Identity and culture (Who am I?)

1 Was machst du gern mit deinem Freund oder deiner Freundin?
2 Verstehst du dich immer gut mit deinem Freund oder deiner Freundin?
3 Glaubst du, ihr werdet immer Freunde sein?
4 Wann triffst du deine Freunde das nächste Mal?
5 Was hast du letzten Sommer mit Freunden gemacht?
6 Wie beschreibt man dich?
7 Wie muss der/die ideale Freund(in) sein?
8 Was ist für dich wichtiger, Familie oder Freunde?
9 Wann hast du dich das letzte Mal mit deiner Familie gestritten?
10 Wie möchtest du in Zukunft ein guter Freund oder eine gute Freundin sein?

Chapter 4

Theme: Identity and culture (Daily life)

1 Wie ist dein Zimmer?
2 Was isst du später zu Hause?
3 Was hast du gestern Abend gemacht?
4 Was findest du negativ an Technologie zu Hause?
5 Wo möchtest du am liebsten wohnen? Warum?
6 Was ist dein Lieblingsessen?
7 Was hast du heute schon mit Technologie gemacht?
8 Wie wirst du in Zukunft soziale Netzwerke benutzen?
9 Warum ist es wichtig, zu frühstücken?
10 Wie ist dein ideales Haus?

Chapter 5

Theme: Local area, holiday and travel
(Travel and tourist transactions)

1 Wo übernachtest du am liebsten auf einer Städtereise?

2 Hast du Pläne für eine andere Reise?

3 Wo isst du am liebsten auf einer Reise?

4 Fährst du lieber in eine Stadt oder ans Meer? Warum?

5 Mit wem hast du in letzter Zeit eine Reise gemacht?

6 Welches Verkehrsmittel wirst du morgen benutzen?

7 Wie war die Unterkunft beim letzten Urlaub?

8 Wie fährt man am besten von deinem Zuhause in die Stadtmitte?

9 Übernachtest du lieber auf einem Campingplatz oder in einem Hotel? Warum?

10 Wie war dein letzter Restaurantbesuch?

Chapter 6

Theme: Local area, holiday and travel
(Holidays; Town, region and country)

1 Welche Vorteile hat deine Stadt?

2 Welche Nachteile hat deine Stadt?

3 Wie war das Wetter gestern, wo du wohnst?

4 Was für Sportmöglichkeiten gibt es in deiner Stadt?

5 Wirst du immer in deiner Stadt wohnen?

6 Was hast du in letzter Zeit in deiner Stadt gemacht?

7 Wohin bist du mit deiner Familie oder deinen Freunden gefahren?

8 Bist du lieber auf dem Land oder in einer Stadt? Warum?

9 Was wirst du das nächste Mal in den Urlaub mitnehmen?

10 Machst du lieber einen Sommer- oder Winterurlaub?

Chapter 7

Theme: Future aspirations, study and work
(Using languages beyond the classroom;
Ambitions; Work)

1 Warum findest du es positiv, im Ausland zu arbeiten?

2 Was willst du nach den Prüfungen machen?

3 Welchen Beruf findest du am interessantesten?

4 Was für Arbeitserfahrung hast du schon gemacht?

5 Was findest du wichtig an einem Beruf? Warum?

6 Was werden deine Freunde in Zukunft machen?

7 Willst du mit Tieren oder Kindern arbeiten? Warum oder warum nicht?

8 Wie wirst du in Zukunft deine Deutschkenntnisse nutzen?

9 Welchen Job willst du nicht gern machen?

10 Möchtest du lieber nach der Schule studieren oder arbeiten?

Chapter 8

Theme: International and global dimension
(Bringing the world together; Environmental issues)

1 Was sind deine Lieblingsevents?

2 Sind große Events umweltfreundlich?

3 Bist du letztes Jahr auf ein Festival oder Event gegangen?

4 Welches Festival oder Event wirst du in Zukunft besuchen?

5 Sind große Events wichtig für die Gastgeberstadt?

6 Hast du bei einem sportlichen Event geholfen oder mitgemacht?

7 Welche Umweltprobleme sind dir wichtig? Warum?

8 Welche Umweltaktionen machst du in der Schule?

9 Wie wirst du in Zukunft anderen helfen?

10 Möchtest du an einem Marathon teilnehmen? Warum oder warum nicht?

1 lesen **Read Kristian's text and find the correct paragraph.**

a Dieses Jahr sind wir in der neunten Klasse und wir müssen viele Klassenarbeiten schreiben. Das werde ich stressig finden. Englisch ist mein Lieblingsfach, weil ich immer gute Noten bekomme. Ich mag Chemie, Biologie und Physik nicht, denn ich finde sie sehr schwierig.

b Meine Schule ist ein gemischtes Gymnasium und es gibt über 1.000 Schülerinnen und Schüler und fünfundfünfzig Lehrerinnen und Lehrer. Die Schule ist sehr modern und wir haben tolle Computer- und Kunsträume, aber wir haben leider keine Bibliothek.

c Die Schulordnung finde ich oft ärgerlich: Man darf keine Jacken im Klassenzimmer tragen und das finde ich ungerecht.

d Letztes Jahr habe ich am Austausch mit England teilgenommen. Wir haben einen Tagesausflug nach London gemacht und wir haben die Sehenswürdigkeiten besichtigt.

e Nächste Woche werden wir auf Klassenfahrt zur Zirkusschule fahren. Ich freue mich total auf die Reise und ich hoffe, ich werde den ersten Platz im Jonglage-Wettbewerb erreichen!

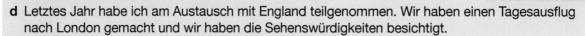

Kristian, der Jongleur

gemischt = mixed

1 rules　　**2 exchange visit**　　**3 subjects**　　**4 class trip plans**　　**5 details about school**

2 lesen **Read Kristian's text again and find the German for the phrases below.**

1. We have to do lots of tests.
2. I will find that stressful.
3. because I always get good grades
4. because I find them very difficult
5. My school is a mixed grammar school.
6. The school is very modern.
7. We have great computer and art rooms.
8. Unfortunately we don't have a library.
9. I find that unjust.
10. We visited the sights.
11. Next week we will go on a class trip.
12. I am really looking forward to the trip.

> ⭐ Use a dictionary (print or online) or the *Wörter* section on pages 24–25 to help you when working through a text on your own. Remember, you don't need to understand every word to do the activity, so don't spend ages translating the text word for word.

3 schreiben **Write about your ideal school, making sure you include answers to these questions.**

- Worauf freust du dich dieses Jahr (nicht)?
- Was machst du in der Pause / nach der Schule?
- Wie viele Schüler(innen) und Lehrer(innen) gibt es an der Schule?
- Wie ist die Schulordnung?
- Wohin wirst du auf Klassenfahrt fahren?

> ⭐ Use the questions to help form your answers.
>
> Wor**auf freust** du dich **dieses Jahr**? → **Dieses Jahr freue** ich mich sehr **auf** …
>
> Look back through Chapter 1 for ideas and support.

1 schreiben **Copy the text and fill in the missing words.**

In meiner Freizeit

Ich lese jeden **1** _____ eine Stunde im Bett. **2** _____ ist auch sehr wichtig für mich: Ich höre oft Reggae und Jazz, **3** _____ sie so lebhaft sind. Ich spiele seit zwei **4** _____ Gitarre und ich **5** _____ in einer Band spielen.

Ich bin nicht sehr **6** _____, aber im **7** _____ fahre ich gern Ski. Ich möchte nicht klettern, weil es zu **8** _____ ist.

Ich sehe nie **9** _____, denn die Sendungen interessieren mich nicht, aber ich gehe einmal im Monat ins **10** _____ .

| fern | gefährlich | Jahren | Kino | möchte | Musik | sportlich | Tag | weil | Winter |

2 lesen **Translate the text (exercise 1) into English.**

3 schreiben **Write a similar text in German about yourself.**

> Ich lese nie im Bett, aber ich höre oft ...

4 lesen **Read the poem and choose the correct answers.**

Short for *Es war einmal* (Once upon a time).

Imperfect tense of *kommen* (to come).

Imperfect tense of *warten* (to wait).

Bumerang

War einmal ein Bumerang;
War ein weniges zu lang.
Bumerang flog ein Stück,
Aber kam nicht mehr zurück.
Publikum – noch stundenlang –
Wartete auf Bumerang.

JOACHIM RINGELNATZ

Imperfect (past) tense of *fliegen* (to fly).

You know *Stunde* (hour), so try to work out the meaning.

1 The boomerang was a bit too short / long / straight.
2 The boomerang dropped to the ground / stuck to the thrower's hand / flew off.
3 Then the boomerang hit someone in the audience / came back to the thrower / disappeared from sight.
4 The audience waited for hours / waited for days / never returned.

☆ You don't need to understand every word to do the task, but if you are really struggling with unknown vocabulary, look it up in a dictionary or online dictionary.

1 lesen **Read the extracts from a poem by Peter Handke and match them to the English translations (a–f).**

1
> Was ich leider nicht bin:
> ich bin leider kein Held
> Ich bin leider kein Millionär.

4
> Was ich bin:
> Ich bin dafür.

2
> Was ich möchte:
> Ich möchte, dass wir
> uns vertragen.

5
> Was ich auch noch bin:
> Ich bin auch noch da.

3
> Was ich habe:
> Ich habe eigene Probleme.

6
> Was ich bin:
> Ich bin's!

a What I have: I have problems of my own.

b What I would like: I would like for us to get along.

c What I am: I am for it.

d What unfortunately I am not: Unfortunately I am no hero Unfortunately I am no millionaire.

e What I am: It's me!

f What I still am: I'm still here.

2 schreiben **Read the extracts in exercise 1 again. Copy out the first line of each extract and then write your own second line to go with it.**

Example: **1** Was ich leider nicht bin:
        Ich bin leider kein sportlicher Junge / kein sportliches Mädchen.

3 lesen **Sasha has nominated her friend for this year's 'best friend award'. Read the text and answer the questions in German.**

> Ich möchte meinen Freund Ludo nominieren, weil er ein toller Freund ist. Ich verstehe mich immer sehr gut mit ihm, denn er hat viel Geduld und ist immer nett.
>
> Ich hatte viele Probleme letztes Jahr. Meine Mutter war krank und ich musste viel zu Hause machen. Ich hatte nicht viel Zeit für Ludo, aber Ludo war nie eifersüchtig und er hat mich unterstützt.
>
> Ludo hat immer Zeit für mich und ich kann mit ihm über alles reden. Wenn ich bei Ludo bin, kann ich meine Probleme vergessen. Wir lachen viel zusammen!
>
> Ludo ist bestimmt der *beste* Freund und ich hoffe, wir werden immer beste Freunde sein.

1 Warum möchte Sasha Ludo nominieren?
2 Wie ist Ludo?
3 Warum musste Sasha letztes Jahr viel zu Hause machen?
4 Wie hat Ludo Sasha geholfen?
5 Was passiert, wenn Sasha Zeit mit Ludo verbringt? (zwei Details)
6 Worauf hofft Sasha?

4 schreiben **Nominate one of your friends for the 'best friend award'. Write your nomination using exercise 3 for support.**

1 **lesen** Read the list of popular German meals and the dialogue.
Write the Weber family's top-5 list in English.

Example: **1** spaghetti bolognese

HITLISTE *das Lieblingsessen der Deutschen*

AUF PLATZ ...

10 der Braten
9 das Gulasch
8 der Spargel
7 die Lasagne
6 die Gemüsesuppe
5 das Steak
4 die Rinderroulade
3 die Pizza (Margherita)
2 das Wiener Schnitzel
1 die Spaghetti bolognese (Nudeln mit Tomaten-Fleischsoße)

Gregor	Schau mal die Hitliste der Lieblingsessen an, Mutti. Unsere Top 5 sind einfach, denke ich.
Frau Weber	Was denn? Ein Braten kommt sicher nicht in die Top 5, denn wir essen einen Braten nur an Feiertagen!
Jack	Essen Sie oft zu Mittag Spaghetti bolognese?
Frau Weber	Ja, Spaghetti bolognese finden wir köstlich und das steht bei uns sicher auf dem ersten Platz.
Jack	Und auch die Lasagne?
Gregor	Nein. Letzte Woche war die Lasagne zu salzig. Also kommt Lasagne auf Platz zwei, denke ich!
Frau Weber	Wir essen zu Hause oft Schnitzel oder Gulasch, aber mein Lieblingsessen ist Steak.
Gregor	Ja. Steak kommt auf Platz drei, denke ich.
Frau Weber	Und Gulasch essen wir im Winter besonders gern. Gulasch kommt auf Platz vier.
Jack	Und Schnitzel?
Gregor	Das Schnitzel schmeckt immer lecker und es kommt auf Platz fünf, denke ich.
Jack	Was bedeutet Spargel auf Englisch?
Gregor	Spargel heißt ‚asparagus', aber Spargel kommt nicht in die ersten Fünf!

2 **lesen** Read the dialogue again. Answer the questions in English.

1 How does Gregor find his family's top-5 list?
2 Why is a roast not in the top 5?
3 What does the family think about spaghetti bolognese?
4 What was wrong with the lasagne last week?
5 What is Frau Weber's favourite meal?
6 When do they eat goulash?
7 What is Gregor's opinion of schnitzel?

3 **schreiben** What is your opinion of the foods in exercise 1? Write a sentence for five of them.

Example: Ich finde Schnitzel schrecklich, weil ich Vegetarier(in) bin.

1 Read the poem about Vienna and answer the questions in English.

This is connected to *reisen* (to travel). In English you add '–ing' to the end of the verb.

Vienna's airport.

Austrian dialect form of *möchte* to rhyme with *Schwechat*.

Spot the cognate here?

Some place names are spelled differently in German. Which city is this?

An area in Vienna.

Reisendes Känguru

Ein Känguru landet in Schwechat,
Da es Wien liebend gern sehen mechat.
Doch es kommt nicht dazu,
Weil das Buschkänguru
In Grinzing den ganzen Tag tschechat.

© Ingo Baumgartner

This is a dialect verb to rhyme with *Schwechat*. What ideas do you have for it? What could it mean?

1 What kind of kangaroo is the poem about? (two details)

2 How did the kangaroo come to Schwechat airport?

3 Why did the kangaroo come to Vienna?

4 Why did his plan change on arrival?

2 Read Kai's blog and correct the mistake in each sentence. (1–6)

Letztes Jahr bin ich mit vier Freunden nach Wien gefahren. Wir sind mit dem Bus gefahren, weil das am billigsten war, aber die Reise war schrecklich. Unterwegs war mir schlecht, weil es im Bus so unbequem war.
Zuerst sind wir zum Informationsbüro gegangen und haben Hotelzimmer reserviert. Wir sind dann mit der Straßenbahn zum Hotel gefahren.

Das Hotel war sehr schmutzig und laut, aber Wien war wunderschön. Das Essen am Schnellimbiss war am leckersten. Ich will nächstes Jahr wieder nach Wien fahren, aber ich möchte dieses Mal in einem besseren Hotel übernachten!

1 Kai will go to Vienna this year.

2 The transport had nothing positive about it.

3 They went to the information office after going to the hotel.

4 The hotel was beautiful.

5 Kai didn't enjoy the food at all.

6 Kai would like to do exactly the same next year.

3 Choose one paragraph of Kai's blog and translate it into English.

Don't miss the adjectives used in the comparative or superlative form.

Notice how Kai uses time expressions such as *zuerst* and *dann* to sequence his blog. Make sure you translate them!

1 *schreiben*

Write as many sentences as you can about your holiday plans.

Example: Ich werde im August nach Kroatien fahren.

> Remember German word order: time before place.

Ich werde	nächsten Sommer nächsten Winter in den Schulferien im August ...	nach Kroatien in die USA an die Ostsee in die Berge ...	fahren.
Ich möchte			

2 *schreiben*

Look at the pictures and write a sentence to describe each of them.

Example: **a** Ich mache sehr gern Aktivurlaub, weil ich gern draußen bin.

> Look back at Unit 2 of Chapter 6 to remind yourself of your key vocabulary. Try to vary your sentences: for example, you could say that you don't like a particular holiday.

 **a**  **b**  **c**  **d**

3 *lesen*

Read Suzanne's blog about her childhood holidays. True or false?

Als Kind bin ich jeden Sommer mit meinen Eltern zelten gegangen. Wir sind oft an die deutsche Küste gefahren und der Plan war immer, während des Urlaubs viel draußen zu sein. Das Problem war aber das Wetter. Jedes Jahr gab es ein Gewitter: große, graue Wolken, ein extrem starker Wind und so viel Regen! Wir mussten ab und zu in einer Pension im Dorf übernachten. ☹

Trotz des Wetters haben unsere Urlaube immer Spaß gemacht. Auf dem Campingplatz gab es einen tollen Spieleraum und es gab auch gute Cafés ganz in der Nähe. ☺

1 Suzanne spent her childhood holidays with her parents.
2 The holidays took place in a forest.
3 Suzanne and her parents liked to spend time outdoors.
4 They rarely experienced bad weather.
5 The holidays were never much fun.
6 Suzanne was happy with the facilities.

> The verbs in this extract are mainly in the imperfect tense as the author is describing something she <u>used</u> to do.

4 *schreiben*

Write a short blog about a holiday memory.

Wohin bist du gefahren?	Was für ein Urlaub war das?	Wie war das Wetter?	Was hast du gemacht?

1 lesen **Read the song *Das Lied von der Arbeit* by Detlef Cordes. Which four sentences match the meaning of the song?**

Das Lied von der Arbeit

Wer Geld verdienen will, muss zur Arbeit gehen
und meistens dafür morgens früh aufstehen.
Oft dauert die Arbeit bis abends spät,
so ist das, wenn man zur Arbeit geht.

Refrain:
Ich geh zur Arbeit, ich geh zur Arbeit,
ich geh zur Arbeit, um Geld zu verdienen.
Ich geh zur Arbeit, ich geh zur Arbeit,
ich geh zur Arbeit und verdiene Geld.

Geld verdienen ist gar nicht so leicht,
man hat viel zu tun, bis man es erreicht,
dass man sich all die Dinge kaufen kann,
die man braucht oder haben möchte dann und wann.

Refrain …

Wer Geld verdienen will, ist meistens nicht zu Haus,
weil man dann zur Arbeit geht, tagein, tagaus.
Manchmal ist die Arbeit schwer,
zu spielen hat man dann keine Zeit mehr.

Refrain …

DETLEF CORDES

1 If you want to earn money, you have to go to work.
2 The working hours are often long.
3 Money is not the main reason why people work.
4 You go to work to meet friends.
5 A working day is very easy.
6 You can buy lots of things if you work hard and earn money.
7 You don't go to work every day.
8 Workers don't have time to play.

2 lesen **Read the texts and answer the questions.**

Luise

Als Bäuerin hat Luise eine strenge Arbeitsroutine, weil das Wetter und die Tiere oft schwierig sind. Die Arbeit ist anstrengend, aber Luise liebt es, jeden Tag draußen zu sein und sie möchte nicht gern in einem Büro arbeiten. Das Beste am Bauernhof, findet sie, ist die frische Luft!

Alexander

„Das war toll, da oben zu arbeiten!", so sagt der Astronaut. Er hat sechs Monate an Bord der ISS verbracht, wo es sehr eng und unbequem war: er musste sogar im Stehen schlafen! Die Aussicht vom Fenster war aber etwas Wunderschönes!

Who …
1 would not like to work indoors all day?
2 slept in an unusual position?
3 has a strict routine?
4 enjoyed the view from work?

3 lesen **Read the texts again and for each person identify:**

a their profession   **b** why they like and dislike it   **c** what the highlight is.

 4 schreiben **Write a similar paragraph for a member of your family.**

Example: Als Krankenschwester muss meine Tante viele Stunden arbeiten …

> ⭐ Think about the subject pronoun and form of the verb you need to use when reporting on somebody else: *er/sie* + third person verb form.

1 lesen **Read the article. Find the German for the English words and phrases.**

Wenn man Kindern helfen will, kann man sich freiwillig bei UNICEF engagieren.

Mit 15 Jahren kann man eine **Ausbildung** als UNICEF-JuniorTeamer machen. In den Workshops lernt man, ein Team von Jugendlichen zu **koordinieren** und Aktionen zu organisieren.

Die UNICEF-JuniorTeams haben zum Beispiel **schon** einen **Spendenlauf** und eine internationale Party für die **Kinderrechte** organisiert. Sie planen auch Kinderrechte-Demos und andere gute Aktionen für die Kinderrechte.

Willst du **mitmachen**? Du kannst **weitere** Infos auf der Website von UNICEF Deutschland für Jugendliche finden. Die Workshops sind **kostenlos**. UNICEF Deutschland zahlt auch die Kosten für die Reise nach Köln.

1	training	**5**	to coordinate
2	to participate	**6**	free (no charge)
3	sponsored run	**7**	already
4	children's rights	**8**	further

> ⭐ Don't expect to understand every word in a reading text. Remember to use the clues in the text to help you. You should look for cognates, look at surrounding words and think about the context, apply logic and apply your understanding of grammar to help you.

2 lesen **Read the article again. True or false?**

1 Man arbeitet freiwillig bei UNICEF.
2 UNICEF-JuniorTeamer müssen achtzehn Jahre alt sein.
3 Man lernt, ein Team zu leiten.
4 Die UNICEF-JuniorTeams haben noch keine Aktionen organisiert.
5 Man muss für die Workshops bezahlen.
6 Die Workshops finden in einer Großstadt statt.

3 lesen **Read the article once more and translate the title and the first paragraph into English.**

4 schreiben **Imagine you would like to take part in the UNICEF-JuniorTeamer workshops. Write an email to the events coordinator.**

You could mention:
- why you would like to get involved
- what actions you want to do to help
- what you have already done to help people
- why you would be a good team-leader (what personal qualities you have).

> ⭐ Look back through Chapter 8 for language and grammar that you can borrow and adapt.
>
> Read each of the bullet points in the task and think about the tense that will be required in the answer, and remember to check your verbs carefully.

What is it and when do I use it?
Use the present tense to talk about actions you are doing now and actions you do regularly.

Why is it important?
Verbs are the building blocks of language. Once you have mastered the present tense, the other tenses will make more sense.

Things to watch out for
German makes no distinction between 'I play', 'I **am** play**ing**' and 'I **do** play' – all three versions are *ich spiele*.

How does it work?
The ending of the verb changes according to the subject of the verb. Once you know these endings, they are the same for all regular verbs and almost all irregular verbs.

Regular verbs

	spielen (to play)	*arbeiten* (to work)
ich (I)	spiele	arbeite
du (you)	spielst	arbeitest
er/sie/es/man (he/she/it/one)	spielt	arbeitet
wir (we)	spielen	arbeiten
ihr (you)	spielt	arbeitet
Sie (you)	spielen	arbeiten
sie (they)	spielen	arbeiten

> Verbs with a stem ending in *–d* (*finden*) or *–t* (*arbeiten*) add *–e* before *–st* and *–t*.
>
> *Er arbeitet am Wochenende.*
> He is working at the weekend.
>
> *Wie findest du das?*
> What do you think of that?

- *du* is singular; use it for a friend or family member.
  ihr is the plural of *du*.
  Sie can be singular or plural; use it in formal situations.

- *er* also means 'it' when referring to a masculine noun.
  sie also means 'it' when referring to a feminine noun.
- *man* can mean 'one', 'we', 'you', 'they', 'people'; *man* uses the same verb endings as *er/sie/es*.

Irregular verbs
Irregular verbs change their vowels in the *du* and *er/sie/es/man* forms – but the endings are regular. There are three ways the vowels might change.

	fahren (to go)	*sehen* (to see)	*nehmen* (to take)
du	fährst	siehst	nimmst
er/sie/es/man	fährt	sieht	nimmt

The verb *haben* (to have) is slightly irregular, and *sein* (to be) is very irregular, as it is in English.

	haben (to have)	*sein* (to be)
ich	habe	**bin**
du	hast	**bist**
er/sie/es/man	hat	**ist**
wir	haben	**sind**
ihr	habt	**seid**
Sie	haben	**sind**
sie	haben	**sind**

You can check on other irregular verbs in the verb tables (pages 222–224).

Auf die Plätze!

1 Translate the German sentences. Write the three possibilities each time.

Example: Ich trage einen blauen Pullover. I wear / am wearing / do wear a blue jumper.

1 Ich finde Biologie interessant.
2 Mein Bruder spielt Handball.
3 Wir lernen heute ziemlich viel.
4 In der Schule lernt man viele Fächer.
5 Die Lehrer sind sehr nett. ⚠
6 Hast du viele Hausaufgaben?

> ⚠ The verb *sind* in sentence 5 only has two possible translations.
> Questions can also be translated in a variety of ways:
> 'Have you …?', 'Are you having …?', 'Do you have …?'.

2 Complete the sentences with the correct verb ending.

1 Ich spiel___ jeden Tag Tennis.
2 Wir geh___ zur Schule.
3 Man mach___ eine Klassenfahrt.
4 Kathi schwimm___ sehr gern.
5 Meine Freunde hör___ gern Musik.
6 Lern___ du Französisch?

Fertig!

3 Match up the sentence halves.

1 Mein Lieblingsfach
2 Meine Hausaufgaben
3 Meine Freundin
4 Welches Fach hast
5 Was siehst
6 Normalerweise essen
7 In der Schule lernt
8 Frau Müller, haben

a du gern?
b trägt ein blaues Kleid.
c Sie mein Heft?
d ist Mathe.
e sind langweilig.
f man viel.
g wir nicht in der Schule.
h du in der zweiten Stunde?

Los!

4 Complete the sentences with the correct form of the verb in brackets.

1 Ich ___ Esma. Meine Familie ___ aus der Türkei. (*heißen, kommen*)
2 Wir ___ jetzt in Hamburg und wir ___ eine schöne Wohnung. (*wohnen, haben*)
3 Ich ___ zu Fuß zur Schule, denn sie ___ nur 20 Minuten von der Wohnung entfernt. (*gehen, liegen*)
4 Meine beste Freundin ___ den Bus und viele Schüler ___ mit der S-Bahn. (*nehmen, fahren*)
5 Unsere Lehrer ___ meistens sehr nett, aber meine Klassenlehrerin ___ zu streng. (*sein, sein*)
6 Wie ___ du die Schule? Und was ___ du normalerweise? (*finden, tragen*)

5 Translate these sentences into German.

1 I play football.
2 Do you like listening to music?
3 Karola reads the newspaper.
4 We find maths easy.
5 My teachers are very strict.
6 I go to school by bus.

> Look back at the table of irregular verbs on page 192: *tragen* (to wear) follows the same pattern as *fahren*, and *lesen* (to read) follows the same pattern as *sehen*.

Reflexive verbs

Some verbs are reflexive. This means they need a reflexive pronoun that matches the subject. For some verbs the reflexive pronoun is translated as 'myself', 'yourself', etc. but for other verbs it is not usually needed in English.

sich amüsieren (to enjoy yourself)		
ich	amüsiere	**mich**
du	amüsierst	**dich**
er/sie/es/man	amüsiert	**sich**
wir	amüsieren	**uns**
ihr	amüsiert	**euch**
Sie/sie	amüsieren	**sich**

sich treffen (to meet)		
ich	treffe	**mich**
du	triffst	**dich**
er/sie/es/man	trifft	**sich**
wir	treffen	**uns**
ihr	trefft	**euch**
Sie/sie	treffen	**sich**

The reflexive pronoun usually goes immediately after the verb:
   Ich amüsiere **mich** in der Theatergruppe.   I enjoy **myself** in the drama group.
   Ich treffe **mich** mit Freunden.   I meet with friends.

If the subject and verb are inverted (e.g. in a question), the reflexive pronoun goes after both:
   Amüsierst du **dich**?   Are you enjoying yourself?

Separable verbs

Separable verbs are made up of two parts: a prefix and a verb. In the present tense, the **prefix** separates from its <u>verb</u> and goes to the **end** of the clause:
   fernsehen (to watch TV)   Ich <u>sehe</u> heute Abend **fern**.   I'm watching TV this evening.
   vorbereiten (to prepare)   Er <u>bereitet</u> das Abendessen **vor**.   He is preparing the evening meal.

But watch out! When a conjunction like weil (because) sends the verb to the end of the clause, the two parts join up again: Ich gehe nicht in die Stadt, **weil** ich heute Abend **fern**<u>sehe</u>.

Modal verbs

Modal verbs are irregular. They work with another verb in its infinitive form – this is placed at the <u>end</u> of the clause:

	müssen (to have to, 'must')	**können** (to be able to, 'can')	**dürfen** (to be allowed to)	**wollen** (to want to)
ich	muss	kann	darf	will
du	musst	kannst	darfst	willst
er/sie/es/man	muss	kann	darf	will
wir	müssen	können	dürfen	wollen
ihr	müsst	könnt	dürft	wollt
Sie	müssen	können	dürfen	wollen
sie	müssen	können	dürfen	wollen

Ich **muss** Handball **spielen**.
I have to play handball.

Man **kann** in der Schule Sportschuhe **tragen**.
We can wear trainers at school.

Darfst du im Klassenzimmer **essen**?
Are you allowed to eat in the classroom?

Sie **will** einen Krimi **lesen**.
She wants to read a crime novel.

Note: Use ich darf nicht … to say 'I'm not allowed to …' (ich muss nicht … means 'I don't have to …').

There are two more modal verbs: sollen (to be supposed to, 'should') and mögen (to like).
Check them in the verb tables (page 224).

1 Choose the correct reflexive pronoun and match the German (1–6) to the English (a–f).

1 Karl langweilt mich / dich / sich nie in der Schule.
2 Wir treffen uns / euch / sich um 10 Uhr mit Sophie.
3 Wie amüsierst du mich / dich / sich am Nachmittag?
4 Freust du mich / sich / dich auf die Klassenfahrt?
5 Ich setze mich / dich / euch abends an den Computer.
6 Sandra versteht mich / dich / sich sehr gut mit ihren Eltern.

a Are you looking forward to the school trip?
b Sandra gets on very well with her parents.
c Karl is never bored at school.
d I sit down at the computer in the evening.
e How do you amuse yourself in the afternoon?
f We are meeting Sophie at 10.00 a.m.

2 Identify the two parts of these separable verbs, then write down the infinitive and match it to its meaning (a–f).

1 Ich nehme dieses Jahr an der Klassenfahrt teil.
2 Siehst du heute Abend fern?
3 Mein Bruder bereitet das Abendessen vor.
4 Wo findet das Konzert statt?
5 Wir stehen jeden Morgen um sechs Uhr auf.
6 Sie kauft im Einkaufszentrum ein.

a to shop
b to get up
c to prepare
d to take part
e to take place
f to watch TV

3 Complete the sentences with the correct German form of the English verb in brackets. Choose from the box.

1 Man _____ tolle Experimente machen. (*can*)
2 Du _____ eine Klassenarbeit schreiben. (*have to*)
3 Sie _____ in Urlaub fahren. (*wants*)
4 Was _____ du in der Pause essen? (*are allowed to*)
5 Sie (*they*) _____ _____ tanzen. (*do not want*)
6 Die Schülerinnen und Schüler _____ einen Ausweis haben. (*have to*)
7 Wir _____ _____ im Klassenzimmer essen. (*are not allowed to*)
8 Wir _____ sehr gut Tennis spielen. (*can*)

wollen nicht	darfst	dürfen nicht	kann
will	können	müssen	musst

What is it and when do I use it?

Use the perfect tense to talk about actions you <u>have done</u> or <u>did</u> in the past.

Why is it important?

A lot of what you hear and read is about things that happened in the past. You will frequently be expected to talk about the past.

Things to watch out for

In German, the perfect tense is often used to convey, e.g. 'I bought', 'I have bought' and 'I did buy'.

How does it work?

The perfect tense is made up of two parts: the auxiliary and the past participle (at the end of the clause).

- Most verbs form the perfect tense with a part of *haben* (to have) as the auxiliary.
- Regular verbs form the past participle with **ge...t** around the stem. To form the stem, take *–en* off the infinitive.

infinitive	stem			auxiliary		past participle (*ge...t*)	English meaning
kaufen	**kauf**	ich	habe	einen Kuli		ge**kauf**t	I (have) bought
lernen	**lern**	du	hast	Mathe		ge**lern**t	you (have) learned
spielen	**spiel**	er/sie/es/man	hat	Fußball		ge**spiel**t	he/she/it/one (has) played
machen	**mach**	wir	haben	Hausaufgaben		ge**mach**t	we did / we have done
wohnen	**wohn**	ihr	habt	in Berlin		ge**wohn**t	you (have) lived
hören	**hör**	Sie	haben	Musik		ge**hör**t	you (have) heard
tanzen	**tanz**	sie	haben	in der Aula		ge**tanz**t	they (have) danced

- Irregular verbs often have **ge...en**, and the stem sometimes changes. (See pages 222–224 for a list of some common irregular verbs.)

infinitive	stem		auxiliary		past participle (*ge...en*)	English meaning
tragen	**trag**	ich	habe	eine Jeans	ge**trag**en	I wore / I have worn
essen	**ess**	du	hast	Brot	ge**gess**en	you ate / you have eaten
nehmen	**nehm**	sie	haben	den Bus	ge**nomm**en	they took / they have taken
lesen	**les**	wir	haben	das Buch	ge**les**en	they (have) read

- Verbs ending in *–ieren* and those beginning with *be–*, *ge–*, *emp–*, *ent–* or *ver–* do not add *ge–* to the past participle. Some are regular and just add *–t*:

    *telefonieren → ich habe ... **telefoniert** (I telephoned ...)   besuchen → er hat ... **besucht** (he visited ...)*

    Some have an irregular stem and add *–en*:

    *beginnen → es hat ... **begonnen** (it began ...)   gewinnen → sie haben ... **gewonnen** (they won ...)*

- **Separable verbs** form the past particlple with *–ge–* between the two parts:

    *teil|nehmen   Ich habe am Spiel teil**ge**nommen. I took part in the game.*
    *fern|sehen   Sie hat gestern Abend fern**ge**sehen. She watched TV last night.*

- **Reflexive verbs** place the reflexive pronoun after the part of *haben*:

    *sich treffen   Ich habe **mich** gestern mit Freunden getroffen. I met with friends yesterday.*
    *sich setzen   Sie hat **sich** an den PC gesetzt. She sat down at the PC.*

Auf die Plätze!

1 Which six of these sentences are in the perfect tense? Write down the numbers.

1 Du hast eine neue Tasche für die Schule gekauft.
2 Ich habe jeden Tag Filme zu Hause gesehen.
3 Ich mache meine Hausaufgaben nicht.
4 Er liest ein Buch.
5 Wir haben heute sehr viel gelernt.
6 Ich nehme den Bus um 7 Uhr.
7 Emina hat eine Klassenarbeit geschrieben.
8 Ich habe ein gutes Zeugnis bekommen.
9 Marco trägt eine neue Jeans zur Schule.
10 Hast du deine Hausaufgaben gemacht?

Fertig!

2 Choose the correct form of *haben*.

1 Er habe / hast / hat ein Buch gelesen.
2 Wir habe / hat / haben den Bus um 7 Uhr genommen.
3 Ich habe / hast / haben mit meinem Vater telefoniert.
4 Anna habe / hast / hat ihre Hausaufgaben nicht gemacht.
5 Was habe / hast / haben du heute in Mathe gelernt?
6 Habe / Hat / Haben Marco seine neue Jeans zur Schule getragen?

Los!

3 Complete the sentences with the correct form of *haben* and the past participle of the verb in brackets. Choose the past participle from the box.

1 Du ▭ viele neue Sachen für die Schule ▭. (*kaufen*)
2 Die Lehrerin ▭ mein Handy ▭. (*hören*)
3 Ich ▭ den Film schon zweimal ▭. (*sehen*)
4 Er ▭ die Arbeit anstrengend ▭. (*finden*)
5 Man ▭ auf der Klassenfahrt sehr gut ▭. (*essen*)
6 Meine Eltern ▭ jeden Tag mit mir ▭. (*telefonieren*)
7 Ich ▭ meine Freunde ▭. (*besuchen*)
8 Wann ▭ Sie den Bus ▭? (*nehmen*)

| besucht gefunden gegessen gehört |
| gekauft genommen gesehen telefoniert |

4 Four sentences in exercise 1 are not in the perfect tense. Change the verbs so they are in the perfect tense.

The perfect tense (2)

Things to watch out for

In German, the perfect tense has two parts but some verbs use *sein* as the auxiliary verb instead of *haben*.

How does it work?

Some verbs form the perfect tense with a part of *sein* ('to be' – but you still translate the auxiliary as 'have'). These are mostly verbs of movement. They are all irregular so the past participle has **ge...en** around the stem:

infinitive		auxiliary		past participle	English meaning
gehen	ich	bin	in die Stadt	gegangen	I went / have gone
fahren	du	bist	mit dem Bus	gefahren	you (have) travelled
fallen	er/sie/es/man	ist	beim Fußballspielen	gefallen	he/she/it/one fell / has fallen
fliegen	wir	sind	nach Spanien	geflogen	we flew / have flown
kommen	ihr	seid	nach Hause	gekommen	you came / have come
laufen	Sie	sind	zur Schule	gelaufen	you ran / have run
schwimmen	sie	sind	am Nachmittag	geschwommen	they swam / have swum

You will need to recognise a few separable verbs which form the perfect tense with *sein*.
The separable prefix goes before the *ge*– part of the past participle:
zurückkommen (to come back)   *Ich bin um 17 Uhr **zurück**gekommen.* I came back at 5 p.m.
aufstehen (to get up)   *Wir sind früh **auf**gestanden.* We got up early.

Auf die Plätze!

1 Which five of these sentences are in the perfect tense? Write down the numbers.

1 Ich fahre mit dem Rad zur Schule.
2 Thomas ist beim Handballspielen gefallen.
3 Ich stehe jeden Tag früh auf.
4 Ich bin zu Hause geblieben.

5 Eva und ich sind zur Bibliothek gegangen.
6 Wo bist du in der ersten Stunde?
7 Meine Schwester ist um 20 Uhr gekommen.
8 Wir sind mit dem Bus zur Schule gefahren.

Fertig!

2 Choose the correct form of *sein*, then match the German to the English.

1 Ich bin / bist / ist in der Sporthalle gefallen.
2 Wir bist / ist / sind mit dem Bus gekommen.
3 Er bist / ist / sind nach Amerika geflogen.
4 Laura bin / bist / ist nach der Schule geschwommen.
5 Wann bist / ist / sind du nach Hause gefahren?
6 Meine Freunde bin / bist / sind zu Hause geblieben.

a When did you go home?
b He flew to America.
c My friends stayed at home.
d I fell in the gym.
e Laura swam after school.
f We came by bus.

Los!

3 Complete the sentences with the correct form of *sein* and the past participle of the verb in brackets. Choose the past participle from the box.

1 Der Lehrer ▯▯▯ früh nach Hause ▯▯▯. (*gehen*)
2 Wir ▯▯▯ gestern nach der Schule ▯▯▯. (*schwimmen*)
3 Martina ▯▯▯ im Spiel nicht ▯▯▯. (*fallen*)
4 Ich ▯▯▯ heute mit dem Rad ▯▯▯. (*kommen*)

gefallen	gegangen
gekommen	geschwommen

The imperfect tense (1)

What is it and when do I use it?
Use the imperfect tense to <u>describe</u> things in the past.

Why is it important?
A few common verbs are frequently used in the imperfect tense, especially in written German, so you need to recognise them and use the main ones.

Things to watch out for
You mainly need *haben* and *sein* and the modal verbs, so there are not too many to learn. (See page 219 for more.)

How does it work?
These are the main verbs to learn, and you will mostly need just one singular and one plural form:

Infinitive	*haben*	*sein*	*müssen*	*dürfen*	*können*	*wollen*
ich	*hatte*	*war*	*musste*	*durfte*	*konnte*	*wollte*
er/sie/es/man						
wir	*hatten*	*waren*	*mussten*	*durften*	*konnten*	*wollten*
Sie						
sie						
English	had	was / were	had to	was / were allowed to	was / were able to	wanted to

One other important verb is the imperfect tense of *es gibt* (there is, there are): *es gab* (there was, there were). Remember that *musste nicht* means 'didn't have to'; you need *durfte nicht* for 'wasn't allowed to'.

Auf die Plätze!

1 Which tense: present (P) or imperfect (I)?

1 Ich muss zur Schule gehen.
2 Ich hatte viele Freunde.
3 Wir durften nicht zur Party gehen.
4 Es gibt ein richtiges Problem.
5 Ich kann abends nicht spielen.
6 Das war so schwierig.
7 Mona ist meine beste Freundin.
8 Ich habe lange, dunkle Haare.
9 Sie wollte nicht schwimmen.
10 Ich durfte mein Handy benutzen.

Fertig!

2 Match these sentences to the English.

1 Wir wollten nicht zur Schule gehen.
2 Ich konnte das Spiel nicht verstehen.
3 Die Aufgabe war schwierig.
4 Ich musste zur Party gehen.
5 Es gab viel zu tun.
6 Meine besten Freunde waren Dario und Lena.

a I had to go to the party.
b We didn't want to go to school.
c My best friends were Dario and Lena.
d There was a lot to do.
e I couldn't understand the game.
f The exercise was difficult.

Los!

3 Rewrite the five present tense sentences from exercise 1 in the imperfect tense.

The future tense

What is it and when do I use it?
Use the future tense to talk about what you <u>will</u> do.

Why is it important?
You will be expected to talk about future plans (e.g. next year, in five years' time).

How does it work?
Use the present tense of *werden* with an infinitive at the end of the sentence.

			infinitive
ich	*werde*	*Pizza*	*essen*
du	*wirst*	*ins Hallenbad*	*gehen*
er/sie/es/man	*wird*	*eine Radtour*	*machen*
wir	*werden*	*Fußball*	*spielen*
ihr	*werdet*	*euch* gut*	*amüsieren*
Sie	*werden*	*ziemlich spät*	*zurückkommen***
sie	*werden*	*heute Abend*	*fernsehen***

* Reflexive pronouns go after the part of *werden*.
** Separable verbs stay joined up in the infinitive.

- In German, the present tense is often used with a future time marker to say what you are <u>going to do</u>:
  *Ich **fliege** nächste Woche nach Spanien.*
  I'm flying to Spain next week.
- Talking about future plans can include what <u>you would like to do</u>. Use *möchte* with an infinitive:
  *Ich **möchte** nach Spanien **fliegen**.*
  I would like to fly to Spain.

Auf die Plätze!

1 Identify the parts of the future tense (part of *werden* and the infinitive verb), then match the sentences to the English.

1 Ich werde Spanisch lernen.
2 Wir werden einen Austausch machen.
3 Wie viel wird das kosten?
4 Wirst du eine Radtour machen?
5 Was wirst du nächstes Jahr machen?
6 Wir werden uns amüsieren.

a How much will that cost?
b What will you do next year?
c I will learn Spanish.
d We will enjoy ourselves.
e We will do an exchange.
f Will you do a cycling tour?

Fertig!

2 Match the sentences with the same meaning.

1 Sie macht einen Austausch im Juli.
2 Du amüsierst dich bestimmt am Samstag.
3 Wir kommen um 23 Uhr zurück.
4 Im August fahre ich nach Hamburg.

a Ich werde im August nach Hamburg fahren.
b Wir werden um 23 Uhr zurückkommen.
c Im Juli wird sie einen Austausch machen.
d Du wirst dich am Samstag bestimmt amüsieren.

Los!

3 Write the sentences in the correct order, then translate them.

1 gehen / Felix / ins Schwimmbad / wird .
2 wird / Man / verbringen / in Wien / den Tag .
3 werde / Ich / eine Fahrradtour / machen .
4 amüsieren / Ich / mich / bestimmt / werde .
5 Sie / zurückkommen / später / werden .
6 du / fernsehen / Wirst / am Wochenende ?

The imperative

What is it and when do I use it?
Use the imperative to give commands and instructions.

Why is it important?
Knowing how to use the imperative will allow you to understand instructions better.

Things to watch out for
You need to know the difference between the words for 'you' – *du*, *ihr* and *Sie*.

How does it work?
The imperative has a different form, depending on who is receiving the command. Remember the three forms of 'you' because the imperative is based on these. You will mostly need to recognise the *du* and *Sie* forms.

person receiving the command	present tense	imperative	meaning
du (one friend or family member)	du **geh**st	**geh**!	go!
	du **steh**st auf	**steh** auf!	get up!
	du **setz**t dich	**setz** dich!	sit down!
ihr (two or more friends or family members)	ihr **geht**	**geht**!	go!
	ihr **steht** auf	**steht** auf!	get up!
	ihr **setzt** euch	**setzt** euch!	sit down!
Sie (formal – one or more adults, etc.)	**Sie gehen**	**gehen Sie**!	go!
	Sie stehen auf	**stehen Sie** auf!	get up!
	Sie setzen sich	**setzen Sie** sich!	sit down!

> ⭐ For the *du* form, leave out *du* and take off the present tense ending.
> For the *ihr* form, just leave out *ihr*.
> For the *Sie* form, just swap round the verb and *Sie*.
> To be more polite, you can add *bitte*: *Setzen Sie sich, bitte!* Sit down, please.

Auf die Plätze!

1 Choose the correct German word for 'you' (*du* or *Sie*) for addressing these people.

1 your German teacher
2 one girl in your class
3 an adult shop assistant
4 your mother
5 two teachers
6 your best friend
7 a young child
8 your dog
9 a police officer

Fertig!

2 Match the German to the English for these instructions.

1 Open the window!
2 Close the door, please!
3 Choose a pizza!
4 Take a seat!
5 Eat lots of vegetables!

a Wähl eine Pizza aus!
b Öffnen Sie das Fenster!
c Iss viel Gemüse!
d Mach die Tür zu, bitte!
e Nehmen Sie Platz!

Los!

3 Change these statements into instructions using the correct imperative form.

1 Du gehst hier rechts.
2 Sie überqueren den Platz.
3 Sie fahren an der Ampel geradeaus.
4 Du nimmst die zweite Straße rechts.

Negatives

What are they and when do I use them?
Use negatives when you want to say 'not (a)', 'nothing', 'never', etc.

Why are they important?
If you use a range of different negatives, you can make your speech or writing more varied and appealing.

Things to watch out for
You can't say *nicht ein* before a noun; you have to use *kein* (with the correct endings).

How do they work?
- To make a sentence negative, add *nicht* (not).
  - Place *nicht* after the verb if there is no object: *Ich gehe **nicht** ins Kino.*
  - If there is an object (including a reflexive pronoun), *nicht* comes directly after it:
    *Ich mag den Film **nicht**.* I don't like the film.
    *Ich amüsiere mich **nicht**.* I'm not enjoying myself.
  - In the perfect tense, *nicht* usually comes before the past participle, and in the future tense, it usually comes before the infinitive:
    *Ich habe den Film **nicht** gesehen.* I have not watched the film.
    *Ich werde den Film **nicht** sehen.* I will not watch the film.

- Other negatives are *nie* (never) and *nichts* (nothing).
  *Er hat den Film **nie** gesehen.* He has never watched the film.
  *Wir haben **nichts** gemacht.* We have done nothing. / We haven't done anything.

- To say 'not a / not any / no', use *kein/keine*; it follows the same pattern as *ein* (see page 203).
  *Das ist **keine** Komödie.* That is **not a** comedy.
  *Ich habe **kein** Geld.* I have **no** money.
  *Wir haben **keinen** Fußball gekauft.* We did **not** buy **a** football.

Auf die Plätze!

1 Which of these sentences are negative?

1 Sie wird nicht an die Uni gehen.
2 Mein Vater arbeitet nachts.
3 Ich habe einen kleinen Hund.
4 Wir haben keine Zeit dafür.
5 Das möchte ich nie machen.
6 Er hat mir nichts gegeben.

Fertig!

2 Match the German to the English.

1 Mein Vater arbeitet nicht.
2 Ich habe keinen Hund.
3 Ich spiele kein Instrument.
4 In den Ferien mache ich nichts.
5 Er liest nie im Bett.
6 Ich werde das nicht machen.

a I don't do anything in the holidays.
b He never reads in bed.
c I will not do that.
d I don't play an instrument.
e My father doesn't work.
f I don't have a dog.

Los!

3 Make these sentences negative using the word in brackets.

1 Ich spiele Klavier. (*nicht*)
2 Wir haben das Spiel gewonnen. (*nicht*)
3 Ich lese im Zug. (*nie*)
4 Man darf in der Aula essen. (*nicht*)
5 Ich setze mich an den PC. (*nicht*)
6 Ich werde eine Katze haben. (*kein–*)

What are they and when do I use them?

Nouns are used to name things, people and ideas. You use them all the time.
Articles are words such as 'the' (the definite article) and 'a' (the indefinite article).

Why are they important?

They form the basis of a language, so you cannot speak German without them.

Things to watch out for

The <u>gender</u> (masculine, feminine, neuter) and <u>number</u> (singular, plural) of a noun affect the form of the <u>article</u> (*der*, *ein*, etc.).

The function of a noun in a sentence (its <u>case</u>) also affects the article: for example, the subject is in the nominative case, and the direct object is in the accusative case (but only the masculine form changes). See page 205 for more information.

How do they work?

Nouns

- All nouns have a **gender** (masculine, feminine or neuter).
  The gender of people is usually easy to work out: *der Mann* (masculine), *die Frau* (feminine) – but watch out for this exception: *das Mädchen* (neuter).
  You need to learn the gender of other nouns, but there are patterns to help you:
  - *–er* endings are usually masculine
  - *–e* endings are usually feminine; *–ung*, *–heit*, *–keit*, *–ik* are always feminine.
  - nouns from verbs (*das Essen*), and nouns ending in *–nis* and *–chen* are neuter.
- There are lots of ways to form **plural nouns**, but there are patterns you can follow:

(–e) / (¨e)	(–n) / (–en)	(–) / (¨)	(–er) / (¨er)	(–s)
Film**e** Würst**e**	Komödi**en** Sendung**en**	Spieler Mütter	Bild**er** Wört**er**	Kino**s** Show**s**
	(mostly feminine)			(mostly foreign words)

Definite article (the)

Nominative: **Der** Roman / **Die** Komödie / **Das** Buch ist gut. / **Die** Comics sind gut.
Accusative: Ich lese **den** Roman / **die** Komödie / **das** Buch / **die** Comics.

Indefinite article (a, an)

Nominative: **Ein** Mann / **Eine** Frau / **Ein** Kind geht ins Kino.
Accusative: Ich sehe **einen** Mann / **eine** Frau / **ein** Kind.

Here is a summary of the changes in the articles:

	masc.	fem.	neut.	pl.
definite article: the				
nom.	der	die	das	die
acc.	**den**	die	das	die

	masc.	fem.	neut.	pl.
indefinite article: a, an				
nom.	ein	eine	ein	–
acc.	**einen**	eine	ein	–

The negative article (*kein* – no, not a) and possessive adjectives (*mein*, *dein*, *sein*, *ihr* – my, your, his, her) follow the same pattern as *ein*.

The demonstrative article (*dieser*, *diese*, *dieses* – this) follows the same pattern as *der*, *die*, *das*.

1 Are these words masculine (M), feminine (F) or neuter (N)?

1 Freund	**5** Zeitung	**9** Serie
2 Freundin	**6** Mädchen	**10** Zeugnis
3 Lehrer	**7** Sitzenbleiben	**11** Snowboarden
4 Hähnchen	**8** Sehenswürdigkeit	**12** Musik

2 Identify the noun in each German sentence and say whether it is masculine (M), feminine (F) or neuter (N). Then match the German to the English

1 Der Weihnachtsmarkt war toll!	**a** The present is super, thanks!
2 Ich lese eine Zeitung.	**b** I don't like any sport.
3 Ich habe die Sendung gesehen.	**c** I find the film funny.
4 Ich finde den Film lustig.	**d** This keyboard is new.
5 Das Geschenk ist super, danke!	**e** The Christmas market was great!
6 Mein Bruder ist nervig!	**f** I watched the programme.
7 Ich mag keinen Sport.	**g** I'm reading a newspaper.
8 Dieses Keyboard ist neu.	**h** My brother is annoying!

3 These nouns are all plural. Write the singular and the correct form of the article or possessive adjective. Use the gender (in brackets) to help you.

Example: die Filme (m) *der Film*

1 die Schulen (f)	**4** meine Klassen (f)	**7** seine Autos (n)
2 die Bücher (n)	**5** seine Schwestern (f)	**8** keine Wörter (n)
3 die Zuschauer (m)	**6** die Bäume (m)	**9** meine Fahrräder (n)

4 Complete the sentences with words from the box.

1 Ich sehe jeden Tag ▒▒▒▒ Film.
2 ▒▒▒▒ Lieblingssendungen sind Serien.
3 ▒▒▒▒ Junge hat ▒▒▒▒ Buch gelesen.
4 ▒▒▒▒ Schülerin liest ▒▒▒▒ Comics.

Der	dieses	Eine
einen	keine	Meine

5 Choose the correct article – they are all in the accusative case.

1 Ich finde den / die / das Festival fantastisch.
2 Hast du den / die / das Serie gesehen?
3 Ich sehe jeden Tag ein / einen / eine Dokumentation.
4 Ich lese kein / keinen / keine Zeitschriften.
5 Wo hast du dein / deinen / deine Geburtstag gefeiert?
6 Ich werde diesen / diese / dieses Sendung nicht sehen.

> ⭐ If you're not sure of the gender of a noun, check in a dictionary. After the noun it will usually give the gender (*m, f, n*) or the definite article (*der, die, das*).

Cases

What are they and when do I use them?
Nouns and pronouns have a different case, depending on their function in a sentence. There are four cases. You use the **nominative** and **accusative** most of the time, the **dative** less often and the **genitive** least of all.

Why are they important?
They give structure to a sentence and make the meaning clear. Using the wrong case can completely change the meaning.

Things to watch out for
Articles, possessive adjectives and adjectives change to match the case of the noun. Prepositions also change the case (see page 207).

How do they work?
- **Nominative:** used for the subject of a sentence, the person or thing doing the action of the verb:
  Der Film beginnt um 19 Uhr. **The film** begins at 7 p.m.
  Eine Frau trinkt ein Glas Wasser. **A woman** is drinking a glass of water.

- **Accusative:** used for the direct object, the person or thing to which the verb is 'done':
  Mein Bruder isst einen Hamburger. My brother is eating **a hamburger**.
  Ich habe das Spiel gesehen. I watched **the match**.
  Eine Frau trinkt ein Glas Wasser. A woman is drinking **a glass of water**.

- **Dative:** used for the indirect object: 'to' or 'for' somebody or something:
  Ich gebe dem Lehrer ein Buch. I'm giving **the teacher** a book.
  Er stellt der Schülerin eine Frage. He asks **the pupil** a question.

> ⭐ The verbs *helfen* (to help) and *danken* (to thank) use the dative for the object:
> *Sie hilft dem Mann.* She helps **the man**.
> *Er dankt der Frau.* He thanks **the woman**.

Pronouns

What are they and when do I use them?
Pronouns replace nouns so you don't repeat things too much.

Things to watch out for
They change case just like nouns.

How do they work?

subject (nom.)	ich (I)	du	er	sie	es	wir	ihr	Sie	sie
direct object (acc.)	mich (me)	dich	ihn	sie	es	uns	euch	Sie	sie
indirect object (dat.)	mir (to me)	dir	ihm	ihr	ihm	uns	euch	Ihnen	ihnen

Er ist mein Vorbild. **He** is my role model.
Ich finde ihn ein gutes Vorbild. I find **him** a good role model.
Gute Vorbilder sind ihm wichtig. Good role models are important **to him**.

The pronouns *er*, *sie* and *es* can all also mean 'it':
Ich esse gern Pizza. Sie ist lecker! I like eating pizza. **It** is delicious!

Relative pronouns: *der/die/das* (who, which)
Use these to refer back to someone or something you have just mentioned. They send the verb to the end of the clause:

masc.	*Ein Mann, der … ist*	A man **who** is …
fem.	*Eine Frau, die … war*	A woman **who** was …
neut.	*Ein Event, das … hilft*	An event **which** helps …
pl.	*Leute, die … inspirieren*	People **who** inspire …

1 Are the underlined words the subject (N – nominative) or direct object (A – accusative) of the sentence?

 1 <u>Meine Lehrerin</u> ist sehr nett.
 2 Mein Freund kauft <u>eine Eintrittskarte</u> für das Konzert.
 3 Ich finde <u>diese Musik</u> sehr gut.
 4 Ich habe <u>den Film</u> schon gesehen.
 5 Wir haben <u>den Karneval</u> toll gefunden.
 6 <u>Die Schwestern</u> spielen gern Fußball.
 7 Leo hat <u>seinen Geburtstag</u> gefeiert.
 8 Meine Freundin wird <u>das Buch</u> nicht lesen.
 9 Am 6. Dezember bekommen <u>die guten Kinder</u> kleine Geschenke.
 10 Am Samstag wird <u>die Familie</u> das Spiel sehen.

> ⭐ Think carefully about the part played by the underlined nouns and the case of other nouns in the sentences. They do not always follow the same word order as in English.

2 Choose the correct article.

 1 Ein / Einen / Einem guter Lehrer muss freundlich sein.
 2 Der / Die Familie sieht oft fern.
 3 Wir essen ein / einem / einen Hamburger.
 4 Ich brauche keine / keiner beste Freundin.
 5 Maja und ich lieben die / den gleichen Fächer.
 6 Ich habe meinen / meinem / mein Geburtstag gut gefeiert.
 7 Abends lese ich gern eine / einer Zeitschrift.
 8 Er hilft seine / seiner Freundin bei der Arbeit.

> ⭐ Adjectives can also help you recognise the correct gender and case (see page 209).

3 Choose the correct pronoun.

 1 Unser Lehrer ist neu. Er / Sie / Es kommt aus Hamburg.
 2 Der Film war gut, aber er / sie / es war ziemlich lang.
 3 Die Sendung war doof, aber er / sie / es war auch sehr kurz.
 4 Diese Musik ist toll. Ich finde er / sie / es super.
 5 Ich mag Krimis nicht, denn ihr / sie / Sie sind zu realistisch.
 6 Ich war auf dem Konzert, aber Laura hat ich / mich / er nicht gesehen.
 7 Max ist mein bester Freund. Ich kenne er / ihn / mich seit zehn Jahren.
 8 Wo bist du? Ich sehe du / dich / dir nicht.

> ⭐ Remember that er, sie and es can also mean 'it'. Use er for masculine nouns, sie for feminine nouns and es for neuter nouns.

4 Replace the underlined nouns in exercise 1 with the correct pronoun. Think carefully about which word for 'it' you need to use. Choose from the box.

es	ihn	ihn	ihn	Sie
Sie	sie	sie	sie	sie

What are they and when do I use them?

Prepositions (on, with, by, in, etc.) tell you more about the relative position of a noun or pronoun. You use them frequently.

Why are they important?

You need to understand them to make the meaning of a sentence clear.

Things to watch out for

They affect the case of the noun or pronoun. Some have a different meaning when used with a different case.

How do they work?

There are three main groups of prepositions:

always with accusative		always with dative		dual case: accusative or dative	
bis	until	*aus*	out of	*an*	to (acc.), at (dat.)
durch	through	*außer*	except for	*auf*	onto (acc.), on (dat.)
für	for	*bei*	at (the house of)	*hinter*	behind
gegen	against	*mit*	with	*in*	into (acc.), in (dat.)
ohne	without	*nach*	after, to	*neben*	next to, near
um	around	*seit*	since	*über*	over, above
wider	against (contrary to)	*von*	from, by	*unter*	under, below
entlang	along	*zu*	to	*vor*	in front of
		gegenüber	opposite	*zwischen*	between

A few prepositions use the genitive case: *außerhalb* (outside), *innerhalb* (inside), *statt* (instead of), *trotz* (in spite of), *während* (during), *wegen* (because of):

    während des Tages (during the day); **wegen des** Wetters (because of the weather).

More things to watch out for

- For the dual case prepositions:
  - use the accusative when there is <u>movement</u> towards a place:
    *Ich gehe **in das (ins) Sportzentrum**.* I go **into the sports centre**.
    *Er stellt das Buch **auf den Tisch**.* He puts the book **onto the table**.
  - use the dative when there is <u>no movement</u> towards a place:
    *Ich trainiere **in dem (im) Sportzentrum**.* I train **in the sports centre**.
    *Das Buch ist **auf dem Tisch**.* The book is **on the table**.

- *entlang* and *gegenüber* usually follow the noun or pronoun:
  *die Straße **entlang*** (**along** the street); *der Bank **gegenüber*** (**opposite** the bank)

- There are short forms of some prepositions and articles:

in das → **ins**	*Er geht **ins** Sportzentrum.* He goes into the sports centre.
in dem → **im**	*Sie ist **im** Restaurant.* She is in the restaurant.
zu dem → **zum**	*Kommst du **zum** Konzert?* Are you coming to the concert?
zu der → **zur**	*Ich gehe nicht **zur** Party.* I'm not going to the party.
an das → **ans**	*Sie fahren **ans** Meer.* They are going to the sea.
an dem → **am**	*Wir wohnen **am** Stadtrand.* We live on the outskirts of town.
von dem → **vom**	*Das ist nicht weit **vom** Bahnhof.* That's not far from the station.

1 Identify the preposition(s) in each sentence, then match the German to the English.

1 Ich verbringe zehn Tage bei meinem deutschen Freund.
2 Ich kaufe ein Geschenk für seine Eltern.
3 Mein Zimmer ist im zweiten Stock.
4 Wir gehen mit seiner Schwester zur Schule.
5 Wir kommen aus dem Klassenzimmer.
6 Nach der Reise war ich sehr müde.
7 Wir sind mit seinem Bruder durch den Wald gefahren.
8 Am letzten Abend sind wir in die Stadt gegangen.

a We are coming out of the classroom.
b I buy a present for his parents.
c On the last evening we went into town.
d I am spending ten days at my German friend's.
e We went with his brother through the forest.
f After the journey I was very tired.
g We go to school with his sister.
h My room is on the second floor.

2 Choose the correct preposition. Look carefully at the case of the nouns and pronouns.

1 Ich gehe durch / aus dem Haus.
2 Ich warte um / auf dem Marktplatz.
3 Ohne / In der Stadt kaufe ich ein Geschenk.
4 Bis / Nach dem Festival fahren wir nach Hause.
5 Ich habe ein Eis für / vor meinen Freund gekauft.
6 Wir haben schöne Ferien bei / für meiner Oma verbracht.
7 Ich fahre gern mit / gegen dem Rad von / durch den Wald.
8 Wir fahren ohne / seit einer halben Stunde um / nach die Stadt.

3 Choose the correct article in the accusative or dative case.

1 Wir wohnen in ein / einem kleinen Dorf.
2 In mein / meinem Zimmer habe ich einen Fernseher.
3 Ein großes Poster hängt an die / der Wand.
4 Mein Vater wäscht das Auto vor die / der Garage.
5 Wir mussten meine Schwester ins / im Krankenhaus bringen.
6 Er hat sich zuerst auf den / dem Stuhl gesetzt.
7 Jetzt sitzt er auf das / dem Sofa.
8 Die Post liegt zwischen die / der Bank und einen / einem Supermarkt.

> ⭐ Think about the case (is there movement?), when deciding which article to choose.

What are they and when do I use them?
Use adjectives to say more about a person, thing or idea, to describe its colour, size, characteristics, etc.

Why are they important?
They add variety to your work and make it more personal.

Things to watch out for
In German, adjectives have to 'agree' with the noun when placed before it. They have different endings for masculine, feminine, neuter, plural and for different cases.

How do they work?
- Do not add endings to adjectives used by themselves, usually with the verb 'to be':
  *Meine Schwester ist **sportlich**, aber ich bin **faul**.*

- **Adjectives used with the definite article** (*der/die/das*) follow this pattern:

	nominative	accusative	dative
masc.	*der gute Freund*	*den gut**en** Freund*	*dem gut**en** Freund*
fem.	*die gute Freundin*	*die gute Freundin*	*der gut**en** Freundin*
neut.	*das gute Kind*	*das gute Kind*	*dem gut**en** Kind*
plural	*die gut**en** Kinder*	*die gut**en** Kinder*	*den gut**en** Kindern*

Just five of these end in *–e*, and the rest end in *–en*: not too difficult after all!

The same pattern applies to *dieser/diese/dieses* (this) and *welcher/welche/welches* (which):
*Ich mag diesen blau**en** Rock.* I like this blue skirt.
*Welcher klein**e** Junge ist dein Bruder?* Which little boy is your brother?

- **Adjectives used with the indefinite article** (*ein/eine/ein*), the negative *kein* and possessive adjectives – *mein* (my), *dein* (your), *sein* (his), *ihr* (her), *unser* (our), *euer* (your), *Ihr* (your), *ihr* (their) – follow this pattern:

	nominative	accusative	dative
masc.	*ein / kein / mein gut**er** Freund*	*einen / keinen / meinen gut**en** Freund*	*einem / keinem / meinem gut**en** Freund*
fem.	*eine / keine / meine gut**e** Freundin*	*eine / keine / meine gut**e** Freundin*	*einer / keiner / meiner gut**en** Freundin*
neut.	*ein / kein / mein gut**es** Kind*	*ein / kein / mein gut**es** Kind*	*einem / keinem / meinem gut**en** Kind*
plural	*keine / meine gut**en** Kinder*	*keine / meine gut**en** Kinder*	*keinen / meinen gut**en** Kindern*

Again, there are just five to learn, as the rest end in *–en*.

- **Adjectives used with no article** follow this pattern:

	nominative	accusative	dative
masc.	*heiß**er** Kaffee*	*heiß**en** Kaffee*	*heiß**em** Kaffee*
fem.	*kalt**e** Milch*	*kalt**e** Milch*	*kalt**er** Milch*
neut.	*gut**es** Wetter*	*gut**es** Wetter*	*gut**em** Wetter*
plural	*klein**e** Kinder*	*klein**e** Kinder*	*klein**en** Kindern*

Notice how similar the endings are to the definite articles: *heiß**er** (d**er**), heiß**en** (d**en**), heiß**em** (d**em**), kalt**e** (di**e**), gut**es** (da**s**).*

1 Choose the correct adjective. They follow the definite article pattern and are all in the nominative or accusative case.

  1 Der neue / neuer Parkplatz war zu klein.
  2 Ich habe das alte / altes Restaurant toll gefunden.
  3 Ich habe die letztes / letzten Bücher in der Serie nicht gelesen.
  4 Sie trägt heute diesen schwarzer / schwarzen Rock, weil der rote / roter Rock nicht passt.
  5 Ich mag diese blaues / blauen T-Shirts nicht. Die andere / anderen Farben sind besser.

2 Choose the correct adjective. They follow the indefinite article pattern and are all in the nominative or accusative case.

  1 Wie findest du meine neue / neuen Schuluniform?
  2 Am Montag gibt es keine langweiligen / langweiliges Fächer.
  3 Mein kleiner / kleine Bruder ist in der 8. Klasse.
  4 Nach der Schule trinke ich gern einen kalter / kalten Milchshake.
  5 Die Jungen tragen eine graue / grauen Hose, ein weiße / weißes Polohemd und
    einen blauer / blauen Pullover.

3 Choose the correct adjective. They have no article and are all in the nominative or accusative case.

  1 Ich habe tolle / tollen Lehrerinnen und Lehrer.
  2 Ich trinke nicht gern heiße / heißem Schokolade.
  3 Heute haben wir schlechtem / schlechtes Wetter.
  4 Kaltem / Kalter Kaffee schmeckt nicht.
  5 Kleine / Kleinen Kinder sind sehr laut.

4 Choose the correct form of the adjective in the dative case.

  1 Ich verstehe mich gut mit meiner kleiner / kleinen Schwester.
  2 Wir waren mit der ganze / ganzen Klasse im neues / neuen Schwimmbad.
  3 Ich möchte gern mit kleine / kleinen Kindern arbeiten.
  4 Bei schlechtes / schlechtem Wetter können wir nicht snowboarden.
  5 Von der erste / ersten Minute an war das Spiel toll.

5 Complete the description using the correct adjectives from the box. Think about the endings on the adjectives.

Ein **1** _____ (good) Freund oder eine **2** _____ (good) Freundin spielt eine
3 _____ (important) Rolle im Leben. Er oder sie muss die **4** _____ (same)
Interessen haben, finde ich. Ein **5** _____ (small) Kind mit **6** _____ (short)
Haaren und ein **7** _____ (old) Hund wohnen in einer **8** _____ (small)
Wohnung – beide brauchen keine **9** _____ (expensive) Geschenke;
sie brauchen nur **10** _____ (dear) Freunde.

alter	gleichen
gute	guter
kleinen	kleines
liebe	kurzen
teuren	wichtige

What are they and when do I use them?

They are forms of adjectives (e.g. smaller, more interesting, the best, the most useful) that you use when comparing things.

- Use **comparative** adjectives to compare two things and say one is bigger, better, etc. than the other.

- Use **superlative** adjectives to compare more than two things and say one is the biggest, best, etc.

Why are they important?

Comparing things adds more to your work than just describing them.

Things to watch out for

Like all adjectives, they need endings when used before a noun.

How do they work?

The comparative

- Just add –er to the adjective:
  klein → *kleiner* (smaller):
  *Ich bin klein, aber mein Bruder ist klein**er**.* I am small, but my brother is smaller.
  interessant → *interessanter* (more interesting):
  *Mathe ist interessant, aber Deutsch ist interessant**er**.* Maths is interesting but German is more interesting.

- Some shorter adjectives also add an umlaut to the vowel:
  alt → *ä**lt**er* (older); *kalt* → *k**ä**lter* (colder); *groß* → *gr**öß**er* (bigger / taller); *kurz* → *k**ü**rz**er* (shorter);
  jung → *j**ü**ng**er* (younger)
  Learn this irregular form: *gut* → ***besser*** (better).

- If the comparative adjective comes before the noun, add the correct ending (see page 209):
  *kleiner: Ich habe den klein**eren** Hund.* I have the smaller dog.
  *interessanter: Das war eine interessanter**e** Stunde.* That was a more interesting lesson.
  *besser: Es gibt besser**es** Wetter im Sommer.* There is better weather in summer.

- To say 'bigger than', etc., use *als*: *Berlin ist **größer als** Köln. Bücher sind **besser als** Filme.*

The superlative

- To say that something is 'the cheapest', 'the most comfortable', etc., use *am* before the adjective and add –sten to the adjective (or –esten if the adjective ends in a vowel or –t):
  billig → ***am** billig**sten*** → *Der Bus ist **am** billig**sten**.* (The bus is the cheapest.)
  bequem → ***am** bequem**sten*** → *Das Auto ist **am** bequem**sten**.* (The car is the most comfortable.)

- If the comparative adjective adds an umlaut to the vowel, then the superlative does so too:
  alt → ***am ältesten*** → *Mein Fahrrad ist **am ältesten**.* (My bike is the oldest.)
  Learn this irregular form: *gut* → ***am besten*** (the best)

- If you use a superlative adjective before a noun, add –st to the adjective (or –est if the adjective ends in a vowel or –t), then add the correct ending (see page 209):
  langweilig → *langweilig**st**–* → *das langweiligst**e** Fach* (the most boring subject)
  neu → *neu**est**–* → *der neuest**e** Film* (the newest film)

  And remember the irregular forms:
  *Max ist mein **bester** Freund.* Max is my best friend.
  *Das ist das **größte** Problem.* That is the biggest problem.

1 Match the sentence parts.

1 Meine Schwester ist älter	a Verkehrsmittel als der Bus.
2 Welches Fach ist praktischer:	b Problem als der Müll.
3 Fahrräder sind besser als	c als ich.
4 Ich möchte ein teureres	d Autos, aber sie sind langsamer.
5 Der Zug ist ein bequemeres	e Mathe oder Kunst?
6 Die Abholzung ist ein schlimmeres	f Handy kaufen.

2 Complete the sentences with the correct superlative adjective from the box.

1 Meine Schwester ist ▨▨▨▨. (*oldest*)
2 Welches Fach ist ▨▨▨▨? (*most practical*)
3 Fahrräder sind ▨▨▨▨. (*best*)
4 Mein Handy ist ▨▨▨▨. (*most expensive*)
5 Der Zug ist ▨▨▨▨. (*most comfortable*)
6 Die Abholzung ist ▨▨▨▨. (*worst*)

> am teuersten   am schlimmsten   am ältesten
> am besten   am praktischsten   am bequemsten

3 Complete the sentences using the comparative of the adjective in brackets. Then translate your sentences into English.

1 Mathe ist ▨▨▨▨ als Deutsch. (*schwierig*)
2 Ein Fahrrad ist ▨▨▨▨ als ein Auto. (*umweltfreundlich*)
3 Mit dem Zug ist es ▨▨▨▨ als mit dem Bus. (*bequem*)
4 Mein bester Freund ist ▨▨▨▨ als ich. (*alt*)
5 Filme sind ▨▨▨▨ als Bücher. (*gut*)

4 Complete the sentences with the words in the box. Check the adjective endings!

1 Berlin ist eine ▨▨▨▨ Stadt als München.
2 Meiner Meinung nach ist das Leben in der Stadt ▨▨▨▨ als das Leben auf dem Land.
3 Ich finde, das Auto ist das ▨▨▨▨ Verkehrsmittel.
4 Ich glaube, Hunde sind die ▨▨▨▨ Tiere.
5 Ich bin das ▨▨▨▨ Mitglied der Familie und ich bin am ▨▨▨▨.
6 Mit dem Zug kommt man am ▨▨▨▨ von Hamburg nach Köln.

> fleißigsten   freundlichsten   größere   interessanter
> jüngste   praktischste   schnellsten

What are they and when do I use them?
They are words and phrases that give more information about the verb.

Why are they important?
They make it clear when, how or where something happens.

Things to watch out for
They are often the same as adjectives, but they don't change according to gender, case or number.

How do they work?
- In German, adverbs are often the same as adjectives, but they tell you more about the <u>verb</u>:
  Ich <u>laufe</u> **schnell**. I <u>run</u> quickly.   Du <u>arbeitest</u> **gut**. You <u>work</u> well.
  - **Comparative adverbs** add –er, just like the adjectives:
    Ich laufe schnell**er** als du. I run faster than you.   Du arbeitest bess**er** als ich. You work better than I do.
    Two useful adverbs are mehr (more) and weniger (less).
  - **Superlative adverbs** have am before them and they add –sten (or –esten):
    Ich laufe **am** schnell**sten**. I run fastest.   Du arbeitest **am besten**. You work best.
    Two useful adverbs are am meisten (the most) and am wenigsten (the least).

- Use the adverbs gern, lieber, am liebsten to say you like, prefer and like most of all doing something:
  Ich esse **gern** Äpfel, ich esse **lieber** Bananen, aber ich esse **am liebsten** Kuchen.
  I like eating apples, I prefer eating bananas, but I like eating cake most of all.

- Some useful adverbs and adverbial phrases:
  ab und zu (now and then); einmal pro Woche (once a week); jeden Tag (every day).

- When you use two or more adverbs or adverbial phrases together, they follow the order
  Time – Manner – Place (ask yourself: when? how? where?).

Ich fahre	jeden Tag	mit dem Rad	zur Schule.
I go	every day (**time**)	by bike (**manner**)	to school (**place**).

Auf die Plätze!

1 Complete the sentences using the prompt in brackets and the correct comparative adverb from the box.

1 Ich arbeite hart, aber du arbeitest ▢▢▢. (harder)
2 Man fährt ▢▢▢ mit dem Zug als mit dem Auto. (faster)
3 Unsere Reise dauert ▢▢▢. (longer)
4 Mein Handy hat ▢▢▢ gekostet, aber dein Handy funktioniert ▢▢▢. (more; better)

> besser   härter   länger
> mehr   schneller

2 Complete the sentences using the prompt in brackets and the correct superlative adverb from the box.

1 Der Lehrer arbeitet ▢▢▢. (hardest)
2 Man fährt ▢▢▢ und ▢▢▢ mit dem Zug. (most comfortably; fastest)
3 Ich fahre ▢▢▢ los, aber ich komme ▢▢▢ an.
  (the earliest; the latest)
4 Karls Handy funktioniert ▢▢▢. (best)

> am bequemsten   am besten
> am härtesten   am frühesten
> am schnellsten   am spätesten

3 Write the sentences in the correct order, then translate them into English.

1 jeden Tag / Sie / im Schwimmbad / trainiert .
2 im Garten / arbeite / am Wochenende / Ich .
3 mit dem Bus / ab und zu / Ich / fahre / in die Stadt .
4 Er / auf dem neuen Sportplatz / heute / spielt / sehr gut .

> ⭐ You might have to translate the phrases in a different order for it to sound right in English.

What are they and when do I use them?
Questions are used all the time as a way of finding out information.

Why are they important?
You can't get far in any language without being able to understand and ask questions.

Things to watch out for
The subject and verb are usually swapped round in questions.

How do they work?

- To ask a question, just put the verb first, then the subject:
  Du gehst *heute in die Stadt.* → **Gehst du** *heute in die Stadt?* Are you going into town today?
  Du hast *meine Tasche gesehen.* → **Hast du** *meine Tasche gesehen?* Have you seen my bag?

- It is often useful to adapt your intonation when asking questions. Typically, questions should be asked with rising intonation in German, especially if it is a question with a yes/no answer:

  Gehst du heute in die Stadt?

- Some questions need a question word in front of the verb:

was?	what?	*Was machst du heute Abend?*
wo?	where?	*Wo hast du gewohnt?*
wann?	when?	*Wann beginnt der Film?*
warum?	why?	*Warum magst du Rockmusik?*
wie?	how?	*Wie kommst du zur Schule?*
wer?	who?	*Wer ist dein Lehrer?*
wie viel?	how much?	*Wie viel kostet das?*
um wie viel Uhr?	at what time?	*Um wie viel Uhr endet das Konzert?*
was für …?	what sort of …?	*Was für Musik hörst du?*

- The interrogative adjective *welcher* (which) changes in the same way as *der* (the), depending on the gender, number and case of the noun:

	masc.	fem.	neut.	pl.
nominative	*welcher*	*welche*	*welches*	*welche*
accusative	*welchen*	*welche*	*welches*	*welche*
dative	*welchem*	*welcher*	*welchem*	*welchen*

  Welcher Lehrer unterrichtet Sport? Which teacher teaches sport?
  Welchen Rock trägst du heute Abend? Which skirt are you wearing tonight?
  In welchem Zimmer haben wir Mathe? (dative after *in*) In which room do we have maths?

- Be careful with *wer* – this sometimes changes to *wen* (accusative) and *wem* (dative):
  Wer *möchte ein Eis?* (subject) **Who** would like an ice cream?
  Wen *hat er gesehen?* (direct object – whom) **Who(m)** did he see?
  Mit wem *wirst du Tennis spielen?* (dative after *mit* – with whom) **With whom** will you play tennis?

Auf die Plätze!

1 Make these statements into questions by changing the word order.

1 Du hast in der ersten Stunde Deutsch.
2 Du bist mit dem Bus gekommen.
3 Mathe ist dein Lieblingsfach.
4 Wir lernen heute kein Französisch.
5 Der Lehrer kommt später.
6 Die Pause beginnt um elf Uhr.

> ⭐ Practise saying questions out loud with rising intonation.

Fertig!

2 Match up the questions and answers.

1 Wann möchten Sie zum Hotel kommen?
2 Wie viel kostet das?
3 Wo wohnst du?
4 Um wie viel Uhr ist das Frühstück?
5 Wie fahren wir am besten nach München?
6 Warum willst du nach Österreich fahren?
7 Welches Zimmer ist das?
8 Gibt es ein Restaurant im Hotel?

a Ich wohne in Basel in der Schweiz.
b Das ist Zimmer 103.
c Ich möchte am 4. April für drei Nächte kommen.
d Sie fahren am besten mit dem Zug.
e Ja, das Restaurant ist im ersten Stock.
f Das kostet €100.
g Um sieben Uhr.
h Weil es dort sehr schön ist.

3 Choose the correct word to complete the questions.

1 Welcher / Welches Fach lernst du am liebsten?
2 Welche / Welches Fächer wirst du nächstes Jahr studieren?
3 Welchen / Welche Film hast du gestern Abend gesehen?
4 Welcher / Welchen Bus nimmt man in die Stadtmitte?
5 Welches / Welcher Restaurant können Sie empfehlen?
6 Welche / Welcher Freundin kommt mit?

> **Zur Hilfe**
> der Bus
> das Fach (die Fächer)
> der Film
> die Freundin
> das Restaurant

Los!

4 Complete the questions using the prompts in brackets. Then translate the questions into English.

1 ▨▨▨ trägst du morgen zur Schule? (*what?*)
2 ▨▨▨ fährst du nach Berlin? (*at what time?*)
3 ▨▨▨ kostet die Fahrkarte? (*how much?*)
4 ▨▨▨ geht es dir heute? (*how?*)
5 ▨▨▨ Filme siehst du gern? (*what sort of?*)
6 ▨▨▨ verbringst du gern deine Ferien? (*where?*)
7 ▨▨▨ ist deine Klassenlehrerin? (*who?*)
8 ▨▨▨ spielst du gern Fußball? (*why?*)

5 Here are some answers – write suitable questions. There are several possibilities, but concentrate on correct grammar.

1 Angela Merkel ist mein Vorbild.
2 Der Zug kommt um 10 Uhr an.
3 Ein Fußballstar war im Hotel.
4 Ich werde ein neues Handy zum Geburtstag bekommen.
5 Weil das interessant ist.

Conjunctions

What are they and when do I use them?
Use conjunctions (also known as connectives) to link shorter sentences together.

Why are they important?
Using conjunctions allows you to make extended sentences, which sound more natural.

Things to watch out for
Word order – some conjunctions send the verb to the end of the clause.

How do they work?
Coordinating conjunctions: *und* (and), *aber* (but), *denn* (because), *oder* (or).

- Just add these between sentences. They do not affect word order at all. Remember to put a comma before *aber* and *denn*:
  Ich gehe gern ins Kino. Ich finde es sehr teuer. →
  Ich gehe gern ins Kino, ***aber*** *ich finde es sehr teuer.*   I like going to the cinema, but I find it very expensive.
  Ich freue mich auf die Klassenfahrt. Wir fahren in die Alpen. →
  Ich freue mich auf die Klassenfahrt, ***denn*** *wir fahren in die Alpen.*   I'm looking forward to the class trip because we're going to the Alps.

Subordinating conjunctions: *weil* (because), *wenn* (if, whenever), *dass* (that), *als* (when).

- These send the verb to the end of their clause. Always put a comma before them:
  Wir fahren in den Ferien nach Italien. Es ***ist*** *dort heiß.* →
  Wir fahren in den Ferien nach Italien, ***weil*** *es dort heiß* ***ist***.   We're going to Italy in the holidays because it is hot there.
  Ich gehe nicht zum Strand. Das Wetter ***ist*** *schlecht.* →
  Ich gehe nicht zum Strand, ***wenn*** *das Wetter schlecht* ***ist***.   I don't go to the beach if the weather is bad.
  Die Musik ***ist*** *zu laut. Das ist ein Problem.* →
  Ein Problem ist, ***dass*** *die Musik zu laut* ***ist***.   One problem is that the music is too loud.

- If you start a sentence with a subordinating conjunction, this clause becomes the first 'idea' in the sentence, so the second idea must be a verb ('verb second' rule). This gives the pattern **verb – comma – verb** in the middle of the sentence:
  Ich ***fahre*** *in die Stadt. Ich* ***nehme*** *immer den Bus.* →
  Wenn ich in die Stadt ***fahre, nehme*** *ich immer den Bus.*   Whenever I go into town, I always take the bus.

Word order
Remember the main rules about word order.

- **Verb second in a main clause** – the **verb** is the second 'idea'; the <u>first part</u> can be more than one word.
  Ein sehr großes Problem ***ist*** *der Müll.*   A very big problem is the rubbish.

- **Verb at the end of a subordinate clause** (see above). Separable verbs join up again when the verb is at the end.
  Ich bleibe zu Hause. Ich ***sehe*** *heute Abend* ***fern***. →
  Ich bleibe zu Hause, ***weil*** *ich heute Abend* ***fernsehe***.   I'm staying at home because I'm watching TV tonight.

- **Infinitives go to the end of a clause.** They sometimes have *zu* before them.
  Ich darf mit Freunden in Urlaub ***fahren***.   I'm allowed to go on holiday with friends.
  Ich hoffe, im Sommer nach Spanien ***zu fahren***.   I hope to go to Spain in the summer.

1 Identify the conjunction in these sentences and decide whether it is a coordinating or subordinating conjunction.

1 Ich fahre immer mit dem Rad, denn ich bin sehr sportlich.
2 Mein Vater bringt mich zum Kino oder ich nehme den Bus.
3 Ich fahre mit dem Zug nach Bonn, weil das praktisch ist.
4 Ich habe in dieser Ferienwohnung übernachtet, aber sie war schrecklich.
5 Es gibt viel Lärm und das ist furchtbar.
6 Ich weiß, dass dieses Hotel sehr gut ist.
7 Ich möchte in diesem Hotel übernachten, wenn es eine Sauna gibt.
8 Wenn ein Auto kommt, überquerst du die Straße nicht.

> ⭐ To decide whether each conjunction is coordinating or subordinating, check the position of the verb in the clause that follows the conjunction.

Fertig!

2 Match up the sentence halves. Then write out the complete sentences, highlighting the conjunction and underlining the verb in the clause which follows the conjunction.

1 Meine Lehrerin ist nett
2 Heute Abend sehe ich einen Film
3 Ich freue mich auf Samstag, denn
4 Ich freue mich auf die Ferien, weil
5 Der Direktor ist sehr streng,
6 Ich finde es sehr wichtig,
7 Ich spiele gern Tennis, wenn
8 Meine Eltern spielen kein Tennis,

a dass Frauen erfolgreich sind.
b ich gehe auf ein Konzert.
c und ich finde sie sympathisch.
d weil sie nicht sportlich sind.
e das Wetter gut ist.
f aber er ist auch fair.
g oder ich lese einen Roman.
h wir keine Schule haben.

Los!

3 Rearrange the sentences so the word order after the conjunction is correct.

1 Es regnet stark, aber … gehen / zum Fußballspiel / wir / .
2 Ich spiele gern Fußball und … ich / Mannschaft / in einer / bin / .
3 Wir sind in den Europa-Park gegangen, denn … habe / gefeiert / meinen Geburtstag / ich / .
4 Ich gehe oft ins Kino, weil … mag / Filme / ich / .
5 Ich glaube, dass … wichtig / Sport / ist / .
6 Ich möchte eine Radtour machen, wenn … regnet / es / nicht / .

4 Join the sentences using the conjunction in brackets.

1 Mein Sportlehrer ist nett. Er ist nicht sehr streng. (aber)
2 Ich habe heute Geburtstag. Ich feiere mit Freunden im Restaurant. (und)
3 Ich nehme immer Wiener Schnitzel. Das schmeckt so lecker. (denn)
4 Ich mache keine Hausaufgaben. Ich gehe auf eine Party. (weil)
5 Es ist ein Problem. Junge Leute sind oft nicht sportlich. (dass)
6 Wir sehen den Film. Es ist nicht zu spät. (wenn)

> ⭐ Remember to change the word order after a subordinating conjunction, and to add a comma before aber, dass, denn, weil and wenn.

Grammatik *um … zu* and *seit*

What are they and when do I use them?

- Use *um … zu* + infinitive to say why you are doing something.
- Use *seit* + present tense to say how long you have been doing something.

Why is it important?

You can add more detail and interest to your sentences.

Things to watch out for

- *um … zu* clauses: the infinitive goes to the end of the clause, as usual, but you need *zu* before it.
- German uses the present tense with *seit*, where English uses the past tense.

How does it work?

***um … zu* (in order to)**

- Make more complex sentences using *um … zu* and the infinitive:
  Ich lerne Deutsch, **um** *in Deutschland* **zu** *arbeiten.* I am learning German **in order to** work in Germany.
- With separable verbs, place *zu* between the prefix and the stem of the verb:
  Ich lerne Deutsch, **um** *das Land besser kennen***zu***lernen.*
  I am learning German **in order to** get to know the country better.

***seit* (for, since)**

- German uses the <u>present</u> tense with *seit* (for, since), but English uses the <u>past</u>, so be careful when translating:
  Wir **warten** *seit 18 Uhr im Regen.* We **have been waiting/have waited** since 6 p.m. in the rain.
- *seit* takes the dative case, so check the case and endings of nouns which follow:
  Ich **wohne** *seit fünf Jahren in Berlin.* I **have been living/have lived** in Berlin for five years.

Auf die Plätze!

1 Match up the sentence halves.

1	Ich lerne Deutsch,	**a**	um fit zu bleiben.
2	Er kauft viel Obst und Gemüse,	**b**	um gesund zu essen.
3	Wir spielen Tennis,	**c**	um in Urlaub zu fahren.
4	Du gehst auf die Uni,	**d**	um die Sprache kennenzulernen.
5	Meine Eltern sparen Geld,	**e**	um Mathe zu studieren.

Fertig!

2 Unjumble the second half of the sentences and write them out.

1 Meine Schwestern essen sehr gesund,   fit / um / bleiben / zu .
2 Ich gehe auf die Uni,   Kurs / machen / zu / um / einen .
3 Paul arbeitet in Deutschland,   zu / Sprachkenntnisse / um / verbessern / seine .
4 Wir lernen Spanisch,   mit / kommunizieren / Spanien / um / Freunden / in / zu .

Los!

3 Translate sentences 1–3 into English and 4–6 into German.

1 Ich lerne seit drei Jahren Deutsch.
2 Wir wohnen seit letztem Jahr in Berlin.
3 Meine Mutter ist seit drei Tagen krank.

4 I have been playing football since 10 o'clock.
5 Markus has had a cat for five months.
6 They have been reading for three hours.

Why is it important?

Some texts, especially stories, use the imperfect tense of more verbs than modals, *hatte(n)*, *war(en)* and *es gab* (see page 199), so you need to be able to recognise them.

Things to watch out for

Some verbs are irregular.

How does it work?

	regular verbs	**irregular verbs**			
	't' in the endings	stem usually changes, no 't'			
infinitive	**wohnen** (to live)	**sehen** (to see)	**gehen** (to go)	**fahren** (to go)	**finden** (to find)
ich	*wohnte* (lived / used to live)	**s<u>a</u>h** (saw / used to see)	**ging** (went / used to go)	**f<u>u</u>hr** (went / used to go)	**f<u>a</u>nd** (found / used to find)
du	*wohntest*	**s<u>a</u>hst**	**gingst**	**f<u>u</u>hrst**	**f<u>a</u>ndest**
er/sie/es/man	*wohnte*	**s<u>a</u>h**	**ging**	**f<u>u</u>hr**	**f<u>a</u>nd**
wir	*wohnten*	**s<u>a</u>hen**	**g<u>i</u>ngen**	**f<u>u</u>hren**	**f<u>a</u>nden**
ihr	*wohntet*	**s<u>a</u>ht**	**g<u>i</u>ngt**	**f<u>u</u>hrt**	**f<u>a</u>ndet**
Sie/sie	*wohnten*	**s<u>a</u>hen**	**g<u>i</u>ngen**	**f<u>u</u>hren**	**f<u>a</u>nden**

Auf die Plätze!

1 Match up the German and the English sentences.

1 Er kaufte nur Gemüse.
2 Als Kind spielte sie gut Blockflöte.
3 Zu Ostern machten sie einen Austausch.
4 Der Junge nahm den ersten Bus.
5 Zu Mittag aß sie Brot und Käse.
6 Die Dame brachte eine alte Tasche mit.

a The boy took the first bus.
b The lady brought an old bag with her.
c He only bought vegetables.
d For lunch she ate bread and cheese.
e They did an exchange at Easter.
f As a child she played the recorder well.

Fertig!

2 Identify the verb in the imperfect tense and match it to the infinitive. Two of the sentences contain two verbs in the imperfect tense.

1 Max feierte seinen Geburtstag in Hamburg.
2 Um Mitternacht hörten sie lautes Feuerwerk.
3 Ich fand das Konzert toll.
4 Am nächsten Tag ging sie spazieren.
5 Am Wochenende sprachen wir Italienisch.
6 Das Festival begann um 18 Uhr.
7 Thomas blieb zu Hause, weil er krank war.
8 Lena aß zu viele Chips und trank zu viel Cola.

a essen (*to eat*)
b sprechen (*to speak*)
c bleiben (*to stay*)
d beginnen (*to begin*)
e hören (*to hear*)
f feiern (*to celebrate*)
g gehen (*to go*)
h finden (*to find*)
i trinken (*to drink*)
j sein (*to be*)

The pluperfect tense

What is it and when do I use it?
The pluperfect tense is used to say what <u>had</u> happened before something else in the past.

Why is it important?
Some texts talk about events further back in the past, so you need to be able to recognise the pluperfect tense.

Things to watch out for
If a verb is irregular in the perfect tense, it is the same in the pluperfect tense.

How does it work?
It is formed in exactly the same way as the perfect tense, except that the auxiliary verb is the imperfect tense of *haben* or *sein* (instead of the present tense):

	verbs with *haben* as auxiliary		verbs with *sein* as auxiliary	
ich	*hatte*	gemacht (had done)	*war*	gegangen (had gone)
du	*hattest*	genommen (had taken)	*warst*	geblieben (had stayed)
er/sie/es/man	*hatte*	sich gewaschen (had washed)	*war*	gekommen (had come)
wir	*hatten*	telefoniert (had phoned)	*waren*	gefahren (had driven / gone)
ihr	*hattet*	ferngesehen (had watched TV)	*wart*	geschwommen (had swum)
Sie	*hatten*	vorbereitet (had prepared)	*waren*	geworden (had become)
sie	*hatten*	gesprochen (had spoken)	*waren*	gestorben (had died)

Auf die Plätze!

1 Match up the German and the English sentences.

1 Sie hatte ein tolles Restaurant gewählt.
2 Er hatte sein Handy nicht mitgenommen.
3 Du hattest deinen Pass verloren.
4 Wir waren mit dem Taxi gefahren.
5 Hatten Sie mit uns telefoniert?
6 Du warst zu spät gekommen.

a We had gone by taxi.
b You had lost your passport.
c You had come too late.
d She had chosen a great restaurant.
e He hadn't taken his mobile with him.
f Had you phoned us?

Fertig!

2 Are the sentences in the perfect tense (P) or the pluperfect tense (PL)?

1 Es hat jeden Tag geschneit.
2 Die Fluglinie hatte mein Gepäck verloren.
3 Du bist alleine in die Stadt gefahren.

4 Wir haben in einem billigen Hotel übernachtet.
5 Die Reise hatte sehr lange gedauert.
6 Was war am Abend passiert?

Los!

3 Choose the correct auxiliary (part of *haben* or *sein*) in the pluperfect tense.

1 Meine Mutter hatte / war das Hotel gewählt.
2 Ich hatte / war meine Brieftasche zu Hause gelassen.
3 Wie hattest / warst du zum Flughafen gekommen?

4 Meine Eltern hatten / waren in Deutschland geblieben.
5 In Spanien hatte / war ich im Meer geschwommen.
6 Wo hatten / waren Sie die Ferien verbracht, Frau Arndt?

Adjectival nouns and 'weak' nouns

What are they and when do I use them?

- Adjectival nouns are, not surprisingly, nouns made from adjectives. They are sometimes used as an alternative to an adjective + a noun: e.g. 'a small boy' is *ein Kleiner* (rather than *ein kleiner Junge*).
- Weak nouns are a group of masculine nouns that change slightly depending on the case.

How do they work?

- **Adjectival nouns**: imagine there is a noun after the adjective, but don't use the noun. Put a capital letter on the adjective instead. Make sure the ending is correct (see page 209) depending on the article which comes before the adjectival noun:
  der deutsche Mann → *der Deutsche* (the German man)
  ein deutscher Mann → *ein Deutscher* (a German man)
  mit einem deutschen Mann → *mit einem Deutschen* (with a German man)

- Use adjectival nouns after *etwas* (something), *nichts* (nothing), *viel* (lots), *wenig* (little). You usually add –es to the adjective:
  etwas Neues (something new), *nichts Gutes* (nothing good), *viel Teures* (lots of expensive things), *wenig Nutzbares* (little of any use).

- **Weak nouns**: there are not many of these, but some are quite common. They are always masculine and add –n or –en in every case <u>except the nominative</u>:
  people: *der Junge, der Herr, der Tourist, der Student, der Polizist*
  animals: *der Affe, der Bär, der Löwe*
  *Der Tourist hat **den** Studenten und **den** Polizisten mit **einem** Affen gesehen.*
  The tourist saw the student and the police officer with a monkey.

Auf die Plätze!

1 Match up the German and the English phrases.

1 für einen Alten	a the interesting thing
2 für diese Deutsche	b for an old man
3 mit diesem Deutschen	c something interesting
4 das Interessante	d for this German (woman)
5 nichts Neues	e nothing new
6 etwas Interessantes	f with this German (man)

Fertig!

2 Identify the weak masculine nouns in these sentences.

1 Viele Touristen fragen einen Polizisten, wenn sie den Weg nicht finden.
2 Ein alter Herr spricht mit diesem Studenten, aber der Student versteht den Herrn nicht.
3 Im Zoo haben wir einen Affen und einen Eisbären gesehen, aber der Löwe ist drinnen geblieben.

Los!

3 Write out the word strings as correct sentences and match them to the English.

1 ErmachtvielGutesfürdieStadt.	a A German woman is talking to the tourist.
2 EineDeutschesprichtmitdemTouristen.	b I buy something expensive for the little ones.
3 WirhabennichtsInteressantesverpasst.	c We didn't miss anything interesting.
4 IchkaufeetwasTeuresfürdieKleinen.	d He does lots of good things for the town.

Verbüberblick

infinitive	present tense		perfect tense	future tense
Regular verbs (see pages 192, 196 and 200)				
wohn**en** *to live*	ich wohn**e** du wohn**st** er/sie/es wohn**t** wir wohn**en** ihr wohn**t** Sie/sie wohn**en**	*I live, I am living*	ich habe ... **ge**wohn**t** *I lived, I have lived*	ich werde ... wohnen *I will live*
arbeit**en** *to work*	ich arbeit**e** du arbeit**est** er/sie/es arbeit**et** wir arbeit**en** ihr arbeit**et** Sie/sie arbeit**en**	*I work, I am working*	ich habe ... **ge**arbeit**et** *I worked, I have worked*	ich werde ... arbeiten *I will work*
Key irregular verbs (see pages 192, 196, 198, 199 and 200)				
hab**en** *to have*	ich habe du ha**st** er/sie/es ha**t** wir hab**en** ihr hab**t** Sie/sie hab**en**	*I have, I am having*	ich habe ... **ge**hab**t** *I had, I have had* **Imperfect tense** (see page 199) ich **hatte** *I had*	ich werde ... haben *I will have*
sein *to be*	ich **bin** du **bist** er/sie/es **ist** wir **sind** ihr **seid** Sie/sie **sind**	*I am*	ich **bin** ... **gewesen** *I was, I have been* **Imperfect tense** (see page 199) ich **war** *I was*	ich werde ... sein *I will be*
werd**en** *to become*	ich werde du **wirst** er/sie/es **wird** wir werd**en** ihr werd**et** Sie/sie werd**en**	*I become, I am becoming*	ich **bin** ... **geworden** *I became, I have become*	ich werde ... werden *I will become*
fahr**en** *to go (drive)*	ich fahr**e** du **fährst** er/sie/es **fährt** wir fahr**en** ihr fahr**t** Sie/sie fahr**en**	*I go, I am going*	ich **bin** ... **gefahren** *I went, I have gone*	ich werde ... fahren *I will go*
Separable verbs (see pages 194, 196 and 200)				
fernseh**en** *to watch TV*	ich sehe ... **fern**	*I watch TV, I am watching TV*	ich habe ... **ferngesehen** *I watched TV, I have watched TV*	ich werde ... **fern**sehen *I will watch TV*
Reflexive verbs (see pages 194, 196 and 200)				
sich dusch**en** *to shower*	ich dusche **mich** du dusch**st dich** er/sie/es dusch**t sich** wir dusch**en uns** ihr dusch**t euch** Sie/sie dusch**en sich**	*I shower, I am showering*	ich habe **mich** ... geduscht *I showered, I have showered*	ich werde **mich** ... duschen *I will shower*
Modal verbs (see full list on page 224)				

infinitive	present tense		perfect tense	future tense
bleiben *to stay*	ich bleibe du bleibst er/sie/es bleibt	wir bleiben ihr bleibt Sie/sie bleiben	ich **bin** … geblieben	ich werde … bleiben
bringen *to bring*	ich bringe du bringst er/sie/es bringt	wir bringen ihr bringt Sie/sie bringen	ich habe … gebracht	ich werde … bringen
essen *to eat*	ich esse du isst er/sie/es isst	wir essen ihr esst Sie/sie essen	ich habe … gegessen	ich werde … essen
finden *to find*	ich finde du findest er/sie/es findet	wir finden ihr findet Sie/sie finden	ich habe … gefunden	ich werde … finden
geben *to give*	ich gebe du gibst er/sie/es gibt	wir geben ihr gebt Sie/sie geben	ich habe … gegeben	ich werde … geben
gehen *to go, walk*	ich gehe du gehst er/sie/es geht	wir gehen ihr geht Sie/sie gehen	ich **bin** … gegangen	ich werde … gehen
helfen *to help*	ich helfe du hilfst er/sie/es hilft	wir helfen ihr helft Sie/sie helfen	ich habe … geholfen	ich werde … helfen
kommen *to come*	ich komme du kommst er/sie/es kommt	wir kommen ihr kommt Sie/sie kommen	ich **bin** … gekommen	ich werde … kommen
lesen *to read*	ich lese du liest er/sie/es liest	wir lesen ihr lest Sie/sie lesen	ich habe … gelesen	ich werde … lesen
nehmen *to take*	ich nehme du nimmst er/sie/es nimmt	wir nehmen ihr nehmt Sie/sie nehmen	ich habe … genommen	ich werde … nehmen
schreiben *to write*	ich schreibe du schreibst er/sie/es schreibt	wir schreiben ihr schreibt Sie/sie schreiben	ich habe … geschrieben	ich werde … schreiben
schwimmen *to swim*	ich schwimme du schwimmst er/sie/es schwimmt	wir schwimmen ihr schwimmt Sie/sie schwimmen	ich **bin** … geschwommen	ich werde … schwimmen
sehen *to see*	ich sehe du siehst er/sie/es sieht	wir sehen ihr seht Sie/sie sehen	ich habe … gesehen	ich werde … sehen
singen *to sing*	ich singe du singst er/sie/es singt	wir singen ihr singt Sie/sie singen	ich habe … gesungen	ich werde … singen
sprechen *to speak*	ich spreche du sprichst er/sie/es spricht	wir sprechen ihr sprecht Sie/sie sprechen	ich habe … gesprochen	ich werde … sprechen
stehen *to stand*	ich stehe du stehst er/sie/es steht	wir stehen ihr steht Sie/sie stehen	ich habe … gestanden	ich werde … stehen

Verbtabellen

infinitive	present tense		perfect tense	future tense
tragen *to wear / carry*	ich trage du trägst er/sie/es trägt	wir tragen ihr tragt Sie/sie tragen	ich habe … getragen	ich werde … tragen
treffen *to meet*	ich treffe du triffst er/sie/es trifft	wir treffen ihr trefft Sie/sie treffen	ich habe … getroffen	ich werde … treffen
trinken *to drink*	ich trinke du trinkst er/sie/es trinkt	wir trinken ihr trinkt Sie/sie trinken	ich habe … getrunken	ich werde … trinken
tun *to do*	ich tue du tust er/sie/es tut	wir tun ihr tut Sie/sie tun	ich habe … getan	ich werde … tun

Modal verbs (see pages 194 and 199)

infinitive	present tense		imperfect tense	future tense
dürfen *to be allowed to*	ich darf du darfst er/sie/es darf	wir dürfen ihr dürft Sie/sie dürfen	ich durfte	ich werde … dürfen
können *to be able to, can*	ich kann du kannst er/sie/es kann	wir können ihr könnt Sie/sie können	ich konnte	ich werde … können
mögen *to like to*	ich mag du magst er/sie/es mag	wir mögen ihr mögt Sie/sie mögen	ich mochte	ich werde … mögen
müssen *to have to, must*	ich muss du musst er/sie/es muss	wir müssen ihr müsst Sie/sie müssen	ich musste	ich werde … müssen
sollen *to be supposed to, should*	ich soll* du sollst* er/sie/es soll*	wir sollen* ihr sollt* Sie/sie sollen*	ich sollte	ich werde … sollen
wollen *to want to*	ich will du willst er/sie/es will	wir wollen ihr wollt Sie/sie wollen	ich wollte	ich werde … wollen

* *sollen* is more commonly used in the *sollte* form to mean 'should' (*ich sollte, du solltest, er/sie/es/man sollte, wir sollten, ihr solltet, Sie/sie sollten*).